国家出版基金项目
NATIONAL PUBLICATION FOUNDATION

“十三五”国家重点出版物出版规划项目

中国社会科学院世界文明比较研究中心组织编写

青少年世界文明教育文库

汝 信 主编

英国文明

现代文明的发源地

The British Civilization

The Cradle of Modern Civilization

嵇志梅 王 馨◎著

云南大学出版社
YUNNAN UNIVERSITY PRESS

图书在版编目（CIP）数据

英国文明：现代文明的发源地 / 嵇志梅，王馨 著—昆明：云南大学出版社，2020
（青少年世界文明教育文库 / 汝信 主编）
ISBN 978-7-5482-4245-1

Ⅰ．①英… Ⅱ．①嵇… ②王… Ⅲ．①文化史－英国－青少年读物 Ⅳ．①K561.03-49

中国版本图书馆CIP数据核字（2020）第262878号

英国文明

现代文明的发源地

The British Civilization

The Cradle of Modern Civilization

嵇志梅 王 馨◎著

策　　划：王翌沣
责任编辑：王翌沣
装帧设计：见　功

出版发行：云南大学出版社
印　　装：昆明理煋印务有限公司
开　　本：787mm×1092mm　1/16
印　　张：18
字　　数：280千
版　　次：2020年12月第1版
印　　次：2020年12月第1次印刷
书　　号：ISBN　978-7-5482-4245-1
定　　价：69.80元

地　　址：云南省昆明市一二一大街182号（云南大学东陆校区英华园内）
邮　　编：650091
电　　话：（0871）65033244　65031071
网　　址：http://www.ynup.com
E-mail：market@ynup.com

主编　汝信

主编简介

汝信，男，教授，汉族，1931年出生，江苏吴江人，1949年毕业于上海圣约翰大学。1956年师从著名学者贺麟先生，攻读黑格尔哲学专业研究生，毕业后留中国社会科学院哲学所从事研究工作。1978年晋升研究员，任哲学所副所长。1981—1982年到美国哈佛大学做访问学者。1982—1998年先后任中国社会科学院副院长，并曾兼任哲学所所长，国务院学位委员会副主任。现任中国社会科学院学部委员、咨询委员会顾问。在国内外学术机构中曾担任的主要职务有：中华全国美学学会会长、中国政治学会会长以及国际哲学与人文科学理事会副主席、东德科学院外籍院士、韩国启明大学名誉哲学博士等。主要从事西方哲学史特别是德国古典哲学、美学的研究。主要著作有《黑格尔范畴论批判》（与姜丕之合著，1961年上海人民出版社）、《西方美学史论丛》及《西方美学史论丛续编》（1963年上海人民出版社）、《西方的哲学和美学》（1978年山西人民出版社）、《美的找寻》（1992年中国社会科学出版社）、《看哪，克尔凯郭尔这个人》（2008年河南大学出版社）、《西方美学史》（2008年中国社会科学出版社）。此外，还有译著多种，并主编《西方著名哲学家评传》（10卷）、《世界文明大系》（12卷）和《当代韩国》（季刊）等。

目 录

总　序

“青少年世界文明教育文库”开始和读者见面了。由中国社会科学院组织编写，云南大学出版社出版这一套读物的主要目的是向中国当代的年轻朋友们介绍自古至今世界上一些主要文明的历史发展概况，普及不同文明的基本知识。

习近平同志在党的十九大报告中指出:“中国特色社会主义进入了新时代。”在新时代，我国人民正热火朝天地努力建设中国特色社会主义，为实现中华民族伟大复兴的“中国梦”而奋斗着。在全面深化改革和向全世界开放的形势下，增进中国当代的年轻人对世界上各种文明的认识和了解具有十分重要的意义。随着经济全球化趋势的加速进行和科学技术的迅猛发展，世界正变得越来越小，成为名副其实的“地球村”。各个国家都在政治、经济、文化、教育等领域进行着广泛的交流合作，现代信息技术的广泛应用更是把世界的各个角落联结成关系密切、相互依赖的整体，形成了一个庞大的网络。当代社会的快速发展，也产生了一系列全球性的问题，如贫富差距、环境污染等。这些问题都关系各国人民的切身利益，需要人们加强合作，共同协力应对。在这样的国际形势下，开展不同文明之间的对话与交流，增强各国人民和各民族的相互理解和友谊，显得尤为必要。我们希望，这套“青少年世界文明教育文库”能对此有裨益。

近年来，我们对世界文明进行了深入研究，得出几点基本看法，愿与读者朋友们分享。

第一，纵观人类历史，世界上出现的各种文明都是特定的人群在不同的环境和具体历史条件下的活动的创造物，都有其自身的产生和演变的过程，都有其自身的特点和优缺点，在不同的历史时期起着不同的作用。因此，必须充分肯定文明的多样性。一切文明成就都是对全人类文明做出的宝贵贡献，都应得到同样的尊重和承认。各国人民有权自主选择符合自己国情的发展道路，保持自己的传统和价值观，去创造和发展自己的文明。有人抱着“西方中心论”的观点，总以为西方文明天生优越、高人一等，以西方文明的价值和标准去评判其他文明，甚至妄图以此一统天下，这种文化霸权主义是一种完全错误的历史观。

第二，世界文明发展的历史告诉我们，不同文明之间需要经常交流互鉴，乃至相互交融和吸收，一种文明要不断从另一种文明获得和补充营养，取得新的活力，才能茁壮成长。一种文明不管曾经多么辉煌，一旦把自己封闭起来与世隔绝，就会逐渐丧失创新和前进的动力而走向衰落。因此，对文明本身的发展来说，相互间的对话和交流是必不可少的。可是西方却有人宣扬所谓“文明冲突论”，把不同的文明说成彼此无法沟通、相互敌对的力量，断言文明之间的差异必然导致激烈的对抗和冲突，并把其他文明看作对西方文明的威胁。这种错误的理论不仅违反历史事实，而且危害当代世界和平与发展。

第三，面向世界上丰富多样的不同的文明，应如何正确对待呢？我们认为，中国传统哲学所崇尚的“和而不同”的思想，诠释后可以作为处理不同文明相互关系的基本原则。所谓“和而不同”，首先是要充分承认和尊重世界上不同事物的存在，肯定和允许不同文明之间的差异、区别和分歧，求同存异，使它们之间的矛盾和分歧得到调和，避免对抗和冲突，在和平共处的基础上努力促进不同文明间的对话和交流，加深相互理解，互相宽容，平等相待，尊重对方，彼此借鉴，共谋发展，使世界文明更加绚丽多彩。

我们学习和了解世界文明，归根到底是为建设中国特色社会主义文明服务。我们不仅要了解和弘扬中华文明的光辉成就，而且也需要了解关于世界上其他文明的知识，这样才能进行比较研究，通过对话和交流，充分借鉴和吸收世界文明的一切积极成果，使中华文明更加发扬光大。

汝　信

2018 年 6 月 8 日

前　言

2018年9月11日，当飞机缓缓降落在伦敦希斯罗机场，我禁不住好奇地向外张望。学习英语这么多年，这是我第一次来到英语的故乡。怎么能不兴奋呢！在飞机上，伦敦给我的第一印象是小巧可爱，房屋不高，绿地很多。随之而来的是脑海中很多的问号。这么一个小小的岛国，是如何成为“日不落”帝国的呢？又是如何深深影响了人类现代文明的呢？

英国曾经是世界之边，文明之野。在古代曾多次遭到入侵，之后经历了封建社会转型、长期的社会经济停滞和徘徊，默默无闻地存在了一千多年。伊丽莎白一世时期，英国迎来了第一个黄金时代；1688年光荣革命后，英国确立了君主立宪制，享受着长期的国内和平，社会经济获得长足发展。对外，经过西班牙王位继承战争、七年战争和拿破仑战争，英国战胜了主要对手——法国，获得并巩固了海上霸权。市场需求的扩大引起了工业技术乃至产业结构的革命。这场工业革命从18世纪60年代到19世纪30、40年代，前后历经近一个世纪，在形式上是渐进的，但就其本质和结果而言却是历史大飞跃，它使英国率先步入工业化社会。

工业革命使英国社会阶级结构发生了变化。两个新阶级——工业资产阶级和工业无产阶级诞生了。早在18世纪下半期，工业资产阶级就掀起了以争取选举权为目的的激进运动。从19世纪30年代起，他们凭借强大的经济实力并借助工人阶级的支持，节节战胜土地贵族，通过一系列改革，如1832年、1867年和1884年扩大选举权的国会改革以及文官制度改革等，消除了上层建筑中腐朽过时的东西，最终在20世纪初使英国建立起现代资产阶级民主政治。

19世纪中后期，英国是世界上最强大最繁荣的国家，有“世界工厂”之称。英国的海外殖民活动曾因北美殖民地的独立而受挫，一度踟蹰不前，但在工业革命后，获得了更大的动力。英国打着自由贸易的旗帜，向全球扩张，建立了最大的殖民帝国。

在欧洲国际舞台上，英国凭借着特殊的地理位置、强大的经济实力和海上霸权，长期采取“光荣孤立”政策，不与任何大国结成持久的、有约束的同盟，而是竭力维持、利用和操纵欧陆国家间的均势。

19世纪末到20世纪初，英国进入垄断资本主义时期，开始出现相对衰落的迹象。美国和德国的工业生产都超过了英国。英国的世界霸主地位受到严重的挑战。由于在商业、殖民地和海上都遇到激烈的竞争，英国被迫放弃“光荣孤立”政策，与法、俄结成协约国，最终被拖入第一次世界大战，之后逐渐走向衰落。

要说对近代世界文明的贡献，没有哪个国家能与英国相比。而且英国人的发明创造往往不是简单发明出某种东西，而是创造出一种体制、一个系统，开拓出一个全新的领域。现代政治、现代经济、现代法律、现代科技、现代工业、现代金融等等无一不是诞生于英国。毫不夸张地说，英国就是现代文明的发源地，是英国引领世界走向文明。

英国对于世界文明的贡献是全方位的，首先在民主政治方面，英国学者洛克是三权分立理论的奠基人。他在《政府论》中提出人有三大权利：生命的权利、自由的权利、私有财产神圣不可侵犯的权利。洛克的三大权利思想，深刻地影响了美国的建国先贤们。现代社会的宪政民主制度是在英国起源发展的，然后推广到全世界。现代民主制度的基石如自由主义、法治、君主立宪和两党制也都是英国人的发明创造。

金融方面，跟现代金融有关的银行、股票、证券、保险、信托，大部分也都是起源于英国，或者是和英国密切相关。换句话说，英国为当今世界创立了标准，多数国家都是在英国创立的标准下良好发展的。

自然科学自不必说，各学科的开山鼻祖可谓灿若群星：近代科学之父牛顿、进化论之父达尔文、现代实验科学之父培根、电学之父法拉第、近代原子核物理学之父卢瑟福、化学之父波义耳、原子学说之父道尔顿、无机化学之父戴维、电波之父麦克斯韦、生物学实验方法之父哈维、免疫学之父詹纳、抗生素之父弗莱明、人工智能之父图灵、试管婴儿之父爱德华兹、克隆羊之父维尔穆特、DNA之父克里克、CT之父亨斯菲尔德等等。

在司法方面，如今流行于世界各国的现代司法制度，如司法独立制度、职业法官制度、律师辩护制度、公开审判制度、法律援助制度等均起源于英国。现代意义上的陪审制度也是11世纪初起源于英国，后来在美国得到了充分的发展。

英国在世界近现代体育事业中也做出了卓越的贡献。现在体育可以作为产业来经营的绝大部分运动项目，除了篮球和排球是在19世纪末由美国地方基督教青年会发明的以外，其余的如足球、橄榄球、高尔夫球、曲棍球、保龄球、羽毛球、乒乓球、板球、台球统统都是英国的发明创造。网球运动来自哪个国家还有争议，公认的说法是“孕育在法国，诞生在英国，开始普及和形成高潮在美国”。虽然美国是体育大国，但现在美国流行的体育项目，大多数来自英国，美式橄榄球是英式橄榄球的变种，而棒球是由英国人的板球发展而来的，只有篮球和排球是美国土生土长的运动。

连续几个世纪的殖民扩张，英国把全世界1/3的土地变成了自己的附属领土，英语也伴随着英国强大的军事、政治实力，成为一种通用的国际语言。

20世纪末，全世界已经有近1/4的人口能讲流利的英语或能熟练使用英语，世界五大洲均有讲英语的国家和人民。以英语为母语的国家有十余个，包括美、加、英、澳、南非和新西兰等国家；以英语为官方语言的国家超过七十个。

语言文字交流的障碍打通之后，世界性的交流从此开始了。当军事霸权退出国际交流的领域，经济互联网在20世纪再次巩固了英语的全球性支配地位。由于英语国家如美国、加拿大和英国的技术开发，英语成了互联网上的通用语言和使用最频繁的语言，互联网上存储的信息中有80%是英文信息。任何人想要从互联网上获取最丰富和大量的信息，懂英语是基本条件。

可以说，英国是现代文明的发源地。要认识和了解当今世界，从英国的历史和文明开始是一个很好的选择。大英帝国已经成为历史，然而我们从它崛起和衰落的过程中可以得到诸多的启示；它所创造的文明成果也是我们受用不尽的财富。由于笔者才疏学浅，虽然对英国的历史文化兴趣浓厚，但在撰写过程中仍然遇到不少问题。另外由于篇幅所限，也很难在一本书中完全展示出英国文明的全貌，挂一漏万之处难免，真诚渴望读者和专家同行批评指正。

第一章　从“英伦三岛”说起

第一节　“英伦三岛”探源

英国，全称大不列颠及北爱尔兰联合王国（The United Kingdom of Great Britain and Northern Ireland），7世纪开始形成封建制度。829年英格兰统一，史称“盎格鲁—撒克逊时代”。1066年诺曼底公爵威廉渡海征服英格兰，建立诺曼底王朝。1649年5月19日宣布为共和国。1688年光荣革命确立了君主立宪制度。

英国位于欧洲西部，由大不列颠岛（包括英格兰、苏格兰、威尔士）、爱尔兰岛东北部的北爱尔兰和一些小岛组成。隔北海、多佛尔海峡、英吉利海峡与欧洲大陆相望。海岸线总长11450千米。在英国，“内陆”离海洋最远的地方也不过约120千米。英国位于北纬50度至60度之间，但气候温和，冬无严寒，夏无酷暑，属温和湿润的温带海洋性气候。

英国全国一月份的平均气温约为4℃至7℃，七月份为13℃至17℃。年降雨量西北部山区超过1000毫米，而东南部在600—700毫米之间。英国雾气较重，主要是岛国的潮气所致。首都伦敦冬季河湖极少结冰，一月平均气温在

英伦三岛

4℃以上；夏天则相当凉爽，七月的平均气温17℃，早晚外出需加外衣。年降雨量约600毫米，雨量分布较均匀。至于伦敦过去常见的浓雾，并不完全是自然现象。由于重视环境保护，伦敦目前出现浓雾的次数已大大减少。

英国虽然气候温和，但天气多变。一日之内，时晴时雨。多变的天气也为人们提供了可谈论的话题，在英国甚至最沉默寡言的人也喜欢谈论天气。

受高纬度的影响，英国昼夜长短的变化特别明显。冬季日短夜长，夏季则日长夜短。夏季是到英国旅游的最佳季节。夏季日间长，活动时间多，而且温度适中，天气清爽，人的精力也倍感充沛。这个季节尽管也有雨，但一般不会连绵不断，影响行程。

英国主要的矿产资源有煤、铁、石油和天然气。硬煤总储量1700亿吨。铁的蕴藏量约为38亿吨。西南部康沃尔半岛有锡矿、白黏土。在柴郡和达腊姆蕴藏着大量石盐。斯塔福德郡有优质黏土。奔宁山脉东坡可开采白云石。兰开夏西南部施尔德利丘陵附近蕴藏着石英矿。在英国北海大陆架石油蕴藏量约在10亿—40亿吨之间。天然气蕴藏量约在8600亿～25850亿立方米。

前面介绍了，英国的本土包括整个大不列颠岛和爱尔兰岛的北部，那么为什么中国人总是用“英伦三岛”来指英国呢？其实，这是一个小小的“谬误”，却随着光阴的流逝而深入人心。

明朝末年，随着地理大发现和新航路的开辟，大量的欧洲传教士开始前往中国进行传教。欧洲传教士的来华带来了新的文化，开阔了中国人的视野，让中国人了解到了亚欧大陆西端的世界。

来华传教士中最著名的要数意大利的天主教传教士利玛窦，他在参与绘制的《坤舆万国全图》中首次标明了“英格兰”和“苏格兰”两块地区，由于天主教早年传教均使用拉丁语作为官方语言，所以这两块地区也被按拉丁语的译法译成中文，英格兰译做“谙厄利亚”，而苏格兰译做“思可齐亚”。此后来华的传教士也在地图中沿用了这一译法。

雍正年间发行的《海国闻见录》对英国有了更为清楚的介绍，称“英机黎一国，悬三岛于吝因、黄祁、荷兰、佛兰西四国之西北海”，就是说英国拥有三个岛屿，位于丹麦、德意志、荷兰和法兰西之西部的大西洋海域。

其中的“黄祁”大致指当时的德意志，而“吝因”则指当时的丹麦，虽然这本书并未能说明英国所辖的是哪三岛，且书后的图片也只画了代表当时英国本土全境的大不列颠岛和爱尔兰岛，但却是目前可考的最早表明“英伦三岛”说法的依据。

近代以后，林则徐、魏源等人士主张向西方学习，开眼看世界。中国人在同英国人的交战中，对英国有了更细致的认识。

19世纪中叶出版的《海国四说》，详细地介绍了英国的地理区划。在《海国四说·兰仑偶说·卷二》中，作者提到了“国曰英吉利……亦曰英伦……三岛并悬……凡五十三部皆英伦旧地也……此外复有续据两地，其与兰仑同岛而界以港者曰斯葛兰，别出一岛者曰爱伦，皆近国旧壤”，意思是说英国由三个岛屿组成，其中英格兰分为53个部分，而和英格兰地区在同一个岛上且拥有明确界限的，就是苏格兰地区，也就是将大不列颠岛说成是相连的两个岛。还有另外一个岛叫作爱尔兰。根据这个说法，“英伦三岛”分别是英格兰、苏格兰和爱尔兰。这是在中国历史上第一次明确所谓“英伦三岛”是哪三个部分的说法。

洋务运动时期，中国派出了大量的官员出使欧洲，其中，首位出使英国的官员斌椿就对英国的地理区划做了进一步的介绍。他所著的《乘槎笔记》中称："英地本三岛，孤悬大西洋海中，迤东两岛相连，长约二千余里，广约五百里。南曰英伦，北曰苏格兰。迤西别一岛，名爱尔兰，长七八百里，广半之。"

同样的说法还数次出现在清末大臣薛福成的日记《出使英法义比四国日记》中，如其在一篇日记中称"英吉利自合英伦、阿尔兰、苏格兰三岛为一，而国势日以强盛"，里面强调英国自从整合了英格兰、爱尔兰和苏格兰三个岛之后，国家实力越来越发强盛。这进一步证实了《海国四说》当中的"英伦三岛"是指英格兰、苏格兰和爱尔兰三个部分的说法。

现在，我们很难从英文词典里找到与"英伦三岛"这一概念对应的词语，"英伦三岛"这个概念更像是中国人自己制造的一个词语。它的由来伴随着西方和中国的文化交流，体现着中国近代对西方认识的不断发展和变化。

第二节　英格兰

英格兰（England)，是大不列颠及北爱尔兰联合王国的主体，因此习惯上英格兰一词也泛指英国。

英格兰位于大不列颠岛的东南部，苏格兰以南，威尔士以东，还包括怀特岛、锡利群岛和沿岸各小岛，南北长570千米，东西最宽515千米，面积约13万平方千米，划分为45个郡，人口超5000万，其中80%为城市人口，主要为英格兰人，是世界上人口最稠密的地区之一，首府伦敦。英格兰是英国面积最大、人口最多、经济最发达的一个部分。在历史上，英格兰与苏格兰之间是以哈德良长城为界。主要城市有伦敦、曼彻斯特、布里斯托、伯明翰、利物浦、纽卡斯尔等。多佛港附近的英吉利海峡隧道将英国与对岸的法国相连。

奔宁山脉纵贯英格兰北部和中部，东南部的伦敦盆地是一岗丘起伏的构造盆地，仅伦敦低地地势平坦。主要河流有泰晤士河、塞文河、亨伯河等，其中塞文河是英国最长的河流。属温带海洋性气候，冬温夏凉，全年有雨。全地区以塞文河口至亨伯河口连线为界，西北为英国主要工业区，奔宁山脉两侧为老工业区，主要有采煤、钢铁、纺织和机械制造等；东南除伦敦地区外，为农牧区，主要农产品有小麦、大麦、甜菜、蔬菜等。工业主要集中于伦敦及其周围地区，有电气、电子、化工、汽车、航空、机床、炼油等。畜牧业以饲养奶牛、肉牛为主。东北沿海有海洋捕鱼业。

英格兰这个名字源自“盎格鲁人”(Angles)，其原名“Engla-lond”意为“盎格鲁人之地”，他们继原住居民之后居住在这个地方，属西欧民族，也就是说和后来的德国人、法国人是同一人种。

传说12世纪圣乔治屠龙，到了13世纪，他成为英格兰的守护圣徒。圣乔治十字曾作为十字军的标志，也是迄今最早的用来代表英格兰的标志。

英格兰的旗帜由白底和红色的十字组成，红十字笔画宽度为旗帜高度的1/5，整个旗帜比例为5：3。

一、首都伦敦

英国首都伦敦位于英格兰东南部，跨泰晤士河下游两岸，距河口88千米，是英国的政治、经济、文化中心。由伦敦城（亦称金融城）及周围32个市组成，面积1650平方千米，人口890万（2017年数据）。伦敦始建于两千多年前，43年罗马人占领大不列颠岛时已是重要的商业中心。11世纪成为商业和政治中心，18世纪为世界最大的港口和国际贸易中心。伦敦金融城是世界最大的金融中心之一，集中了全国最大的银行、交易所和各种企业管理机构；西伦敦是王宫、议会、政府各部门所在地，也是大商店、剧院和高级住宅区；东伦敦以下至河口为伦敦港区，船坞、码头、仓库林立。希思罗机场是世界最大的航空港之一。1864年第一国际在伦敦成立，马克思和恩格斯曾在这里领导国际工人运动；海格特墓地有马克思墓。伦敦还有许多著名建筑物，如伦敦塔、白金汉宫、西敏寺教堂、圣保罗大教堂、格林尼治天文台原址等。格林尼治天文台原址（天文台1948年迁至伦敦东南96千米处）为地球经度起算点。2006年，伦敦与北京结为友好城市。

塞缪尔·约翰逊曾说：如果你厌倦了伦敦，就等于厌倦了生活。伦敦是一个永远不会让人失望的城市，集古老与现代、历史与时尚、个性与包容于一体；伦敦充满了故事，似乎每一个角落都能讲出一段故事。

（一）议会大厦

英国议会大厦亦称西敏寺，曾为英王室居所西敏寺宫。撒克逊王（Edward the Confessor，1042—1066）至亨利八世国王（Henry Ⅷ，1509—1547）都曾在此居住。1515年西敏寺宫被大火烧毁。修复后，爱德华六世国王（Edward VI，1537—1553）于1547年把该宫的圣·斯蒂芬教堂拨给下院使用。1834年该宫再次被大火烧毁，只剩下西敏寺大厅、教堂地下室等建筑物。

议会大厦

1840年，重建新西敏寺宫，即现在的议会。1852年维多利亚女王正式主持议会开幕仪式。现议会大厦为查尔斯·巴里爵士所设计，为哥特式风格。包括护宫河在内，总面积为12.5英亩。西敏寺大厅建于1097年。1399年，理查德二世国王重修后保留至今。1941年希特勒轰炸伦敦时，该厅幸免于难。13世纪至1882年，西敏寺大厅为英国法庭所在地，历史上有不少名人曾在此受到审判，其中有汤姆斯·莫尔爵士（Sir Thomas More，1530年，英国政治家）、查理一世国王（1649年）等。1965年丘吉尔逝世后曾在此停放遗体。议会分上下两院，上院座椅为红色，下院为绿色，以示区别。每年10月底或11月初，女王在上院主持议会开幕，宣读政府施政纲领。

（二）大本钟

泰晤士河畔议会大厦的北面，耸立着高高的钟楼，镶有大钟，俗称大本钟。每隔一小时，大钟根据格林尼治时间发出沉重而铿锵的响声，在数英 里之外也能听到钟声的回荡。 议会大钟造于1856年，以建造工程的第一名监督官本杰明·霍尔爵士的名字命名。原钟重约16吨，钟塔高320英尺。1857年该钟出现裂痕，于1859年重新铸造。新钟重3.5吨。

大本钟被视为伦敦的象征，凡到伦敦观光的人，无不想到钟楼周围，站在议会桥上欣赏这个独具一格的建筑。2017年8月14日，英国议会下议院宣布，大本钟将进入为期4年的修缮期，正式开启静音模式，除新年伊始和将士阵亡纪念日外，正式开启整点报时就在2021年。对于中国人而言，这是很不可思议的，因为这样的工程在中国仅需要不到4个月的时间。

（三）大英博物馆

大英博物馆是英国最大的综合性博物馆，亦是世界上著名博物馆之一。1753年，英议会通过法案，决定把大批重要文物收藏集中在一起。1755年购置了大英博物馆现址，1759年首次以大英博物馆名义对外开放。以后不断扩建，从而使其呈现出今日的宏伟面貌。

该馆原由英国考古和人类学博物馆、国家图书馆和英国出版物与绘画收集博物馆三部分组成。1973年，图书馆部分与英其他图书馆合并组成英国图书馆，在组织上与大英博物馆脱离，但仍在大英博物馆内保留4个图书室和阅览厅。马克思曾在这里刻苦攻读，为撰写《资本论》收集和抄录了大量资料。马克思读书时使用的座位至今尚存。1897年至1898年，中国民主革命先行者孙中山在伦敦蒙难获救后，曾在大英博物馆研究当时英国资本主义制度及经济、政治、社会状况，在此基础上提出关于“民生主义”的理论。

博物馆的主要展品是来自古代埃及、希腊、罗马及西亚、东方和欧洲中世纪的文物，还有各国铸币、纪念章、绘画和人类学方面的文物等。东方馆内藏有大批珍贵的中国文物，最著名的包括《女史箴图》、宋罗汉三彩像、敦煌经卷和宋、明两代名画等。

（四）白金汉宫

1762年英国王乔治三世购买了当时在现址上的一所房子作为私人住宅。1821年开始兴建白金汉宫，从维多利亚女王登位（1937年）至今一直是英国国王或女王在伦敦的行宫。如今女王的重要国事活动，如召见首相和大臣、接待和宴请来访的外国国家元首或政府首脑、接受外国使节递交国书等仪式活动都在该宫举行。此外，来英进行国事访问的国家元首也在宫内下榻。

王宫由身着礼服的皇家卫队守卫。富有特色的换岗仪式一般是每天上午11：30 在宫前广场举行。

王宫西侧为宫内正房，其中最大的有“皇室舞厅”，建于1850年，专为维多利亚女王修建。厅内悬挂有巨型水晶吊灯。蓝色客厅被视为宫内最雅致的房间，摆有为拿破仑一世制作的“指挥桌”。拿破仑失败后，法国路易十八将桌子赠送给当时英摄政王乔治四世。白色客厅用白、金两色装饰而成，室内有精致的家具和豪华的地毯，大多是英、法工匠的艺术品。御座室内挂有水晶吊灯，四周墙壁顶端绘有15世纪玫瑰战争的情景。正中的御座是当今女王1953年加冕时和王夫爱丁堡公爵使用的，室内还保存了维多利亚女王的加冕御座和英王乔治四世加冕时使用的4张大座椅。宫内音乐室的房顶呈圆形，用象牙和黄金装饰而成，维多利亚女王和王夫艾尔伯特亲王常在此举办音乐晚会。

白金汉宫(一)

白金汉宫(二)

女王平常会在白金汉宫办公，周末通常会回到温莎城堡。如果女王在宫里，白金汉宫中央的旗杆上升的是君主旗，否则便是英国国旗。每年8、9月，在女王进行一年一度的苏格兰访问期间，白金汉宫中的19间国事厅及花园将会对游客开放。

皇宫花园约占地18公顷，为英王乔治四世所设计。园内有湖泊、草地、小径，并有各种花草树木。每年夏天，女王在园内举行花园招待会，邀请全国各界代表、知名人士及各国驻伦敦的外交官参加。皇宫南侧为女王的美术馆，馆内收藏有王室的艺术珍品，1962年起对公众开放。

君主旗

英国国旗

（五）格林尼治天文台

格林尼治位于伦敦东部泰晤士河畔，地势险要。15世纪30年代英国摄政王罗斯特公爵在该处山巅建立了一个瞭望站。1675年，瞭望站被改建成皇家天文台。格林尼治天文台之所以举世闻名，主要是因为院内有决定世界标准时间和时区的子午线标志（用铜条线标出），为东西半球的分界线。

1950年皇家天文台迁往新址后，该天文台划归国家海洋博物馆。天文台设有天文站、天文仪器馆等，主要供展览用。展出的天文历史资料中有早期的天文望远镜，各国早期设计的时钟、地球仪、浑天仪。

（六）伦敦塔桥

伦敦塔桥系泰晤士河上28座桥梁之一，位于伦敦塔附近。建于1886年至1894年。因桥身由4座塔形建筑连接而得名。

伦敦塔桥的两座主塔高140英尺（约42.7米），两塔之间跨度为200英尺（约61米）。桥分上下两层，下层桥面可以开合，平时通车，桥面开启时可容万吨船只通过；上层为一条宽阔的悬空人行道，两旁装有玻璃窗，行人登桥可欣赏泰晤士河景色。

伦敦塔桥

（七）伦敦塔

伦敦市中心有一处世界文化遗产，它既是宫殿，又是城堡、军械库、国库、铸币厂、天文台、避难所，还是监狱和刑场，在这里被处死的皇后以及皇家贵族多达7人。这个承载着英国历史的地方，是英国旅游必去之地，它就是伦敦的地标，英国的“故宫”——伦敦塔。

伦敦塔

伦敦塔位于泰晤士河北岸，是英最古老的王宫之一。1078年，“征服者威廉”（William the Conqueror）为守卫伦敦城而建，占地18英亩。经过数代君主的扩建和修整，曾做过堡垒、王宫、监狱、皇家铸币厂和伦敦档案馆，现为王冠、王袍、兵器和盔甲陈列馆。

塔内最古老的建筑是白塔，也称大塔或中央要塞，1078年，威廉一世时开始兴建，1097年威廉二世时建成。白塔位于伦敦塔中心，是一座诺曼式建筑，高3层，四角建有塔楼。塔高50英尺（约15.2米），墙的根基部分厚15英尺（约4.6米），上部厚11英尺（约3.4米）。白塔四周有内外两层的多座防御性建筑。内层有13个塔，其中以威克菲塔、血塔、比彻姆塔最有名；外层有中塔、井塔等6个塔和2个棱堡；最外层的四周凿有护城壕。这里曾关押过英国历史上不少王公贵族和政界名人。第二次世界大战期间，希特勒的副手鲁道夫·赫斯曾通过护城壕边圣托马塔下的叛徒门被送入伦敦塔监禁。白塔内的圣约翰教堂是伦敦现有教堂中最古老的一座。伦敦塔内的皇家珍宝馆展出17世纪以来英国君主镶满宝石的皇冠、权杖等国宝。兵器馆展出历代王族所使用的各种武器、盔甲和战袍等。

（八）唐宁街10号

唐宁街为17世纪后半叶由唐宁爵士开发建筑的私人住宅街道，目前保留了4所住宅。唐宁街10号建于1680年，18世纪以来为英国历届首相官邸和办公处。1733年，英国王将10号辟为首相官邸。11号现为财政大臣官邸，12号是财政大臣的办公室。

唐宁街10号楼内最有名的房间是内阁室，从室内可远眺皇家禁卫军的换岗仪式和圣詹姆士公园。二战期间，丘吉尔将地下室的一间房间用作餐厅。二楼有早餐厅、国宴厅、书房及第二会客厅，其中最大的为国宴厅。客厅内挂有名贵油画，大部分借自博物馆和画廊。

唐宁街本来可自由出入。1989年后为防恐怖分子袭击，在街口设禁至今。

（九）威斯敏斯特教堂

威斯敏斯特教堂是11世纪号称“笃信者”的英王爱德华建立的。教堂的主要特点是大门处有一对塔楼。教堂自建以来，一直是英国历代国王或女王加冕礼典和王室成员结婚的场所。英国历代国王死后，大部分葬在这里。英国资产阶级革命后，许多名人死后，在教堂也占有一席之地。英国把威斯敏斯特教堂称为“荣誉的宝塔尖”。现在，威斯敏斯特大教堂不但是名人的墓地，而且是难得的“历史博物馆”。

(十)马克思墓地

1956年3月14日，英国工人代表和各国共产党合力重建了马克思墓。新的马克思墓在海格特公墓东北角略宽敞的地方，墓用花岗石修建，呈方柱，高8英尺，碑顶安放4英尺高的马克思铜铸头像。墓碑正面上刻着金光闪闪的大字："全世界无产者联合起来！"下方镌刻有马克思的名言："哲学家们只是用不同的方式解释世界，而问题在于改造世界。"

(十一)中国城

"中国城"地处伦敦的索霍地区，伦敦最繁华的牛津街和摄政街在此交错，英国人把这块方圆不足一平方千米的弹丸之地称为"中国城"，又曰"唐人街"。"中国城"既无高层建筑，也没有豪华的大公司，几乎所有建筑都比较矮，在"中国城"除少数是外国人经营的商店和酒吧外，几乎是华人的天下。漫步"中国城"，一间间用汉字书写的商号目不暇接。"中国城"餐馆林立，粗略计算有100余家。"中国城"的华人大部分来自中国香港、东南亚，也有少数是来自上海、北京、江苏等地的。每逢新春佳节，"中国城"张灯结彩，男女老幼穿上新装，互相道贺"恭喜发财"，男女青年舞龙耍狮，表演中国杂技，一片欢腾景象，吸引着不少当地居民和外来观光者。

(十二)维多利亚与阿尔伯特博物馆

如果说大英博物馆是伦敦最出名的博物馆，那么维多利亚与阿尔伯特博物馆（通常缩写为V&A.）则是最大的装饰艺术和设计博物馆，建筑内的永久收藏品超过450万件。因纪念阿尔伯特亲王和维多利亚女王而命名，它成立于1852年，已发展到覆盖5万平方米和145个画廊。它收藏着具有5000年历史的艺术品，从远古时代到现在，遍布每个洲，包含了从欧洲、北美、亚洲到北非的文化。馆藏的陶瓷、玻璃、纺织品、服装、银、铁、珠宝、家具、中世纪文物、雕塑、版画、素描和照片是最大和最全面的。据博物馆工作人员介绍，如果要全部参观完里面的展品，需要好几个月。博物馆从2001年起免费开放。

（十三）伦敦的书店

对于任何一个精神文明和物质文明高度发达的城市而言，书店都是必不可少的。伦敦也不例外，这里有大大小小各式各样的书店，如 Waterstones，Foyels, the Daunt Books等知名连锁书店；还有一些别具特色的小书店，开业于1797年的Hatchards是伦敦最古老的书店；Gosh是漫画书店，那里可以找到无论是欧美的还是日本的各式漫画。Notting hill travel bookshop是电影《诺丁山》里男女主角初次见面的旅游书店，位于伦敦西部的Potobello Market，原店已经改名为The Travel Bookshop。虽然是很不起眼的小书店，但慕名而来打卡的游客却很多。

二、温彻斯特

在11世纪伦敦成为英格兰首都之前，位于南唐斯丘陵边缘的温彻斯特自韦塞克斯王国（Kingdom of Wessex）时期以来就一直是英格兰的国都。这里也是英格兰最伟大的国王阿尔弗烈德大王（Alfred the Great）的诞生地以及他的王座所在地。温彻斯特大教堂（Winchester Cathedral）也因此成为历代英格兰国王加冕的权威教堂，并且至今为止也是全欧洲最大的教堂之一，也是温彻斯特最著名的城市景观。

如今的温彻斯特仍是一座充满历史气息的城市。温彻斯特大教堂建于642年。诸代领袖都安葬于此，包括诺曼人统治者威廉二世、前盎格鲁—撒克逊的统治者埃德威格等等。更是有历朝历代的国王皇后在此加冕，比如理查一世、亨利四世以及亨利二世的幼王等等。与莎士比亚齐名的英国女作家简·奥斯丁也安葬于此。温彻斯特大教堂的独特之处不止在它无可比拟的历史意义，更在于它匠心独特的建筑结构。这个具有早期诺曼式风格的哥特垂直式教堂还是拥有最长中殿（nave）的欧洲中世纪教堂，长约160米。其建筑风格上的“混搭”在英国各教堂中甚为罕见。

温彻斯特城堡还遗有一部分旧址——大殿（The Great Hall），供人们免费参观。大殿上方黑白相间的圆形桌子据说和亚瑟王的圆桌骑士（The Round Table of King Arthur）有关。但事实上，这张桌子建造于亚瑟王死后700年，是一个中世纪华丽的仿制品。尽管如此，这张圆桌的存在还是能让人们感受到那个久远时代的气息。

文学爱好者也可以在古色古香的温彻斯特学院街（College Street）上找到英国著名小说家简·奥斯丁的故居。简·奥斯丁故居的意义不同于其他，见证了这位英国本土最受欢迎女作家最后的日子。简·奥斯丁出生于斯蒂文顿，25岁随家人搬到巴斯，后因父亲去世又曾居住过南安普顿及乔登。最后不幸患肺结核，医治无效，于温彻斯特的家中去世，终身未婚，享年仅42岁。与巴斯的故居不同，简·奥斯丁在温彻斯特的故居是私人地产，暂还不对外开放。

穿过简的故居，就可以看到优雅恬静的温彻斯特公学（Winchester College）以及周边宜人的景色。温彻斯特公学始建于1382年，是英国九大公学中最古老的一所。温彻斯特学院以“Manners Makyth Man”（不知礼，无以立也）为座右铭，相信不应以出身而应以道德品质来衡量一个人是否能被称作“精英”。

三、布里斯托

布里斯托是位于英格兰西南部的一个海港城市，建市于1542年，是英格兰八大核心城市之一（English Core Cities Group)。布里斯托西临爱尔兰海，人口449300人（英格兰第6、英国第8），是英国西南地区的最大城市，大都会区人口数为1006600人（2006年数据）。布里斯托自中世纪起已是一个重要的商业港口，地位一度仅次于伦敦，直到1780年左右才被利物浦、曼彻斯特、伯明翰超过。现今的布里斯托是英国重要的航天、高科技及金融贸易中心，拥有一个国际机场。布里斯托是一座充满朝气的具有多元文化的城市，也是英国西南部的商业、教育、文化中心。

高等教育方面，布里斯托全市有两所大学，即2015年QS世界排名第29位的布里斯托大学和英国2014年REF排名全英第58位的西英格兰大学。布里斯托大学初建于1876年，于1909年得到皇家授权，与牛津、剑桥、伦敦大学学院一样享有崇高的教学和研究声望。它是一座真正意义上的国际化大学，在教学及研究方面享誉全球，同时也是英国第一所男女平权的大学。威尔斯纪念大楼

（Wills Memorial Building）是布里斯托大学的标志性建筑，气势宏伟壮观，是英国的一座新哥特式建筑，由乔治·奥特利爵士设计，于1925年才完工，至今不到一百年历史，被誉为英国最后一座伟大的哥特式建筑。而这座威尔斯纪念大楼，正是为纪念第一个提出“男女平等”教育理念。布里斯托大学的第一任校长亨利·威尔斯三世所建，目前是布里斯托大学法学院、地球科学系以及法律与地球科学图书馆的所在地。

悬索桥是布里斯托的标志性建筑。悬索桥跨越雅芳河谷（Avon Gorge），是世界上最早的大跨径悬索桥之一，它是由天才的设计师、维多利亚时代工程师布鲁·耐尔（I.K. Brunel）设计于19世纪30年代，在他去世后的1864年才建成通车，当时只通行人和马车，而现在把它作为双车道桥梁。该桥有214米的主跨，而当时能够用作主缆铁链的强度和密度之比，只有现代高强钢丝的1/5，因此这是一个很了不起的大跨径。每年8月都会在此举办热气球节，现在已经发展为英国五大户外盛会之一，同时也是世界级的盛会，每年会有超过50万名游客和上百支热气球驾驶团队“赴会”。

悬索桥

布里斯托的发家史与英国历史上的黑奴贸易有关。2020年，美国弗洛伊德事件在全世界引起了爆炸式的连锁反应，把我们带回到了这一事件的起点——英国。6月7日，英国多地有雕塑被推倒，其中一个雕塑是位于布里斯托的柯尔斯顿雕像。爱德华·柯尔斯顿生于1636年，死于1721年，他对故乡布里斯托贡献巨大。布里斯托历史上以奴隶贸易为名，而奴隶贸易的直接经手者就是这位柯尔斯顿。

在世时，他被称为布里斯托市的大恩人，他将自己当时的巨额财富1万英镑（在17世纪和18世纪是一笔巨款）捐给出生地，建起学校、医院 、慈善机构等。在很长的一段时间里，柯尔斯顿的名字遍布布里斯托，这里有柯尔斯顿大厅、柯尔斯顿大道，柯尔斯顿学校、柯尔斯顿小学等。

在市中心广场上，柯尔斯顿雕像举手托腮，低头沉思。这座雕像立于1898年，立于此地已超过百年时间。如今在距离他离世近300年的时候，布里斯托人不再以他为荣了，他用奴隶贸易赚来的钱，曾经给这个城市镀了金，如今，所有闪光之处都已经变成耻辱。近年，一些以他的名字命名的学校和机构悄悄改名，艺术家拒绝到他的基金会赞助的音乐厅演出。

6月7日，决裂的一刻到来了，当天，在布里斯托市中心，数百名反种族抗议者围在雕像四周，有人跳上雕像，用绳索把它捆绑固定住，随后在地面上合力拉倒铜像。雕像倒地后，人们在他脸上涂上红色的油漆，有的人还跪在雕像的脖子上，最后人们把面目全非的雕像拖拽到港口一侧，合力把它扔到了水里。过程中，没有伤害到任何人，但是布里斯托的精神偶像从此被正式抛弃。

之前，人们只在伊拉克、利比亚、乌克兰等陷入战乱的国家见过这种景象。被视为精神偶像的雕像坍塌，往往预示着变革。在布里斯托市，这也确实是一场变革。在柯尔斯顿雕像倒地的那一刻，“奴隶贩子”这个称号，超过了他之前慈善家、商人、议员等所有美誉，成为一个新的历史封印。

中国人对于大英帝国的东印度公司和鸦片贸易非常熟悉，而在东印度公司大搞鸦片贸易之前，英国还有一个皇家非洲公司，它最赚钱的买卖是贩卖黑奴。这家公司的总督包括后来的英国国王，出资人既有王室，也有当时的名流和大商人。

从1700年到19世纪20年代，英国的奴隶贩子一共从非洲贩卖了超300万名黑奴，其中绝大多数贩往北美殖民地，成为今天美国种族冲突的源头。这一规模，约占当时欧洲多国贩奴贸易总数的1/4。柯尔斯顿作为当时皇家非洲公司的最高行政副总裁，在12年的时间里，直接经手贩卖的黑奴人数累计超8.4万人，其中约1.9万人在去美洲及加勒比海地区的路上丧生。他所经手贩卖的黑奴总数，接近英国全部黑奴贸易总量的2.6%。没有人知道他到底从中赚了多少钱。

在报道这一历史性事件时，英国时政评论员乔治·盖洛威在直播节目中发起民意投票，53%的直播观众支持推倒雕像。

英国内政大臣帕特尔在事件发生后，出面表示，警方会把破坏雕像的行为作为犯罪案件来调查，但是布里斯托大学的历史学家认为，这个雕像早该被清除掉。在过去的20年里，布里斯托的市民一直没有中断有关这个话题的讨论。可以说，雕像的坍塌不是突然发生的。

在英国，贩奴贸易留下的黑点几乎遍布每一个城市，一名英国非裔学者曾经发表学术论文指出，英国许多著名大学，在其早期发展中，接受了大量来自黑奴贸易的慈善捐款，靠贩奴起家，成为英国教育和学术界的一个抹不去的污点。

四、曼彻斯特

曼彻斯特是英国的第二大城市，它位于英国西北部的平原地带，东部临近奔宁山脉，是英格兰西北部都市群的核心，也是岛上重要的交通枢纽与商业、金融、文化中心，与它声名远播不成比例的是它的人口仅50万人，其中，学生人数达到7.3万，是欧洲学生最多的城市。

曼彻斯特历史悠久，早在79年，罗马将军阿格里科拉就在此修建堡垒，以控制从奔宁山麓到海边的通道。这也是曼楚尼市（Mancunium）的前身，曼楚尼市沿着瓦特林街逐渐扩展到今天的规模，将南方的伦敦与北方的切斯特连在了一起，而“曼彻斯特”这个名字便是“曼楚尼”和“切斯特”的叠加。

近三百年的人类文明是由工业化推动的文明，而工业化的源头就是曼彻斯特。19世纪初，随着哈格里夫斯发明的珍妮纺纱机以及蒸汽机的出现，曼彻斯特依靠纺织业和制造业迅速发展，稳稳占据工业革命的重要位置，并成为世界上最大的工业城市。在之后的二百多年间，这座城市还孕育出了25位诺贝尔奖获得者。

曼彻斯特足球文化浓郁，这里有两支老牌足球俱乐部——曼联和曼城，足球赛事也接连不断地在这里举行，还有国家足球博物馆、曼彻斯特博物馆、艾伯特博物馆、曼彻斯特城市球场和曼联球场等可以参观。

曼彻斯特在20世纪70年代拥有了世界上第一家夜店，并见证了英伦摇滚（Britpop）的崛起，这里诞生了The Who、Joy Division、New Order和Oasis等传奇乐队。如今，各种新风格的电子乐在曼城都有相应的俱乐部，北方的音乐重镇拥抱着多元的音乐风格，还诞生了诸多知名音乐厂牌。曼彻斯特的音乐圈涵盖流派众多，寒冷阴雨的气候让这里夜生活文化炙热。

大曼彻斯特地区包括十个地区，其中曼彻斯特、索尔福德、斯托克波特是主要区域。这里美术馆与博物馆林立，知名的包括惠特沃斯美术馆、洛瑞艺术中心、帝国战争博物馆和曼彻斯特美术馆等。

第三节　苏格兰

苏格兰（苏格兰盖尔语：Alba，英语和低地苏格兰语：Scotland），是大不列颠及北爱尔兰联合王国的政治实体之一，位于欧洲西部、不列颠岛北部，南接英格兰，东濒北海，东北与西北分别与挪威、丹麦、冰岛隔海相望，西临大西洋。苏格兰主要岛屿有设得兰群岛、奥克尼群岛、赫布里底群岛。南北长441千米，东西宽248千米。面积77169平方千米，约占大不列颠岛面积的1/3，若包括有人定居的岛在内，面积为78772平方千米。人口524.21万（2012年数据），主要为凯尔特人。地方政府属下有32个行政区。主要教会为苏格兰教会（亦称The Kirk）。第一大城市格拉斯哥，约有60万人口，是苏格兰的工业重镇；第二大城市为爱丁堡，约有50万人口，为苏格兰自治政府所在地，乃政治、经济、文化中心。

北部高地（Highlands）有格兰扁山脉，主峰本尼维斯海拔1343米。苏格兰高地人烟稀少，风景优美，天空岛（Isle of Skye）、尼斯湖（Loch Ness）是高地不可错过的美景。中部低地，由克莱德河和泰河谷地组成；南部亦为高地。北海沿岸有狭窄的低平原。近海海域有设得兰、奥克尼和赫布里底三列群岛和许多小岛，西海岸多峡湾。气候温湿，因受北大西洋暖流影响，冬季较同纬度地区温和，为温带海洋性气候。泰河、克莱德河为主要河流。畜牧业发达，山区多牧牛、羊，中部以饲养乳牛和猪为主。农作物有小麦、燕麦、大麦等。东、西两岸海洋渔业亦较重要。有煤、铁矿。北海大陆架富含石油资源。工业有石油、石油机械、造船、纺织、农业机械、电器等。

苏格兰以风笛（Scottish smallpipes）、苏格兰裙（Kilt）而闻名。苏格兰风笛有一种浓郁的原野气息，音韵荡气回肠，让人不由产生一种回归自然，重返纯真的感觉。电影《泰坦尼克号》《勇敢的心》当中都有苏格兰风笛演奏的插曲。苏格兰裙是苏格兰男人的正装，只有在隆重的场合才会穿。一套完整的苏格兰裙并不是只有格子裙。全套的苏格兰裙需要一条及膝的方格呢裙，色调搭配的背心，一件花呢夹克，一双长筒针织袜，以及用来固定的宽腰皮带，还要悬挂个大包，肩上还要斜披一条花呢毯。历史上，苏格兰格子曾被用来区分人的等级、地域和氏族等。“黑灰格”被称为“政府格”；有特别为皇室成员定制的“贵族”格；也有以姓氏命名，代表每一个苏格兰家族的“家族格”。有趣的是，穿这种格子裙的时候是不需要穿底裤的。男士们在穿着传统服饰的节日里，还会集体撩起裙子，检查彼此的裙底风光。如果谁穿了内裤，就会被当作胆小鬼嘲笑。苏格兰人的豪迈由此可见一斑。

苏格兰有很多特色食品，最出名的要数威士忌（Whisky）了。威士忌在盖尔语里是“生命之水”的意思，它是苏格兰的“国酒”。这是一种用发芽的大麦、水和酵母制成的酒，苏格兰大麦芽蒸馏酿酒技术的出现至少可以追溯到15世纪。单一的大麦芽威士忌是使用一种独特的蒸馏技术制造的，而混合型的则意味着同时使用多种大麦芽威士忌巧妙地混合在一起。苏格兰有一道名菜叫作“哈吉斯”，是一种传统食物，由燕麦、羊杂碎、板油和调料一起剁成末，塞满羊胃囊烹调而成，是苏格兰人的美味。

苏格兰国花是蓟花（Thistle）。蓟是一组开花植物的通称，其特征是叶片边缘具尖刺，主要在菊科中，象征独立、勇敢。电影《勇敢的心》中，苏格兰民族英雄威廉·华莱士和他妻子之间就以此花作为信物。

苏格兰历史上是一个独立王国，被英格兰占领并统治时间长达数百年，为反对英格兰的占领，曾发动过2次独立战争，1707年被英格兰王国合并为大不列颠王国。苏格兰虽然在外交、军事、金融、宏观经济政策等事务受到英国管辖，但在内部立法、行政管理上，拥有很大程度的自治空间，是联合王国内规模仅次于英格兰的地区。

2014年9月19日，苏格兰独立公投结果出炉，55%选民投下反对票，对独立说“不”。统派阵营获胜，苏格兰将继续作为大不列颠及北爱尔兰联合王国的一部分，维持英国统一现状。2017年3月28日，苏格兰议会支持举行第二次独立公投。31日，苏格兰首席大臣签署信函向英国政府正式要求二次独立公投。

苏格兰国旗（或称圣安德烈十字，英语：Saint Andrew's Cross）呈长方形，图案为蓝底白交叉，白交叉象征苏格兰的守护圣人圣安德烈殉道时所用的“X”形十字架。此旗的历史可追溯至9世纪，是世界上仍通用而历史最悠久的国旗。

苏格兰传统服饰

高地公路可偶遇散步的羊

高地牦牛

苏格兰蓟

苏格兰国旗

一、爱丁堡

苏格兰首府爱丁堡，是英国著名的文化古城，位于苏格兰中部低地的福斯湾的南岸，面积260平方千米。1329年建市，1437—1707年为苏格兰王国首都。造纸业和印刷出版业历史悠久，造船、化工、核能、电子、电缆、玻璃和食品等也是重要的工业。随着北海油田的开发，又建立了一系列相关工业与服务设施并建成重要的运输枢纽航空港。

自15世纪以来爱丁堡就被当作苏格兰首府，但在1603年和1707年政治力量多次南移到伦敦。1999年苏格兰议会的自治权力才得以确立。苏格兰国家博物馆、苏格兰国家图书馆和苏格兰国家画廊等重要文化机构也位于爱丁堡。在经济上，现在的爱丁堡主要依靠金融业，是伦敦以外英国最大的金融中心。

爱丁堡有着悠久的历史，许多历史建筑亦完好保存下来。爱丁堡城堡、荷里路德宫、圣吉尔斯大教堂等名胜都位于此地。爱丁堡的旧城和新城一起被联合国教科文组织列为世界遗产。2004年爱丁堡成为世界第一座文学之城。爱丁堡的教育也很发达，英国最古老的大学之一爱丁堡大学就坐落于此，现在还是世界顶尖名校。全球权威世界大学排名QS2015年把爱丁堡大学排在世界第17位，位列苏格兰地区第1名。加上爱丁堡国际艺术节等文化活动，爱丁堡成为仅次于伦敦的第二大旅游城市。

爱丁堡也是一个充满童话色彩的城市。这里是J.K.罗琳写下《哈利·波特》的地方。伫立在山上的城堡，尖顶的教堂，街边整齐的古朴建筑，蔷薇藤爬满门框，街头随处可见各个名人的雕像，老式的酒吧里男人们在起哄喝酒，穿着苏格兰裙的男人卖力吹着风笛。难怪罗琳会在这里写出哈利波特的故事。著名的大象咖啡馆（The Elephant House），就是当年罗琳写下哈利·波特的地方，每年都有很多的“哈迷”慕名而来。J.K.罗琳曾在2008年获得爱丁堡市的最高荣誉奖章“爱丁堡奖”，因此在市政厅门口的地上留下了一对她的手掌印。这可不单单是因为她写出了《哈利・波特》，更是因为表彰她在公益事业上所做出的贡献。

爱丁堡的主街是王子街，标志性建筑之一是伫然耸立的司各特纪念塔（Scott Monument）。该塔建于约170年前，用来纪念苏格兰文豪瓦尔特·司各特（Walter Scott），瓦尔特·司各特是英国著名的诗人和小说家，被誉为欧洲“历史小说之父”。12岁时，瓦尔特·司各特进入苏格兰爱丁堡大学读书，但是两年后因病辍学。6年后，他重返爱丁堡大学攻读法律。在大学里，他和同学成立了文学社团。瓦尔特·司各特认为：“一位没有历史与文学修养的律师充其量只是个工匠。”

毕业后，瓦尔特·司各特成为乡村律师，工作之余，到处采集当地民间歌谣。他在1805—1815年发表的5部诗作，即《最末一位行吟诗人之歌》《玛密恩》《湖上夫人》《罗克比》和《岛屿的领主》，让他一举成名。司各特著名的小说作品包括《艾凡赫》（Ivanhoe）《威弗利》（Waverley）和《罗伯·罗依》（Rob Roy）等。《艾凡赫》也被译为《劫后英雄传》或《撒克逊英雄传》。在这部小说里，司各特把罗宾汉的故事放到了理查一世国王时代，并与约翰亲王的摄政、谋篡阴谋结合，将其塑造成为一位爱国英雄。《威弗利》出版于1814年，被认为是“史上第一本历史小说”，故事以1745年的英国詹姆斯党叛乱为背景，青年空想家爱德华·威弗利与苏格兰高地氏族族长弗格斯相遇，他们共同谋划复辟斯图亚特王朝。《罗伯·罗依》讲的是苏格兰的氏族领袖罗伯·罗依，在富人巧取豪夺下，铤而走险，成为杀富济贫、享有众望的绿林好汉的故事。

1832年，司各特去世后，爱丁堡的民众希望以某种方式纪念他，一个关于设计司各特纪念塔的竞赛开始了，自学成才的建筑设计师乔治·梅克尔·坎普（George Meikle Kemp）中标。坎普曾在1813年见过司各特，并搭过他的车。

纪念塔高61.11米，其哥特式的建筑风格，主要受了梅尔罗斯修道院的影响。有趣的是，坎普是以约翰·莫若（John Morvo）的名字参赛的，约翰·莫若就是梅尔罗斯修道院的一个中世纪石匠大师。在哥特建筑传统上，司各特纪念塔又有许多创新，比如，纪念塔的中间是空的，司各特的大理石雕像安置于塔中央，人们从四个方向都可以看到；纪念碑的外部结构像一个亭子，但是这亭子不是用支柱支撑，而是由四个较小一点的哥特式建筑构成。司各特的雕像，是原人尺寸的2倍。端坐的司各特身穿长袍，手拿鹅毛笔，凝望远方，仿佛正

夜色中的司各特纪念塔

处于写作中的小憩，他的身边卧着他的爱犬梅达（Maida）。

在皇家英里路高等法院门前左侧，矗立着一座青铜雕像：休谟（英）。他身披古罗马式斗篷，赤脚坐着，右手持书，略有所思的样子。休谟雕像的脚丫已被慕名来访者摸得熠熠发亮，显然，他的粉丝们要带走前辈学者的智慧、运气和福气。这座雕像完成于1995年，是苏格兰本土雕刻家桑德拉· 图达特（Sandy Stoddart）的作品。

在离休谟不远的地方，又有一座青铜雕像伫立在皇家英里路中央，他就是亚当·斯密。亚当 · 斯密站立在高高的台基上，左腿稍稍前倾，目光坚毅，眺望着远方，这座雕像也出自桑德拉·图达特之手，完成于2008年7月。除了休谟和斯密，桑德拉·图达特还雕刻了苏格兰名人詹姆斯·克拉克·麦克斯韦（James Clerk Maxwell）和约翰·威瑟斯庞（John Witherspoon），前者可以在爱丁堡的乔治街看到，而后者坐落于美国普林斯顿大学校园内。

爱丁堡的卡尔顿山是大卫·休谟生前经常散步的地方，休谟葬于附近的卡尔顿·克拉格兹（Calton Crags）公墓。休谟的墓很显眼，是一座“简单的罗马式墓”，按照休谟生前的愿望，墓地坐落于卡尔顿山的东侧，正眺望着他位于爱丁堡新城圣大卫街1号的家。这座墓由休谟生前指定的建筑师罗伯特·亚当（Robert Adam）设计建造，墓上镌刻着休谟为自己写的墓志铭：“生于1711年……”，也许他希望观者自己补上剩余的文字。

大卫·休谟一生中最好的朋友就是亚当·斯密。亚当·斯密是苏格兰启蒙时期著名的哲学家和经济学家，著有《道德情操论》和《国富论》。他在《国富论》中，倡导自由竞争，反对政府干预经济，这一经济自由主义思想给后世带来深刻影响，亚当·斯密被称为“现代经济学之父”和“自由企业的守护神”。在苏格兰银行1981年发行的50英镑纸币和英格兰银行2007年发行的20英镑的纸币上，印有亚当·斯密的头像——他是第一个被印在英格兰钱币上的苏格兰人。

大卫·休谟和亚当·斯密情同手足。1773年，一直体弱多病的亚当·斯密深恐自己突然辞世，历时九年的著作会石沉大海，便指定大卫·休谟为遗稿管理人，协助出版《国富论》。结果，《国富论》出版没多久，大卫·休谟便先因病去世。人们发现，在大卫·休谟的遗嘱中，指定亚当·斯密为其遗稿管理人。亚当·斯密被葬在离爱丁堡火车站不远的卡农加蒂教堂（Kirk of the Canongate）的墓地，墓碑上写着：《道德情操论》和《国富论》的作者亚当·斯密安眠于此。

二、格拉斯哥

格拉斯哥位于苏格兰西部克莱德河（R.Central）河口，人口60万，是苏格兰人口最多的城市，历史上是拉纳克郡（Lanarkshire）的一部分。格拉斯哥是苏格兰第一大城与第一大商港，也是英国第四大城市。格拉斯哥城市名的由来，源自布利屯语，意指“绿色的空地”。

制造业是该市的中心产业，在英国仅次于伯明翰和利兹，在19世纪末期，当时世界上的船只和火车大多都是在格拉斯哥制造的。格拉斯哥到伦敦坐火车大约需4小时，到苏格兰首府爱丁堡只要1小时不到。跟英国大部分城市一样，格拉斯哥没有什么高楼大厦，楼房很多是古典建筑，没有那么拥挤忙碌，狭窄的街道，到处都有上坡下坡，就像个山城一样。

格拉斯哥曾经是英国重要的工业中心，英国国运很大一部分就来自格拉斯哥这个城市。后来由于重工业的没落导致失业率高涨，格拉斯哥的经济开始衰退，慢慢被一些城市超越了，从原来帝国第二城变成帝国第四城。

第四节　威尔士

威尔士全称是威尔士公国（英语：Principality of Wales，威尔士语：'ywysogaeth Cymru)，是大不列颠岛西南部的一个公国，大不列颠及北爱尔兰联合王国之一，东界英格兰，西临圣乔治海峡，南面布里斯托尔海峡，北靠爱尔兰海。卡迪夫是威尔士的首府与第一大城。

目前的威尔士亲王（Prince of Wales，英国的查尔斯王子）是威尔士的君主，但不具有实际的政治权力。

威尔士有幸拥有世界上最古老最独特的国旗。威尔士国旗，又称红龙旗（英语：The Red Dragon），是威尔士的官方旗帜，上半部为白色，下半部为绿色，中间则是一条红色的龙。旗帜长宽比例为3：5，该旗帜于1859年起开始使用。以致人们多年来一想到威尔士就会想到红龙。采用红龙作为代表标志的原因至今不为后人所知，通常的一种说法是因为罗马人在占领英国时将这种图像带到威尔士，但实际上红龙的历史还可以追溯到更远的时期。这种说法的依据来自英语中的“龙”和威尔士语中的这一个单词都同样来源于拉丁文Draco。

除了红龙之外，威尔士还有一个标志，是一种叫做韭葱（Leeks）的植物。相传，在6世纪，威尔士的圣人“圣大卫”在一场对抗撒克逊人入侵的战役中提出让士兵在头顶都绑上一根韭葱，以便分辨敌我。后来威尔士人大胜，韭葱就成为威尔士的象征。由于威尔士语中的韭葱（Cenhinen）和黄水仙

（Cenhinen Pddr）的说法极其相似，经常被人混淆使用。终于有一天，黄水仙成功上位，被官方认定为威尔士的第二个国家标志，更被尊为国花。每年3月1日威尔士国庆时都会在卡迪夫（Cardiff）举行游行，人们会在帽子上或衣领上佩戴韭葱或黄水仙。因此，每个超市都会摆出黄水仙来卖。由于黄水仙看起来非常像蒜薹，曾经还出现留学生误食而中毒的事件。

一、卡迪夫

卡迪夫（又译作加迪夫），是威尔士的首府，也是英国西南部一座非常重要的港口城市。20世纪初，这里曾是世界上最大的煤炭输出港，工业化的进程推进了这座城市迈向现代化，但同时，因为最早被罗马人占领，在卡迪夫也有不少旧式的城堡、街道和老教堂，可以说它是一座古今交融的城市。

卡迪夫地下蕴藏着丰富的煤炭资源。这些年令人惊叹的快速发展，使得卡迪夫成为全欧洲最好的港口城市。卡迪夫的四周环绕着一些英国最美丽的乡

威尔士国旗

村。同时，在英国最优秀的城市中，卡迪夫的生活质量是有口皆碑的。城市的居民大多住在环境宜人的市郊，他们开车或乘公交车到达市中心只要十多分钟。

著名旅游景点有市政中心（Civic Center)、卡迪夫城堡（Cardiff Castle)、威尔士国立博物馆和美术馆（National Museum & Gallery of Wales)、兰达夫座堂（Llandaff Cathedral)、卡迪夫海湾（Cardiff Bay），威尔士千禧中心（Wales Millennium Centre）等。

二、斯旺西

单从英语Swansea看，为什么不翻译成更好听的天鹅海呢？当地华人确实有这么叫。不过斯旺西的名字和天鹅并没有什么关系，而是与维京人（Viking）有关。在我国正处于唐朝的时候，不列颠还没有形成统一国家，北欧来的维京海盗趁乱而入，占领了岛上的许多地方，沿海地区更是受到不少影响，当时斯旺西这个地方成了维京人的交易站。而维京人的

斯旺西火车站的标识

老家之一便是挪威。在挪威语中“入口，水湾”叫“Sweyn's Ey”，因为斯旺西处于一条名为Tawe的河流入布里斯托尔湾的河口处，然后这个名字就慢慢演变为英语的Swansea。斯旺西的威尔士语名字的含义就直接是“Tawe河口”了。

斯旺西火车站的标识语用两种文字写成，上面是威尔士语，下面是英语。

斯旺西市在世界工业革命史和英国历史上占有重要地位，世界首列客运火车是由斯旺西开向世界的。二战以前，斯旺西是世界上最繁忙的码头之一，也是英国重要的工业基地之一。二战之后，城市支柱产业转型——独一无二的自然风光，有数量众多的沙滩（斯旺西共有54个有名字的沙滩，加上无名沙滩，共计近70个），斯旺西市发展成为欧洲著名的旅游胜地，也是英国首批旅游城市之一。由游客评选出来的“英国自然美景”高尔半岛（Gower Peninsula）就位于斯旺西；城市西部的罗西里湾（Rhossili）在夕阳景色排名中名列世界第七。

斯旺西属于温带海洋气候，夏天最热的时候也才刚刚超过20度。我们常常听到有人吐槽英国时不时就要下雨的天气，然而这座大西洋边的城市都被认为是英国降雨量最多的地方。

目前斯旺西人口逾20万，在威尔士中排名第三。人口中97%是白人。英格兰足球超级联赛球队斯旺西城足球俱乐部就位于该市。《星际穿越》里那首著名的诗“Do not go gentle into that good night”的作者狄兰·托马斯就是斯旺西人，城里有一个以他名字命名的广场，上面有一座他的雕像。斯旺西另外一个名人是好莱坞女星凯瑟琳·泽塔—琼斯，她于1969年9月25日出生于这个美丽的海滨城市，曾获得过奥斯卡最佳女配角奖。

第五节 北爱尔兰

北爱尔兰（爱尔兰语：Tuaisceart Éireann；英语：Northern Ireland）是大不列颠及北爱尔兰联合王国的政治实体之一，位于爱尔兰岛东北部，首府是贝尔法斯特，面积14139 平方千米。地形中间低平，周围多山。主要河流有班恩河。上游的内伊湖，是英国最大的湖泊，属冰蚀湖。而爱尔兰是一个独立的高度发达的欧

爱尔兰和北爱尔兰地图

洲国家，也是资本主义国家，首都是都柏林。爱尔兰是西欧的议会制共和国。

北爱尔兰是英国最早的殖民地，英国人在此苦心经营多年，受英国影响很深。现在居住人员大多都是从英国西边迁移的移民，信奉新教，所以北爱尔兰的人民无论是从宗教上还是人员组成上，都属于英国人。而爱尔兰本地人信仰天主教居多。

巨人之路

圣帕特里克（Saint Patrick）是整个爱尔兰岛的守护神，这个旗帜最早也是教会使用。1801年作为爱尔兰的象征加进“联合王国旗”中，由此不被爱尔兰民族主义者所喜，他们认为三色旗才是爱尔兰的象征。

贝尔法斯特（爱尔兰语：Béal Feirstet；英语：Belfast）位于爱尔兰岛东北沿海的拉干河河口，在贝尔法斯特湾的西南侧，是英国北爱尔兰的最大海港。始建于1888年，自1920年起成为北爱尔兰的首府。现有人口276459，都会区人口579554人，是北爱尔兰政治、文化中心和最大的工业城市。2005年6月13日与安徽省合肥市结为友好城市。

贝尔法斯特比较有名的建筑就是贝尔法斯特城堡（Belfast Castle)，城堡俯瞰贝尔法斯特城。水滨码头（Waterfront Hall）艺术大厅是北爱尔兰的文化旗舰，坐落在拉根河边的贝尔法斯特市中心，它的音乐厅和会议中心每年都吸引来自世界各地的艺术家在此演出。而且还有不少古董、手工艺店和酒吧。每年的11月还有一个节日叫贝尔法斯特艺术节（The Queens International Arts Festival）。贝尔法斯特的造船业相当有名，哈兰沃夫造船厂曾制造了世界上速度最快，最豪华的轮船——泰坦尼克号。

巨人之路（Giants Causeway)，位于海边，是一个大部分由六角形（也有五角形和其他形状）的石头组成的伸向海中的巨堤，被视为世界自然奇迹。其奇妙之处在于这些规则的石头都平整光滑，却又高高低低，参差不齐，像是人工做出来的模型。实际上，五千万年前火山熔岩在此涌上地面，一面冷却，一面收缩，形成棱柱形。岩柱不断受海浪冲蚀，在不同高度被截断，于是形成现在参差的阶梯状排列。

第六节 英国国旗和国歌

很多国家或地区的旗帜都采用圣安德鲁十字（Saltire)。苏格兰王詹姆士六世于1603年继承了英格兰王位，自此两国王位合并，所以他后来在1606年把两国的国旗也合并了，把圣安德烈旗和英格兰的圣乔治旗交叠在一起。后来这面旗在1707年联合法案中被正式采纳，成为联合王国的国旗。1801年，当时爱尔兰与不列颠组成联合王国圣帕特里克白爱尔兰红色交叉型旗再度与米字旗合并，就变成现今的米字旗。

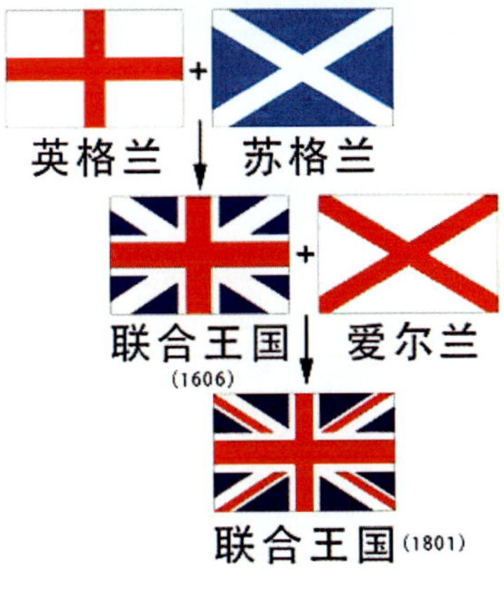

英国国旗变迁

历史上，英国曾经殖民过许多国家和

地区。第一次世界大战后，这些被殖民的国家和地区掀起了独立的浪潮。1931年，英国议会通过《威斯敏斯特法案》，批准上述决议，确定各英属自治领都获得完全独立的主权，大英帝国名存实亡，英联邦正式形成。因为曾经受过英国殖民的影响，所以这些英联邦国家都在自己的国旗上加上了米字旗，来表达与原来宗主国英国的关系。

澳大利亚国旗

英国国歌产生于18世纪40年代，原名《天佑国王》（God Save the King），1837年至1901年维多利亚女王在位时和1952年伊丽莎白二世登基后改称《天佑女王》(God Save the Queen)。

新西兰国旗

《天佑国王》是一首爱国歌曲，作者不详。传统上也被用作联合王国、加拿大以及其他英联邦成员的国歌，同时也是英国皇室的颂歌。当在位的英国君主的性别为男性时，此歌唱作《天佑国王》；性别为女性时，唱作《天佑女王》。

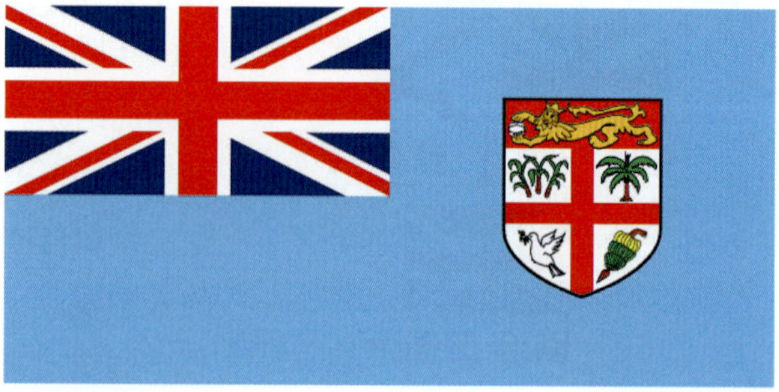
斐济国旗

第二章　大英帝国的前世今生

第一节　早期历史

不列颠群岛很早就有人类活动的存在。据估计，当不列颠岛仍与欧洲大陆相连的时候，人类是在第二冰期的一个较为温暖的时代，为了追赶驯鹿和麝牛不知不觉来到不列颠的。在肯特郡发现的手斧说明，至少在30万年前已经有人类在不列颠群岛生存。这些最先进入不列颠的人类祖先尚处于从直立人到智人过渡的时期。1935年在伦敦附近发现的人类头骨化石，说明生活在20万年前的旧石器人（Paleolithic Man）斯旺斯孔布人已经不是直立人，而是开始属于接近现代的智人了。

大约在公元前3000年，伊比利亚人（Iberians）从地中海地区来到不列颠岛定居。他们给不列颠带来了新石器（Neolithic）文化，同时征服了先前在那儿居住的旧石器人。大约从公元前500年开始，凯尔特人（Celts）从欧洲大陆进犯并占领了不列颠诸岛。凯尔特人最初居住在今天德国南部地区，他们是欧洲最早学会制造和使用铁器和金制装饰品的民族；在征服不列颠之前，他们曾征服了今天的法国、西班牙、葡萄牙、意大利等地区；来到不列颠后，一部分

凯尔特人在今天的爱尔兰和苏格兰定居下来，其余的一部分占领了今天的英格兰的南部和东部。每到一处，他们都对伊比利亚人进行残酷的杀戮。凯尔特人讲凯尔特语。今天居住在苏格兰北部和西部山地的盖尔人（Gaels）仍使用这种语言。在英语形成之前凯尔特语是在不列颠岛上所能发现的唯一具有史料依据的最早的语言。

史前文明最突出的代表是位于英国索尔兹伯里城以北约11千米处的巨石阵（Stonehenge）。巨石阵又称索尔兹伯里石环、环状列石、太阳神庙、史前石桌、斯通亨治石栏、斯托肯立石圈等，是欧洲著名的史前时代文化神庙遗址，属于巨石建筑中的环状列石类型，代表着巨石建筑的最高水平。约建造于公元前2500年到公元前1500年，这时当地古代民族正处于新石器时代末期至青铜时代中期。此处最早的列石工程是在平原上挖筑直径达87.8米的环形壕沟，沟旁建土墙，壕沟范围内挖56个深1米的圆坑，并在东北出入口外竖一高4.9米、重35吨的标石。

第二阶段的工程约于数百年后，在原来的壕沟范围内构筑两圈同心环状列石，共用巨石82块，每块重约6吨，均取自200千米外的普里塞利山。最后阶段的工程为废弃以前的两圈列石，而另外构筑规模更大的石垣。石料采自30千米外的马尔伯勒山。现存的巨石建筑主要由它组成。其石环直径30.4米，在30块立石上架横石，形成栅栏般的石圈。

巨石阵（一）

考古学家在发掘中，始终没有发现用轮载工具或是牲畜的痕迹。建造者们是如何把巨石从数十千米甚至数百千米外运来的呢？曾有专家组织人用最原始的工具试图把1块重约25吨的巨石从几十千米外运来，但几经努力，都没有成功。从实际操作技巧看，有些巨型石块单靠滚木和绳索，恐怕得用上千人才能移动起来，所以有理由相信，建造者们绝对不是一个未开化的民族。

有人认为，巨石阵很可能是一个刑场。原因是最近从巨石阵挖掘出了一颗年代久远的人类头骨。现代分析技术认为，这是一具男性骨骸，曾有一把利剑将他的头颅齐刷刷地砍下。考古学家在这颗头颅的下颌下发现了一个细微的缺口，同时在第四颈椎上发现了明显的切痕。

由于只有一个单独的墓穴，人们有理由相信，他并非死于一场战争，而是被一柄利剑执行了死刑。在巨石阵及其周围还曾发现数具人类遗骸。1978年，一具完整的人类骨骼在围绕巨石阵周围的壕沟中被发现，这个男人是被像冰雹一样密集的燧石箭射死的。

巨石阵（二）

巨石阵（三）

最近一种流行的说法是，巨石阵有天文观测的功用。早在18世纪，就有人发现巨石阵有以下特点：巨石阵的主轴线指向夏至时日出的方位，巨石阵中现在标记为第93号和94号的两块石头的连线，正好指向冬至时日落的方向。

20世纪初，英国天文学家洛基尔进一步指出，如果站在巨石阵的中央观察，那么第93号石头正好指向立夏（5月6日）和立秋（8月8日）这两天日落的位置，第91号石头则正好指向立春（2月5日）和立冬（11月8日）这两天日出的位置。

2020年6月，英国《泰晤士报》报道，研究人员利用探地雷达和取样方式发现，巨石阵2千米以外地下有一个由至少20个巨大的如竖井般的坑洞组成的圆圈，每个坑洞直径逾10米、深5米。这些地下坑洞组成的圆圈直径2千米，圆心是新石器时期村庄遗址“德灵顿墙”（Durrington Walls）。研究人员说，由于坑洞所在地是巨石阵建造者所生活的地方，“德灵顿墙”附近遗迹或有助解开巨石阵起源之谜，增进对新石器时期人类生活的认识。

研究人员说，这些坑洞大约在4500年前挖掘而成，有可能用于标记“某个与巨石阵有关的神圣区域的边缘”或“德灵顿墙”建筑的边缘。建造这处遗迹的远古人类曾准确计算“德灵顿墙”到各个坑洞之间的距离，显示他们已经掌握了一定的数学方法。新发现还显示巨石阵附近纪念性建筑的复杂程度。史前文明社会构成比我们所能想象到的要复杂得多。史前人类发展出一套成熟的祭祀体系，和自然环境完美融合，是生活在现代社会的我们完全无法设想的。

一、罗马入侵

最早在不列颠建立国家的，应该是前2000年广泛分布在欧洲的凯尔特文明。关于凯尔特人的知识，主要是从罗马人的历史记载中获得。他们信奉自然宗教，各部族之间只有松散的联系，没有形成统一的政治实体，自然也没有王朝。

公元前55年和公元前54年，罗马皇帝恺撒（Julius Caesar）率领罗马军队两次入侵英国。不列颠的财富固然是引起罗马人注意的一个重要因素，不过他们更看重的是不列颠的战略地位。罗马新近征服了高卢，而不列颠是支持高卢人抵抗罗马的中心。在罗马人看来，必须对不列颠进行征讨以示惩戒，罗马对高卢的占领才算有把握。罗马军队两次渡海入侵不列颠南部，均被不列颠人击退，在劫掠了一些奴隶和财富之后便撤走了。

43年，罗马皇帝克劳狄一世率军入侵不列颠岛，开始了英国历史上的罗马占领时期，大不列颠遂成为罗马帝国的一个行省。他们以伦敦为基础，在那里修建了码头和兵站，逐步向岛屿内地扩展。他们首先征服了英格兰，花了30多年的时间才平复了威尔士地区的抵抗，而对当时荒蛮的苏格兰地区却无能为力。

122年罗马皇帝哈德良来到不列颠，命令在英格兰北部与苏格兰交界处由岛的东海岸到西海岸修筑一条长118千米、宽2.5—3米的军事屏障，以防御苏格兰人的侵扰。这是一道用石头砌成拥有17座要塞的巨大而坚固的城墙，西起卡莱尔，蜿蜒至东部的纽卡斯尔。这条名为“哈德良长城”（Hadrian's Wall）的城墙，就是罗马帝国当时最北部的边界。当时罗马帝国只是占领现在的英格兰这个地方，而北方的民族屡次进犯罗马帝国的占领地。为了抵御北部凯尔特人对不列颠岛南部的入侵，哈德良皇帝亲自来到大不列颠视察，下令修建长城，由3个罗马军团历时约6年（122—127年）分段筑成的哈德良长城东起泰恩河口，横贯英格兰，至西海岸的索尔韦湾（Solway Firth），全长117千米，与中国的长城相比，它们只能叫“短城”。哈德良长城最初由泥土筑成，后来又砌上石块。城墙南北两侧挖有壕沟，约10英尺（约3米）深，30英尺（约9.1米）宽。长城与南沟之间有一条军用道路，是连接东西的要道。长城沿途建有16座城堡，每隔1英里建有1座碉堡，所以被称作“里程碑”（mile-castle）。在碉堡之间有两座小角楼（turret)，供士兵休息、隐蔽使用。在豪斯戴德（Housesteads）有最著名的城堡，在此可看到当年罗马人的军部、粮仓、兵劳、医院、塔楼等。在苏格兰南部还有一段城墙，名叫安东尼墙（Antonine Wall），东起福斯河湾（the Firth of Forth)，西至克莱德河湾（the firth of Clyde），全长59千米，高3米多。因为它太短，一般译成安东尼墙，而不译成安东尼长城。建于140—142年间，当时是为了保卫罗马的占领地。后来罗马人放弃此城墙而退到哈德良长城。为纪念罗马皇帝安东尼·庇护（Antoninus Pius）（86—161年）而得名。庇护是哈德良皇帝的义子和继承人。安东尼墙现存遗迹不多。在当时，修建哈德良长城和安东尼墙也称得上巨大工程，仅哈德良长城的护城沟就挖掘了150万土石方。

罗马不列颠分为两部分：民政区即低地区，军事区即高地区。军事区都是荒凉、贫瘠而多山的地方。而民政区情形就不同了。不列颠对罗马之所以可贵，主要因为它是个富饶的产粮地区。直到360年前后，它每年都要运送大批粮食到高卢去。绝大多数发达的城镇也都集中在民政区。

罗马统治不列颠近400年之久，给这个岛屿带来不少变化。突出的贡献是城市建设和发展农业。岛上原来没有像样的城市，罗马人以其先进的技术，修筑了四通八达的大道，建设起许多城市。伦敦就是罗马统治时期发展起来的。作为罗马占领者的一个军事行政中心，随之而来的商业繁荣，给伦敦带来了经久不衰的生机。一座占地广阔、规划合理、有坚固城墙保护的城市发展起来，它不仅是罗马的不列颠行省的一个重要城市，而且成为当时最重要的商业贸易中心。不列颠还有五座城市属罗马自由市之列，它们是维鲁雷米恩、科尔切斯特、约克、林肯和格洛斯特。这些城市按照罗马城市的标准样式，像棋盘那样设计成许多方格子，便于居民有序地居住。城内沟渠纵横，遍布下水道，不但有公共浴室，而且有集中的供暖设施，各城市之间建有别墅，即罗马贵族和不列颠人居住的乡间住宅。

在罗马占领期间，一些森林开始被开垦。沿着河流和大路，在森林地带的边缘，人们伐木辟地，农业有了相当的发展。不过耕地仍主要分布在便于耕种的偏高的沙土地带，采用几千年来一直沿用的原始耕种方法。落没贵族以不列颠人为奴隶，经营农场和畜牧业。被奴役者允许耕种小片土地，以交纳定额地租或服劳役作为回报。

二、盎格鲁-撒克逊时期

直到5世纪帝国东西分治以后，罗马人才放弃了这块风水宝地。许多因素导致罗马帝国的衰落，其中一个是日耳曼人的迁徙。这次漫长而伟大的迁徙浪潮也波及了不列颠，日耳曼血统的三个部族：盎格鲁、撒克逊[1]、朱特，先后迁入不列颠。迁徙的过程充满了血腥与杀戮，从中诞生了亚瑟王的传说。凯尔特人不敌日耳曼人，只能迁入自然条件更恶劣的山区和森林。日耳曼人在这里建立国家，各自为政。七个较强的国家存续时间最久，故将此时代称作“七国时代”。分别是肯特、萨塞克斯（南撒克逊）、韦塞克斯（西撒克逊）、埃塞克斯（东撒克逊）、诺森伯里亚、东盎格利亚和麦西亚七个小王国。

以上国家中，中部、西南部的埃塞克斯、韦塞克斯、萨塞克斯均为撒克逊人国家（从名字就能看出），中北部到北部的东盎格利亚、诺森伯里亚、麦西亚为盎格鲁人国家，只有东南沿海的肯特为朱特人国家。所以英国人也被称为盎格鲁-撒克逊人，其实当时攻击英伦群岛的还有朱特人，只是势力太小被排除在外了。

在这七国之中，韦塞克斯（Wessex，意即west Saxons）脱颖而出，成为诸邦领袖，但此时的英格兰仍非统一的王朝，而是具有邦联性质。促使这些互相征伐的小国联合起来的是维京人的入侵。9世纪维京人迁徙到不列颠，给这里的日耳曼居民带来了漫长的战争——如同他们的祖先对凯尔特人那样。在这些战斗中，第一位英国国王诞生了。韦塞克斯的君主阿尔弗雷德，率领臣民抵抗入侵，被尊称为阿尔弗雷德大帝（Alfred the Great），是英国历史上唯一一

[1]　Anglo-Saxon的本意就是Angles和Saxons两个民族结合的民族。两者中盎格鲁基本离开了大陆，把老家留给了丹麦人，撒克逊人还在大陆上留下相当大的势力。另外，撒克逊人比盎格鲁人更残暴，撒克逊saxon来自他们使用的大砍刀sax或scramasax，现称seax。盎格鲁Anglo来自angon，意为带倒钩的矛（拉丁文angulus为“角”之意）。

位被冠以“Great”称号的君主。

阿尔弗雷德当时生活的英国群雄割据。867年左右，维京人逐渐吞并了诺森伯里亚和麦西亚王国，并且持续侵略剩余的英格兰土地。由于韦塞克斯远离丹麦，所以并未被很快吞没。

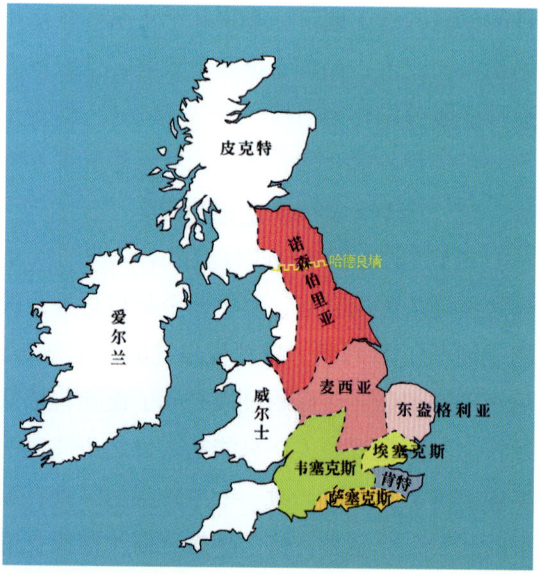

盎格鲁-撒克逊时各国示意图

而当阿尔弗雷德成为国王时，大部分英格兰的土地已沦陷。维京人在871年进攻了韦塞克斯，阿尔弗雷德因为力量悬殊只能逃跑。他越过沼泽、荒地，到达一片平原，在此韬光养晦。

维京人的入侵使各自为政的七个王国联合，共同抵御外敌。阿尔弗雷德的勇气与智慧，使他成为众多国王之中的国王。阿尔弗雷德带领的军队在876年一改一味防守的策略，在爱丁顿偷袭了丹麦军队。这次战役不仅重创了维京人，更使英格兰从分裂走向统一，形成了统一的英国。

在打败维京人两年后，阿尔弗雷德在他权力的鼎盛时期，不仅收复了英格兰大部分的失地，还组建了军队，同时也建立了一支强大的舰队，因此他也被誉为“英国海军之父”。阿尔弗雷德还命人修建了抵御外敌入侵的堡垒和要塞，他把军事防御同军队人数结合起来，制定了合理的御敌策略，以防止维京人的入侵。

阿尔弗雷德在罗马所受的教育使他明白文化的重要性，因此他把一些拉丁语著作翻译为古英语，让不懂拉丁语的英格兰人民也能感受到古典文学作品的经典。他本人是一名多产的译者，也组织翻译活动。比如大多数学者认为格列高利主教《教牧关怀》的古英语译本和《圣咏集》的前50首诗篇是阿尔弗雷德翻译的；其他有些作品可能是在他的资助下翻译的，有的则是在他的资助下编纂的。同时，他还组织修建了学校，让英格兰人民在教育方面提升了一定水平。同时主持编纂了《盎格鲁-撒克逊编年史》，这本书是记录古代英国的重

阿尔弗雷德大帝（Alfred the Great）雕像（于汉普郡温彻斯特可以见到这座雕像）

要的史料。阿尔弗雷德对科学和医学等学科也相当重视，使英格兰的学术研究得到大力发展。

第二节　中世纪

一、诺曼王朝

苏格兰的王朝历史与英格兰不同，此处只说英格兰。10世纪是韦塞克斯君主的世纪，他们不断强化对整个英格兰的统治，使它更像是统一的国家而非邦联。与此同时，维京人也加快了迁徙的速度。到11世纪时，丹麦人卡纽特完全占领了英格兰。1017年，他与前英王的遗孀结婚，从法理上成为新的英王。两年之后卡纽特的父亲丹麦国王斯温去世，他又继承丹麦王位。这样，他就同时成为两个王国的国王。

贝叶挂毯

流着日耳曼热血的撒克逊人显然是不能忍受被维京人统治的，到1042年，拥有韦塞克斯血统的爱德华领导人民驱逐了丹麦国王。他在位时，开始修筑威斯敏斯特教堂，这位国王因虔诚的信仰而知名，被后人称作“忏悔者”爱德华。

爱德华的继承人哈罗德二世（因为爱德华的祖父也叫哈罗德，故此人是二世），也许和他父亲同样勇敢，却遇到了更强大的对手。1066年，这位英勇的国王在黑斯廷斯之战中殉国，征服者“诺曼底的威廉二世”加冕为“英王威廉一世”，开启了英国历史上的诺曼王朝。

《贝叶挂毯》（Bayeux Tapestry），又名《巴约挂毯》，记录了黑斯廷斯战役，这可能是世界上最长的连环画，具有很高的历史价值。这幅以亚麻布为底的绒尼刺绣挂毯原本长70米，宽0.5米，现存62米。共出现623个人物，55只狗，202匹战马，49棵树，41艘船，超过500只鸟和龙等生物，约2000个拉丁文字。该挂毯饱受战争之苦，多次辗转于英法之间，最后，拿破仑将它送到了法国大教堂。二战时被德国人夺走，二战后，它又被英国从德国取回。后来又回到法国，挂毯现藏于法国诺曼底大区巴约市博物馆。

威廉一世对英国历史的影响是转折性的。此前，英国在宗教、文化上更接近斯堪的纳维亚。威廉给英国带来了法语、法式的生活习惯，以及欧陆的骑士制度和封建制度。诺曼征服是英国史上的一个大事件，它为600年来盎格鲁撒克逊封建制度的发展做了一个总结，又开创了英国封建制度全盛时期的新时代、新局面。从诺曼征服到亨利二世统治结束近一个半世纪，英国封建制度从基础到上层建筑全面建立，到13世纪达到极盛。

诺曼征服为英格兰带来了强大的王权，在强大王权的作用下，威廉一世没收了所有公开反叛者的土地，除了将一部分土地留作己用外，将其他土地作为“战利品”分封给追随他的诺曼贵族及军事随从。没有参与反抗的英吉利人仍保留原有的土地，但必须承认自己的土地是从征服者威廉那里得来的，也就是说他们必须尊奉威廉为最高领主。由此，威廉实际上成为英格兰最高土地的所有者。威廉一世及其后继者的最大成就之一，就是建立了一种等级森严、整齐划一和组织结构比较简单的封建制度，国王是最高的封建领主。据统计，直接领受国王封地者称作国王的直属封臣，共1400余人。领地较大、年收入100磅以上者约180人，称作男爵。其中有12人是威廉一世的亲属或最受威廉宠爱的诺曼大贵族，他们共占全国1 /4的土地。男爵们有向国王提供一定数量的骑士义务，大男爵提供40—60名，中小男爵提供10—40名，其余的1200人是骑士，只领有一块采邑，只承担一名骑士义务。 教会同样承担骑士义务，高级教士全都成为威廉的直属封臣。占地较多的坎特伯雷主教、林肯主教、温彻斯特主教、伍斯特修道院院长分别承担60名骑士，领地较少的拉姆齐修道院院长只承担4名骑士。当土地分封成为一种普遍现象时，由此产生了国王是全部土地所有者的观念，这进而成为不久之后英格兰“末日审判”的起点和成果。自1085 年圣诞节后两年时间里，威廉开始了所谓“末日审判”的调查，调查的内容涉及每户有多少耕地、多少人口，人口是农奴抑或自由人，耕地是农奴份地还是自由土地；调查财产项目繁多，从不动产土地、房屋到动产耕牛、猪羊，甚至鹅鸭、餐碗都在调查之列，以上均需一一登记在册，使人有如末世来临之感，最后将调查结果称之为《末日审判书》，这是英格兰最早系统地统计人口土地。紧接着，威廉于1086年8月1日在索尔兹伯里召开誓忠会，要求所有等级的领主参加。大多数封建主到会，向威廉王宣誓效忠， 达成了“索尔兹伯里誓约”。

此时诺曼王朝的领土包括两个部分，英格兰和诺曼底。作为继任者，威廉二世大兴干戈，强化了对两个地区的控制。在威廉二世意外死亡后，他弟弟亨利一世也忙于用战争巩固统治。亨利一世死后，王室内部又发生了夺位战争。最后亨利一世的外孙、安茹伯爵亨利胜出，他建立了金雀花王朝，史称亨利二世。

二、金雀花王朝

金雀花王朝（1154—1458年，House of Plantagenet）是12—14世纪统治英国的封建王朝。1154年由亨利二世开创。该王朝也称作安茹王朝。王朝名称的由来与亨利二世父亲有莫大关系。亨利二世的父亲安茹伯爵杰弗里经常在帽子上饰以金雀花枝，故有此名。除英国本土外，该王朝在法国的安茹、诺曼底、布列塔尼等地拥有大量领土，故史称安茹王朝。安茹伯爵娶了英王的女儿，生了一个很有出息的儿子。这个儿子，就是后来的英王亨利二世。金雀花王朝值得大书特书，乔叟、《大宪章》（Magna Carta）、议会的雏形、玫瑰战争、百年战争都出现在这一时期。著名的牛津大学和剑桥大学也创立于这一时期。

亨利二世依靠城市支持，不断加强王权，扩大国王法庭的司法权限，推行陪审团制度以取代神判法。国王法庭活动的加强导致形成全国统一的普通法。此外，还进行军事改革。实施盾牌钱制度，加强国王的军事力量。理查一世（狮心王，1189—1199年在位）参加第三次十字军东征，长期在外作战，征敛繁多，招致贵族不满。约翰（无地王，1199—1216年在位）即位后，和贵族的冲突愈演愈烈，引起贵族的反抗，约翰被迫接受《大宪章》。亨利三世统治时期（1216—1272年）封建经济繁荣，骑士阶层多转向经营土地，在政治斗争中崭露头角。亨利三世即位初年曾多次重新承认《大宪章》，表示接受贵族监督。后因向教皇献纳过多，又任用法国封建贵族执政，引起英国贵族反对。1258年贵族武装集会，强迫国王实行改革 。是年6月亨利三世被迫接受《牛津条例》，决定组织15人会议，非经会议同意国王不能做出任何决定。不久，反对派阵营因骑士和贵族利益冲突而分裂，亨利三世趁机否认《牛津条例》，内战爆发。1264年5月14日刘易斯战役中，国王及王子被以孟福尔为首的贵族俘获。孟福尔控制局势，1265 年他召集贵族、骑士、城市市民集会议事，是为英国议会之始。1265年8月孟福尔兵败被杀。亨利三世恢复王位。爱德华一世（1272—1307年在位）制定一系列法令，保障封建主利益。1279年的《教产法》规定，如无国王同意土地不能转为教产。1290年的《买地法》规定封臣得以代替方式自由转移封土，从此不能再创立新的封土，是为封土制瓦解的开始。他依靠骑士、市民等加强王权，1295年召集的议会被称为模范议会。1297年他颁布《宪章》的追认文件，确认了无议会同意国王不得征税的原则。爱德华三世在位期间（1327—1377年），为争夺在法国的领地，挑起百年战争。战争使英国贵族从大陆掠得大批财富，但却加剧了英国农民的痛苦。爱德华三世死后，爆发了瓦特·泰勒起义。1399年理查二世（1377—1399年在位）被兰开斯特家族的亨利废黜，金雀花王朝至此结束。

三、亨利二世（短斗篷）

英格兰国王亨利二世（1154—1189年在位），他也是法国的诺曼底公爵（1150年起）、安茹伯爵（1151年起）和阿基坦公爵（1152年起）。他所创立的金雀花王朝是英格兰中世纪最强大的一个封建王朝。该王朝本名叫安茹王朝。但是因为纹章用金雀花的小枝做装饰，所以通常人们叫它金雀花王朝。从他开始的几位国王也被称作安哲文国王，因为英格兰只是他们那没有多少实际统一性的巨大领地的一部分。

亨利二世是英格兰国王亨利一世的女儿玛蒂尔达的儿子，生于法国曼恩–卢瓦尔省的勒芒。他的父亲是安茹伯爵戈德弗鲁瓦五世（他是玛蒂尔达的第二个丈夫）。因此亨利几乎可算法国人。19岁时，他还是安茹公爵，与阿基坦的埃利诺（30岁）结婚（后者因淫乱刚与法国国王路易七世离婚）。亨利从母亲处继承了诺曼底，从父亲处继承了安茹，又得到了阿基坦作为陪嫁。这使他实际上成为法国最大的领主，也造成了他与路易七世的宿怨。在亨利大部分生命里，他企图以武力或智力战胜路易七世。

亨利第一次来到英格兰是在1142年，以支持其母对英格兰王位的要求。但玛蒂尔达最终未能从布鲁瓦的斯蒂芬手中夺得王位。不过根据斯蒂芬与玛蒂尔达的一项协定，亨利于1154年加冕为英格兰国王。

亨利二世在英格兰进行一系列改革。他是第一个征收盾牌钱的国王。他把大部分司法权力集中于国王手中，实际上亨利二世对英国习惯法的形成起到了很大作用。

1155年英格兰籍的教皇艾德里安四世在一份文件中把爱尔兰赠给亨利二世。这份文件后来被认为无效。这很可能是亨利的政治阴谋，从此以后爱尔兰的命运就与英格兰紧紧相连。

1164年，当亨利二世试图把教会的司法权也收回时，他与昔日的密友和顾问坎特伯雷大主教托马斯·贝克特发生了冲突。贝克特请求教皇的干预，触怒了亨利二世。1170年12月29日，四个男爵骑士在亨利支持下，在坎特伯雷大教堂刺杀了贝克特。教皇亚历山大三世威胁要对亨利二世处以绝罚。亨利不得不屈服，他赤身表示悔罪，并表示要领导十字军去巴勒斯坦。

1171年，亨利二世首次侵入爱尔兰。1188年，亨利二世在英格兰推行什一税。

在亨利二世晚年时，他的几个儿子争权夺地，时常叛乱。亨利二世认定自己的妻子怂恿儿子们反对他，遂秘密请求教皇允许他与埃利诺离婚，未获同意。他在悲痛中于法国希农去世，葬在法国。

四、理查一世（狮心王）

亨利二世次子。因长子出家为修士而成为继承人。亨利前往英国继承王位后，理查与母亲埃利诺在法国阿基坦相依为命，与父亲关系疏远形同陌路。后受母亲的唆使和主君法王腓力二世的挑拨，出兵击败父亲夺取了王位。

理查是一个彻头彻尾的法国骑士，他讨厌英国，不会说一句英语，身为英王十年，在英格兰前后总共只待过六个月。他把英国交给宠臣代理，只要按时缴税就对海峡那边发生的事情不闻不问，因此被评价为最失败的国王之一。

约翰王被迫签署《大宪章》

理查以身为法兰西骑士自豪，一生大部分时间都在留法国参与法国内部的“群雄争霸”，法王腓力二世是其最主要的竞争对手。第三次十字军东征时，在神罗皇帝巴巴罗萨溺死、法王腓力二世弃军潜逃的情况下，理查独力支撑起十字军联军的指挥重任，在人数和战术都不如对手的情况下，多次击败埃及苏丹萨拉丁，迫使穆斯林与其签订明显对基督徒有利的和平协定，最终十字军东征在理查与萨拉丁化敌为友的欢乐气氛中结束。

理查因其在战场上无与伦比的勇猛和神乎其技的指挥手腕，而被畏惧他的对手敬称为“狮心王”（the Lion Heart）。但是战场上所向无敌的勇士，在当世最杰出谋略家——法王腓力二世一浪接一浪的阴谋打击中，疲于奔命一事无成。东征回国后，理查随即陷入与腓力争夺法国主权的漫长战争，并在一次攻城战中，肩中流箭破伤风而死。

五、约翰（失地王）

亨利二世第四子，狮心王理查同胞兄弟。传说自幼英俊乖巧，最受父亲宠爱，因此当他和母亲、兄长一起谋反打败父亲时，据说亨利二世因深受此打击而悲愤病亡。

和讨厌英国的兄长理查不同，约翰长期留居英格兰并关心英国的政务，是一个负责任的统治者。在十字军东征期间，法王腓力二世秘密从前线返回法国，计划在英国发动政变拥戴约翰篡夺理查的王位，但是计划迟迟没能成功，理查迅速平定动乱后也轻易地原谅了不忠实的弟弟。看来约翰未必如一些史书记载那样，是热衷于取兄长而代之的大阴谋家。

狮心王死后无嗣，约翰在围绕王位继承的斗争中获得多数贵族的支持和拥戴，成为新任国王，但这或许是谋求独立的贵族和法王串通的阴谋。约翰继位后，把注意力从欧洲大陆转移到英国的内政上，致力于英国的经济建设和王权强化，因此与英国贵族之间的矛盾急剧升温，加上法王腓力煽风点火，约翰反而落得了最不受欢迎的昏君称号。

法王腓力煽动英国贵族反对约翰，与此同时积极备战，准备以武力收回属于安茹家族的法国领土。洞察到法王野心的约翰动员英国贵族整兵渡海作战，却因得不到足够的支持而战败，丧失诸多领地而背上“无地王”之辱名。由于战败造成的财政困难和威望下跌，导致英格兰有力贵族的群起反抗，约翰最终被迫向贵族妥协，于1215年6月15日在伦敦西部的兰尼米德草地上签署了承认封建特权和城市自治的《大宪章》，这一事件也被称为是英国民主政治的起源。

《大宪章》的主旨并非是否定王权，而是要限制王权，尤其是确定国王之最高宗主权的权力边界，将封建的权利、义务的边界固定下来。共有63项条款的《大宪章》，其主旨乃是要恢复“祖宗旧制”“先王良法”，建构“有限王权”的统治秩序，确保贵族、教会的封建特权。正因为如此，它仍将国王视为合法的“神命之君”，视为臣民特权的恩赐者与庇护者。然而，本着限制王权的精神，它对国王权限与臣民权益做了诸多具体规定。除了确认英国教会不受干预的教务自主特权外，《大宪章》多涉及保护贵族财产、司法、婚姻、政治等方面的特权。

六、亨利三世

约翰之长子九岁即位。在位期间最大的功绩是与法国和解，结束了两国长期敌对的关系。由于和法王路易九世是表兄弟关系，因此亨利三世多次请求路易九世介入调停英国国内贵族对国王的反抗行动，在法王强大外援下成功压制了贵族的反弹，实现了一段时间的政治安定，这一时期也是金雀花王朝历史上英法关系最亲密的时期。

路易九世死后，英国贵族反抗国王的浪潮再次卷起，亨利在内战中败北，被迫接受贵族的要求，设立贵族议会以限制君主权力，这也被称为英国现代议会制度的先河。

七、爱德华一世（长腿王）

亨利三世长子。因为双腿修长而获得“长腿王”的雅号。继承王位后打败反抗国王的贵族，强化了王权，把父亲建立的议会改造为国王笼络和操纵贵族的工具，并增设非贵族议员，开创了现代议会制度的雏形。此外长腿爱德华还首创了后来在百年战争中大出风头的“威尔士长弓手”部队。

爱德华年轻时曾率军参加十字军东征前往耶路撒冷作战，遭刺客暗算，全靠心爱的王后照料得法才捡回性命。在认识到收复“圣地”无望后，将注意力转移向英格兰的后院——苏格兰高地。长腿爱德华一生多次用兵苏格兰，但在苏格兰民族英雄威廉·华莱士和罗勃特·布鲁斯的奋战下，爱德华虽取得了多次辉煌胜利却始终无法实现他的目标。

在心爱的王后病逝后，爱德华变得狂躁不安，喜怒无常，再加上阴险的法王腓力四世经常在背后搞鬼，爱德华的晚年没有取得什么值得一提的成果，最后病死在远征罗勃特·布鲁斯的途中。

八、爱德华二世

爱德华一世长子，著名的同性恋代表人物。沉溺于文艺，对政治漠不关心，导致大权旁落奸臣当道，政府腐败民心涣散。出兵苏格兰战败后又承认苏格兰的独立，声望跌落到最低点。其王后伊莎贝拉是阴谋家法王腓力四世之女，嫁到英国原本就怀有不可告人的目的，1325年携儿子爱德华返回法国娘家，和弟弟法王查理四世合谋，利用英国朝野的不满发动政变，于1327年将爱德华二世废黜和流放，并于两年后将其杀害。

九、爱德华三世

爱德华二世之子，由谋杀亲夫的母亲拥立继位。初无实权，于1330年在处死了母亲的宠臣——逼迫其父退位的莫蒂默伯爵后亲政。因为是法王查理四世的外甥，当查理四世死后无嗣时，主张自己也拥有继承法国王位的权利（这在当时的欧洲是司空见惯的事情）。法国的贵族们为避免英国干预法国内政而拥戴瓦鲁瓦家族的菲利浦六世继承王位，招致爱德华强烈的不满，由此拉开了百年战争的序幕。

战争初期英军在爱德华三世之子——黑太子爱德华的率领下取得一系列辉煌胜利，甚至在战场上抓获了当时的法王约翰二世，但是法国人随即拥立了新的国王查理五世以示绝不妥协的决心。同时，在国内黑太子与国王之间也由于政见不合而渐生摩擦。黑太子由于获得军队和议会的拥戴而拥有越来越大的政治影响力，对此深感不安的爱德华国王竟然扶持自己的另一个儿子组建派系与黑太子对抗，两派人马的政治斗争搞得举国中分，动荡不宁。虽然斗争的结果以黑太子的离奇死亡而匆匆收场，但是失去英明统帅的英军已无复从前的锐气，百年战争的第一阶段草草落幕。

十、理查二世

黑太子爱德华之子。继承祖父王位，但是实权被叔父兰开斯特公爵约翰·冈特把持。由于这个原因而记恨兰开斯特家。亲政后驱逐了堂弟兰开斯特公爵亨利，并没收其领地。1399年，亨利在国王远征爱尔兰时举兵拘捕了国王，并让国会同意将理查废黜，由亨利即位。兰开斯特王朝开始。

在理查二世时代，由于兰开斯特公爵治国有方，议会和贵族都更倾向于支持他，而非理查二世。随着矛盾的激化，议会最终废了理查，拥立兰开斯特公爵的儿子亨利，是为兰开斯特王朝的亨利四世。这一事件也是首次由议会来裁定王位归属。兰开斯特王朝三位君主都叫亨利，即四世、五世、六世。五世的统治短暂而辉煌，他重新进军法国，并将勃艮第公爵纳为盟友。1415年的阿金库尔战役，续写了长弓兵的神话。相比之下，亨利六世对政治不感兴趣，但他却为英格兰的教育事业做出了很大贡献。1440年，他创建了伊顿公学和剑桥

兰开斯特家族族徽——红玫瑰

约克家族族徽——白玫瑰

大学国王学院。

十一、玫瑰战争

玫瑰战争一词来源于莎士比亚戏剧《亨利六世》，他给兰开斯特家族和约克家族的这一场战争命名为“玫瑰之战”。美剧《权力的游戏》里兰尼斯特和史塔克家族的故事与这段历史十分相似。这场内战打了整整30年（1455—1485年)，是英格兰国王爱德华三世（1327—1377年）第四个儿子的后裔（兰开斯特家族）和第三个儿子的后裔（约克家族）为了争夺王位而进行的大乱斗。

15世纪时，英国封建贵族大都收入减少，入不敷出。大封建主多收养骑士，结成帮派，加紧争夺。百年战争结束后大批骑士回国，亟思掠夺，更使矛盾激化。兰开斯特家族主要依靠落后的西北地区及威尔士贵族支持。约克家族主要依靠东南地区以及希图扩大王权的新贵族和城市市民的支持。1422年亨利五世去世，兰开斯特家族亨利六世即位(1422—1461年在位）。因其年幼遂由王后玛格丽特专权，1453年亨利六世患疯癫症，贵族集团立约克公爵理查为摄政。1455年玛格丽特集团复起，争斗日烈。约克公爵理查企图夺取王位，1455年5月22日于圣奥尔本斯击败兰开斯特家族的武装，战争开始。1460年7月10日北安普敦之役，约克家族再次获胜，亨利六世被俘并被囚禁在伦敦塔中，理查控制了局势。但在1460年12月30日韦克菲尔德战役中理查被杀。理查长子爱德华得沃里克伯爵内维尔之助，1461年2月2日在莫蒂默斯克罗斯之役中大败兰开斯特家族，3月4日即位，为爱德华四世（1461—1483年在位）。此后，爱德华四世又在陶顿战役中大获全胜，玛格丽特逃往苏格兰。玫瑰战争第一阶段结束。

玫瑰战争的第二阶段是由约克家族的内讧引起的。1469年，沃里克伯爵内维尔叛乱。爱德华四世被迫出逃。次年他在勃艮第公爵大胆查理的支持下，击败沃里克伯爵内维尔，重新统治英国。爱德华四世奖励工商业，抑制大贵族，在他统治后10年间国内局势较为安定。1483年爱德华四世去世，遗子年幼，他的兄弟理查篡位，称理查三世（1483—1485年在位）。理查三世的统治激起许多封建贵族的反对。1485年8月22日博斯沃思战役中理查三世战败被杀。兰开斯特家族远亲里士满伯爵亨利·都铎继王位，为亨利七世（1485—1509年在位），建立都铎王朝。他娶爱德华四世的女儿为妻，并以红白玫瑰为徽，以示和解，结束了兰开斯特家族与约克家族之间的这场内战。

漫长的玫瑰战争对英国打击甚重，原本是亲戚的贵族反目成仇，互相攻伐。在战争结束之后，国家仍然处于不稳定的状态。后任的爱德华五世和理查三世都没有足够的能力收拾残局，约克王朝最终为亨利·都铎发动的叛变所推翻。

第三节　走向辉煌的都铎王朝

亨利·都铎作为兰开斯特家族的后期领袖，在一场叛乱中推翻了约克王朝，即位亨利七世，创立都铎王朝。他致力于重塑国家，弥合贵族间的裂隙。迎娶了爱德华四世的女儿，从此两个昔日水火不容的家族合为一体。

亨利七世的儿子亨利八世是英国历史上赫赫有名的国王，他推动宗教改革，支持文化活动，扩大国王权力，革新军队建制。他还因为娶了六位王后而闻名，他推动宗教改革也与他的个人生活有关。

他的第一位王后是凯瑟琳，其父是西班牙之阿拉贡国王费迪南二世。凯瑟琳于1501年与亨利七世之长子亚瑟（也就是亨利八世的哥哥）结婚。转年亚瑟去世。英王亨利七世不愿失掉凯瑟琳带来的嫁妆，费迪南又想能继续影响英格兰的外交政策，所以凯瑟琳又与其先夫之弟（即亨利八世）结婚。

凯瑟琳长亨利八世（以下称亨利）6岁，容姿秀丽，妩媚动人。婚后共生6个子女，但除了最小的女儿，其余全都夭折。这个独生女后来成为英格兰女王玛丽一世（Mary I）。由于无男嗣，亨利对凯瑟琳不满，渐萌离婚之念。加上亨利迷上了宫廷侍女安妮·博林，遂于1527年拟与凯瑟琳离婚，但遭拒绝。亨利就“先斩后奏”，于1533年与博林秘密结婚，然后法庭宣布亨利和凯瑟琳的婚姻无效。亨利借题发挥，进行了英国史上有名的宗教改革，取代了教皇对英格兰教会的统治地位，使英国由一个天主教（Catholicism）国家转变为新教（Protestantism）国家。凯瑟琳被幽禁在一个下等庄园里，久病不愈，愤愤而死，时年51岁。

电影《另一个波琳家的女孩》海报

第二位王后是安妮·博林（1507—1536年），伯爵之女。1522年入宫廷，做凯瑟琳王后的侍女。博林恰值妙龄，亦有姿色。当亨利与凯瑟琳分离时，便成为亨利的情妇。后来与亨利暗通而怀孕，不得不于1533年秘密结婚。当亨利与凯瑟琳的婚姻被取缔时，博林被封为王后。同年生一女，即后来的女王伊丽莎白一世（Elizabeth I）。这又使亨利大为失望，加之博林性情孤傲，亨利又有离异之心。他另寻新欢，与简·西摩勾搭。而博林最后因所谓通奸和乱伦罪被斩首于伦敦塔。然而是否有证据，至今仍是疑案。博林结婚只3年便香消玉殒，给伦敦塔留下一段悲话。由娜塔莉·波特曼和斯嘉丽·约翰逊主演的电影《另一个波琳家的女孩》（The Other Boleyn Girl）讲述了这段故事。

简·西摩（1509—1537年）是亨利的第三位王后，爵士之女。她也是宫廷侍女，曾侍奉前两位王后。博林遭嫌之后，亨利转而追求西摩。一次亨利送她一袋金币并一情书，恳求西摩做他的情妇。可是西摩返回礼物。她只愿堂堂皇皇地做王后而不愿做情妇。博林被斩首后仅11天，尸骨未寒，亨利就和西摩共享洞房之乐了。

西摩生一子，即后来的英王爱德华六世（Edward VI）。亨利的6位王后中，只有她生一子。但她在产期患病，生子12天后去世。西摩并无倾国之色，但机敏温顺，使亨利倾心。她也是唯一在死后使亨利伤心落泪的王后。亨利死后与之合葬，足见对西摩的钟情。

亨利八世

第四位王后是安妮（1515—1557年），德国公爵之女。当时为加强英国和德国联盟，以抗衡天主教国家法国与神圣罗马帝国的联盟，亨利与安妮订婚。当安妮抵达英国后，亨利就想离婚，因为他认为此女不像别人所描绘的那么漂亮，而是丑陋不堪，而且她不懂英语。但退婚已迟，只好在1540年完婚。因此婚后绝无幸福可言。还没结婚，就孕育着一颗离婚的种子。后来法国与神圣罗马帝国联盟破裂，随之，英德联盟也失去重要意义。加之，安妮以前曾和另一男人订过婚，故亨利终于与之离婚。离婚后，安妮仍住英格兰，靠养老金无声无息地了却后半生。此次婚姻仅维持了6个月，是6位王后中最短的一个。

第五位王后是凯瑟琳·霍华德（1521—1542年），出身贵族，1539年入宫廷。她也是豆蔻年华，有沉鱼落雁之貌，颇得亨利之青睐。亨利与安妮离婚后，马上又与此凯瑟琳结婚。可是她隐瞒了曾和另一男人同居过，所以被指控犯有重婚罪。但亨利最后还是饶恕了她，既往不咎。糟糕的是，婚后不足一年，她又和另一男人私情勾搭。亨利怒火中烧，将她斩首在伦敦塔。

亨利的最后一位王后是凯瑟琳·帕尔（1512—1548年），出身宫廷官吏。此凯瑟琳与亨利结婚前已两次孀寡。她无倾国之貌，但聪明机智。有趣的是，亨利以王后多出名，而这位王后的丈夫也并不算少。亨利去世后，她又第四次结婚。当然比亨利的六次结婚还略逊一筹。

一、血腥玛丽恢复天主教

1547年，亨利八世驾崩，即便拥有六任妻子，他也没能如愿拥有一个像他本人一样健康强大的男性继承人。第三任妻子简·西摩因难产去世，留下自小体弱多病的爱德华王子，这是亨利八世唯一合法的男性继承人。爱德华九岁时承袭大统，但没来得及亲政就在1553年一命呜呼。命运的指针拨转到了第一位王后凯瑟琳的女儿玛丽公主这边。

玛丽公主，即后来的玛丽一世女王，史上也称“血腥玛丽”，是亨利八世和第一任妻子凯瑟琳唯一活下来的孩子。1533年，博林堂而皇之地取代凯瑟琳成为王后，玛丽的公主身份丧失了合法性。此时的她已经17岁，正进入人生最美的年华，但几乎是一夜之间，她从一位集万千宠爱于一身的公主沦为平民，不久又成为安妮所生女儿（伊丽莎白公主）的侍女。作为一名生在帝王家的女性，玛丽是极其不幸的。她亲历了自己的母亲被父亲废黜和囚禁，在母亲抑郁而终时，她甚至无法见上最后一面。在她37岁成为女王之前，她甚至没有恋爱过，更没有婚姻。在漫长的青年岁月里，天主教信仰是她唯一的精神支柱。早年跌宕的人生轨迹使她养成了独特的性格，这种性格在她成为女王后演变成王国的一场灾难。

玛丽一世女王

值得一提的是，亨利与凯瑟琳的离婚案还引发了远超婚姻问题本身的连锁反应——英国宗教改革与民族国家的创建。当亨利的离婚请求到达罗马，充当仲裁的教皇畏于凯瑟琳外甥查理五世（神圣罗马帝国皇帝）的权势而拒绝了他。恼羞成怒的亨利撇开教皇，废黜了凯瑟琳。为了给自己的行为提供合法性，他借着欧洲宗教改革的东风，宣布与罗马天主教彻底决裂，并在全国发动了清除教皇权力、没收修道院的宗教改革运动。罗马教皇的势力被赶出英国，标志着英国二元政治结构的终结，国王成为英吉利民族的代表和国家的至尊领袖，民族国家的创建迈出关键一步。这场离婚案由此成为英国历史新纪元的引线。在某种意义上，玛丽跌宕的命运乃是近代早期英国政治和宗教剧烈变革的产物。

早在亨利临终前，他就对在世都铎家族成员的继承顺序做了安排，根据1544年《王位继承法》，如果爱德华六世无嗣早逝，王位将由玛丽继承，其次是伊丽莎白公主和亨利姐姐玛格丽特·都铎的女儿弗朗西斯·布兰登，最后是布兰登的女儿简·格雷。但是，爱德华六世在15岁临终前改变了规则，留下一份出人意料的遗嘱：他剥夺了两位异母姐姐的继承权，王位将由简·格雷继承。这份遗嘱的真实性在当时就受到普遍怀疑，其原因在于格雷郡主此前不久刚刚成为摄政王诺森伯兰公爵的儿媳。当然，无论这一遗嘱是出于爱德华六世本人意愿，抑或是诺森伯兰公爵的阴谋，都必将引发一场激烈的政治冲突。

1553年7月10日，简·格雷在诺森伯兰的操纵下继位，同时，玛丽在萨福克的弗雷林汉姆城堡也宣布自己为女王。在国家分裂的危急时刻，作为国家权力中枢的枢密院临阵倒戈，抛弃了诺森伯兰公爵，宣布支持血统更近的玛丽，诺森伯兰公爵应声倒台。玛丽是胜利者，她在支持者的簇拥下开进伦敦，走上权力的巅峰，在她心里，这是上帝对她二十年不公命运和虔诚信仰的报偿。这场政治事件的最大受害者是她可怜的外甥女格雷郡主——一位年仅17岁的少女。她先是被关进伦敦塔，后被秘密处死，在位仅九天，史称“九日女王”。诺森伯兰和他的支持者也走上了断头台。玛丽的统治以一场血腥的政治冲突拉开了序幕。

英国没有女人不得继承王位的法律，早在12世纪，英王亨利一世的唯一女儿玛蒂尔达就差点登上王位。虽然没有明确的法律规定，但是人们普遍认为如果女人继承王位，国家必将面临或内忧或外患的危险。正如一位学者所说：“她必须结婚，要么是和国内的人结婚，要么是和国外的人结婚。如果是和国内的人结婚，由于她的丈夫的权力会遭到妒忌，国家就有发生内战的危险。如果是和外国人结婚，国家又有并入另一个国家变成一个行省的危险。”人们的担心是不无道理的，玛丽的继位和短暂的统治印证了这一看法。

登上王位的玛丽肆无忌惮地使用手中的权力。她做的第一件事就是宣布自己父母婚姻的合法性，彻底改变她二十年来“私生女”的身份。她做的第二件事就是回报在她最痛苦卑微之时陪伴她的天主教信仰——把英格兰这艘大船重新舶回到教皇的港口。此时，距离亨利发动宗教改革已经过去了二十多年，整整一代人生活在反教皇、反天主教的新教主义旗帜之下。因此，玛丽复辟天主教的政策使全国陷入了恐慌状态，而隐藏在英国各阶层的天主教徒开始活跃起来，逃亡在国外的天主教徒也陆续返回英国。玛丽废除了宗教改革的相关法令，又在1554年11月30日，以谦卑的忏悔向教皇的使节祈求，让英国重新回到天主教大世界。当波尔庄严地宣布赦免这个国家时，“女王无声地抽泣着，议员们互相拥抱、哭泣，口中回答‘阿门！阿门！’”

玛丽的天主教复辟政策不仅把罗马教会势力重新引入英国，还在全国范围内大肆迫害新教徒。教会中约两千名结过婚的教士（约占全国1/4）被驱逐，数百人被送上了绞架。18世纪的法国思想家伏尔泰这样痛斥当时的宗教迫害："有个怀孕的妇女在烧着的柴堆上生下了孩子。几个公民出于恻隐之心，把孩子从火中救出来了。信天主教的法官又把小孩扔进火堆。听到这样的惨无人道行为，我们究竟相信自己是活在人间，还是活在那些处于备受酷刑煎熬的深渊而拼命把人类推入其中的魔鬼之间？"

宗教迫害仅仅是玛丽"血腥"统治的一个层面，她的统治是英吉利民族国家形成过程中一段血色的插曲，使她得到了本不该安放在一位柔弱女性身上的"血腥"的名号。她在打击政敌和镇压叛乱方面的记录同样布满"血色"。当然，这并不是玛丽人生的最大悲剧，她那被当时人憎恶、被后世人嘲笑的爱情和婚姻才是涂写她悲情人生的最浓重一笔。

1554年，玛丽和她的大臣们开始张罗起婚事。她的表兄查理五世的儿子菲利普（Felipe II）也在求婚者行列。菲利普时年27岁，他的求婚显然不是出于对这位年老、矮小、脾气古怪的表姑的爱慕。年轻的菲利普是未来哈布斯堡家族的主要继承人和西班牙王储，有着极强的权力欲，如果他成为国王，英国人普遍相信，英格兰王国有沦为西班牙行省的危险。然而，玛丽全然不顾及英国人民的民族感情，她本来只想找一位能够和她生育子嗣的配偶，但当她认准菲利普以后，却变得极端认真，像一位少女一样憧憬着爱情。在臣民普遍的反对下，她坚持要嫁给菲利普。尼尔指出："这件婚事是她在统治期间最意气用事的行为。它严重地伤害了英国臣民偏执的岛国情绪，并激起了每一个人对英国的感情。"

结婚后，菲利普当然并不愿意与玛丽长久生活，他很快就找借口离开了英国。1554年9月，玛丽发现自己停经还伴有晨吐，以为自己怀了孕，宫廷中所有人都不敢打破玛丽天真的幻想，曲意逢迎着古怪的女王。随着玛丽预产期的临近，整个宫廷煞有介事地忙碌起来。到1555年6月，为迎接新生儿的一切准备工作都已就绪，就连向欧洲各国通报喜讯的信件都已写好，随时准备发出。但是，日子一天天过去，事实还是无情地揭穿了这场闹剧。短暂回到英国的菲利普带着对英国人和妻子的极端厌恶再次离开英国。失去了生儿育女的希望，又受到丈夫的冷落，玛丽病倒了，她卧在床上，仍旧每日祷告，然而她所侍奉的“上帝”并没有怜悯她。

菲利普在1557年3月又回到英国，他的目的当然不是出于对妻子的思念。他的目的简单而明确，即把英国卷入他对法国的战争之中。“爱令智昏”的玛丽无条件地支持了丈夫。战争让英国人流了血，而且失去了在欧洲大陆上的最后一个据点——加莱。尼尔不无同情地指出：“英国流了鲜血，这鲜血是由于她的宗教狂热和对她丈夫的忠诚而流的，而这种狂热并未在人民群众的情感中引起响应。它所导致的后果，只是使玛丽最为珍惜的一切遭到覆灭。”

1558年初，玛丽生命的最后一年，她还在每日祈祷上帝的眷顾，沉浸在幻想当中，在所有人的目光都转移到朝气蓬勃又聪慧过人的伊丽莎白公主时，玛丽突然向臣民宣告自己怀孕的消息。然而，这一次得到的是人们的冷漠和嘲笑，大臣和民众不愿再配合女王出演一出滑稽的闹剧。带着对拥有一位继承人的无限渴望，玛丽走到了人生的尽头。在临终的病榻上，她把伊丽莎白公主叫到床前，这是她在世上的唯一亲人，也是仇人的女儿。但无论如何，她已无力阻止伊丽莎白成为继任者，她唯一能做的是让伊丽莎白保证维护天主教信仰，虽然她并不相信她会那样做。1558年11月17日清晨，玛丽去世，带走了一段血色的历史和一段旷世的悲情。

在那个出身至上的时代，玛丽的身世是显赫的。她的祖父（亨利七世）是都铎王朝的开创者，父亲更是英国历史上最强有力的君主；她的外祖父母（斐迪南与伊莎贝拉夫妇）是西班牙的缔造者；她的丈夫是西班牙帝国的统治者；她的公公（查理五世，也是她的表兄）是神圣罗马帝国皇帝；她本人则是英国第一位真正的女王。

然而，这身世又是不幸的，少年时代，父亲抛弃了母亲，使她成为私生女；青年时代，她孑身一人，没有爱情，在恐惧和祷告中度过；中年时期，她的丈夫憎恶她、远离她；她的臣民也不爱戴她，给她按上“血腥者”的恶名；就连她所热爱的上帝也没有怜悯她，既没有给她子嗣，也没有给她健康，让她在绝望与痛苦中死去。她似乎拥有一切，王公贵族无不垂涎；她又似乎一无所有，比普通人更可怜。她生活在一个变革的时代，既是这场变革的亲历者，也是这场变革的牺牲品。

二、伊丽莎白女王时代

英国历史上都铎王朝持续了118年，而伊丽莎白一人就统治英国达45年。在此期间，女王政绩卓著、王朝鼎盛，开启了一个“黄金时代”。

伊丽莎白一世（1558 — 1603）

伊丽莎白一世女王即位后并不意味着她的生活从此高枕无忧，更大的挑战才刚刚开始。因资本主义的原始积累而扩张的新教与本身内部腐朽的天主教之间的争端不断，新教遭到了“血腥玛丽”的严酷镇压。伊丽莎白见证了镇压并不能给英格兰带来任何好处，宗教应是宽容的，她继位之后并没有严厉镇压天主教，而是选择了宽容地对待天主教，让天主教和新教之间至少能和平共处，由此巩固了自己的政权。

而面对外国势力的狼子野心，她也为英格兰付出了一切，扫平了发展的障碍。在当时的欧洲，婚姻所能带来的政治意义十分重大。在中世纪的欧洲各国处理国际关系的主要外交手段是王室之间的联姻，国君们通过王室联姻兼并领土、增加财产来扩大自己的势力，或者谋取别国的王位。当时欧洲最强大的是法国和西班牙。而两国的君主都知道作为英国女王的伊丽莎白的价值。最先展开行动的是她的姐夫，西班牙国王菲利普二世，他不仅想娶女王为妻，还想让女王改变自己的宗教信仰。因西班牙的强盛，她只能小心斡旋，礼貌地拒绝了菲利普的求婚。法国也不甘示弱，得知女王婉拒了西班牙的求婚后，上到国王下到大公纷纷都向女王求婚。她没有直接地拒绝法国，让世人以为她只是还没决定。伊丽莎白一世终身未婚，因此她也被称为“童贞女王”。

伊丽莎白女王在位时期奠定了英国强盛的基础，开创了英国历史上第一个“黄金时代”。伊丽莎白一世时期，政治上由君主专政向议会主权转化，封建经济形态中萌发了资本主义，并开始向国外扩张，海上霸权开始建立。经济上大力发展商业，在南方与北非、西非国家发展商业往来，在东方恢复了与地中海地区的贸易往来，同印度等国建立贸易关系。1600年，伦敦商人在女王的支持下成立了“东印度公司”。颁布了一系列法令促进就业，令整个社会呈现一派忙碌的、欣欣向荣的景象。文化上实行开明宽容的政策，鼓励文学发展，涌现了一批如莎士比亚、弗朗西斯·培根、马洛和斯宾塞等著名人物。军事上随着西班牙日益成为英国海外扩张的主要敌人，伊丽莎白一世纵容弗朗西斯·德雷克等英国海盗抢劫西班牙船只和殖民地，通过夺取和占领战略性港口的方式来扼杀西班牙的商业体系。1588年英国在英吉利海峡击败西班牙“无敌舰队”，开始跨入海上强国的行列。

伊丽莎白也有被后世批评的污点，那就是她包庇奴隶贸易。当时英国的霍金斯爵士抓住了这个“商机”，一开始伊丽莎白对这种不道德的贸易也曾加以责备，然而面对着不道德所产生的巨额利润，她马上就动摇了立场，并且还通过向霍金斯提供船只和人员分了一杯羹。

伊丽莎白作为君主，其责任之一便是为英格兰挑寻下一代的君王。由于她终身未婚，没有子嗣，有王位继承权的是她的表侄女——苏格兰玛丽女王与她的表外甥女凯瑟琳·格雷夫人。玛丽女王名为玛丽·斯图亚特（电视剧《风中的女王》中女主原型），出生六天即是苏格兰女王，因王位斗争失败，逃亡回英格兰，被伊丽莎白囚禁。伊丽莎白以“谋反罪”处死玛丽·斯图亚特。而凯瑟琳·格雷夫人因和爱德华·西摩的秘密婚姻激怒了伊丽莎白一世，于1568

年被囚禁至死。

伊丽莎白晚年剩余的继承人已不多，她逐渐倾向于她的侄孙——苏格兰女王玛丽的儿子苏格兰王詹姆士，却也并未将他命名为继承人。1603年伊丽莎白一世死于伦敦的里士满王宫。由于伊丽莎白从未结婚，她的死结束了都铎王朝。伊丽莎白一世被安葬在威斯敏斯特教堂的右面，她的继承人是詹姆士一世，都铎王朝为斯图亚特王朝取代。她指定当时的苏格兰国王詹姆士·斯图亚特（苏格兰的詹姆士六世）为继承人，这就是英王詹姆士一世和斯图亚特王朝。

第四节　斯图亚特王朝

“外来户”詹姆士完全不懂议会在英格兰的力量，他相信“君权神授”，强调君权来自上帝，议会权力来自国王。来到英格兰后不久，他就撰写了一本题为《神权》的著作，遭到议员和反对派的反感。他迫害清教徒，动用火刑，引起民众强烈反感。 詹姆士作为安立甘宗的首脑，还于1604年重新实行亨利八世时期的反天主教法令，天主教极端派决意报复。

1605年，罗伯特·盖茨比、盖伊·福克斯等人密谋，计划挖地道通到议院地下室，放置大量火药，试图炸掉英国国会大厦，并杀掉参加11月5日国会开幕典礼的英国国王詹姆士一世和他的家人。但由于同伴告密，计划流产，当局将盖伊·福克斯拘捕后绞死，其他反叛者很快也被逮捕，并在审讯过程中被执行死刑或杀死。这就是英国历史上的“火药阴谋事件”。后来，英国人在每年的11月5日会庆祝盖伊·福克斯之夜，或叫篝火之夜、焰火之夜（Bon Fire Night)，节目有燃放烟花，点燃篝火，焚烧象征盖伊·福克斯的套着旧衣服的草人。

针对《圣经》版本复杂、内容各异的情况，詹姆士一世组织牛津大学、剑桥大学和威斯敏斯特的大批学者花费好几年时间，以比较中立的态度重新翻译《圣经》，并于1611年出版，称为“钦定版圣经”（King James Version of the Bible，简称KJV）。钦定版《圣经》不仅影响了随后的英文版《圣经》，对英语文学的影响也是很大的。为了让更多未受良好教育的普通人也能知晓上帝的旨意，该部《圣经》的词汇量仅有8000个常用的英文单词，因此十分容易理解。一些著名作者，如约翰·弥尔顿、赫尔曼·梅尔维尔、约翰·德莱顿及威廉·华兹华斯很明显从这个版本的《圣经》中得到启发。一些《圣经》如英语修订版《圣经》（*English Revised Version*)、新美国标准版《圣经》（*New American Standard Bible*)、修订标准版《圣经》（*the Revised Standard Version*)，还有新钦定版《圣经》（*New King James Version*）等都是这个版本的修订版。

1625年春，詹姆士一世去世，他的儿子查理一世即位。新君与法国国王路易十三的妹妹亨利埃塔·玛丽亚公主结婚。1625年6月，召开第一次议会。由于议会对其宠臣白金汉公爵专权和西班牙战争失利的不满，拒绝了给国王征收关税的特权，形成了议会与国王的对立。1626年2月，召开第二次议会。议会因西班牙战争失利弹劾白金汉公爵，被拒绝。6月，解散议会。在此期间，查理未经议会同意而任意征税，军队也随意进驻民房，民怨四起。国会遂于1628年提出权利请愿书，要求国王改善，查理为求议会同意征税而签字。1629年，查理违反请愿书的规定，并且派人拘捕议会中言行激进的议员，然后解散国议，之后的11年间，再未召开过议会，因此，被称为“残酷统治”的11年。1640年4月，为解决对苏格兰战争的军费问题而召集议会，旋即因为

查理一世

拒绝重开战端而被解散，称为“短期议会”。11月，再次召集议会，即“长期议会”，但仍然拒绝与国王合作。由于议会强行逮捕了国王宠臣斯特拉福德伯爵并策划控制应由国王控制的军队。查理一世以叛国罪逮捕5名议员，并亲率卫队到议会抓人未果。这次事件标志着国王与议会的决裂，成为英国内战的导火索。

英国内战，是1642年8月22日—1651年9月3日在英国议会派与保皇派之间发生的一系列武装冲突及政治斗争；英国辉格党称之为清教徒革命，马克思主义史观称之为英国资产阶级革命。受马克思主义学说中阶级斗争的观点影响，中国历史学家一般将革命开始的1640年作为世界近代史的开端（世界各地历史学家是把文艺复兴作为世界近代史开端）。

在内战中，以克伦威尔为代表的革命领导人创建了新型的军队，并在实战中创造了一套新的战略战术，在欧洲军事史上写下了光辉的一页。他对于英国和整个欧洲都产生了巨大的影响。此事件对英国和整个欧洲都产生了巨大的影响，中国学者并由此将革命开始的1640年作为世界近代史的开端。

英国国会有一些清教徒议员，他们将头发理短，不做那种权贵阶层的卷发或假发，因此头颅显得十分圆，被称为“圆颅党”。

英国内战可说是一场“圆颅党”和支持君主制的“骑士党”之间的战争，分为两次，第一次由1642年查理一世武装闯入下议院为触发，1646年查理一世被擒结束。

查理一世在长老会、国会军和新模范军的手中转来转去，关押地也一再变换。机敏的查理一世察觉到国会军和新模范军之间的矛盾和猜忌，找到了逃跑的最佳时机。

不过查理一世找错了人，他以为会同情他的那位上校其实并不喜欢他，他又被软禁在怀特岛。然而在软禁期间，查理一世依旧与不同党派进行着各种讨价还价。权力的争夺中没有永远的朋友与敌人，查理最后找到的合作伙伴是当初俘虏了他的苏格兰长老会。1647年底，查理一世与苏格兰签署了秘密协定，苏格兰承诺帮助他攻入英格兰，恢复王位；作为回报，查理一世将同意长老会建立为期3年的新政府。

查理一世被送上断头台

于是，1648年春南威尔士和英格兰东部的保皇党再度暴动，联合苏格兰军，开始了第二次英国内战。

这次内战只持续了8个多月，克伦威尔率领的新模范军击溃了苏格兰军队，并再次将苏格兰纳入英国。这时候的国会其实并不想和国王真的决裂，他们只是希望国王能听话一点儿，毕竟国王这种摆设还是英国的传统。12月的议案以赞成多过反对的票数通过了改造国王的决议，使得查理一世可以复位。

然而就在一切看似尘埃落定的时候，新模范军又进入了伦敦，占领了议会，逮捕并赶走了很多投赞成票的议员，还有很多议员自动离开了。

1649年1月，最高法庭判决查理一世为“暴君、叛徒、杀人犯及国家的敌人”，被当众斩首，成为英国历史上唯一一位以国王身份被处死的英格兰国王。

查理一世死后的几年里，权力为“护国公”克伦威尔独揽。奥利弗·克伦威尔（1599—1658年），出生于英国富庶家庭，父亲是这个小镇的乡绅。克伦威尔的家庭在当地受到人们的尊重，他们倡导清教徒的生活方式，生活艰苦，对自我要求比较高，想要通过自我清修的方式完成自我救赎。克伦威尔从小对于清教徒的生活方式在心理上就产生了认同感，这就为克伦威尔生平成就的取得埋下了伏笔。

从剑桥大学辍学成为克伦威尔生平最遗憾的事情，父亲的突然去世，使他不得不中断学业回到家中帮助母亲料理农庄。在他结婚以后，他更是将全力精力投入到家庭当中，努力为家人创造良好的生活条件和物质基础。然而当时英国的社会环境非常黑暗，让心中抱有宗教信念的克伦威尔很是不满，借助英国国王查理急需资金的机会，克伦威尔得以从自己生活的小镇走出来，以议员的身份参与政治生活。

作为清教徒的支持者，克伦威尔对当时的天主教十分不满，想要通过社会变革来捍卫清教徒的利益。在宗教信仰的支撑下，克伦威尔不再顺从国王的旨意，开始有自己的主张和政治见解。最终，为清教徒赢得了应有的权利，开创了资本主义新贵族的新时代。

保守势力和新兴阶层终于爆发了内战，最终新兴的资产阶级取得了胜利。而这场胜利的核心和主导力量就是克伦威尔，他率领部队击溃了保皇党的军事力量，著名的马其顿荒原战役成为战争的转折点，之后他处死了暴君查理一世，宣布成立共和国。

英国这时变成了一个共和国（共和政体），临时由一个国务委员会来领导，克伦威尔任国务委员会主任。但是保皇党分子不久就控制了苏格兰和爱尔兰，支持已被处死的国王的儿子——未来的查理二世。结果克伦威尔的军队成功地占领了爱尔兰和苏格兰。长期连绵不断的战争最终在1652年以保皇党军队被彻底击败而告结束。

由于战争已经结束，建立一个新政府的时机应该到来了，但是还存在着实行立宪政体的问题，这个问题在克伦威尔的有生之年从未得到解决。这位清教徒将军能够领导反对君主专制制度的军队赢得胜利，但是他的威望却不足以解决他的支持者中间存在着的社会冲突，不足以使他们对一部新宪法取得一致意见。这些社会冲突和宗教冲突错综复杂地交织在一起，宗教冲突使新教徒内部四分五裂并且同罗马天主教划清了界限。

当克伦威尔开始执政时，1640年组成的议会所保留的成员都属于一个数目不多、无代表性、过于激进的少数派，即所谓的残余议会。起初克伦威尔想要通过谈判来进行新的选举，但是当谈判破裂时，他于1653年4月20日就用武力解散了残余议会。从那时起直到1658年克伦威尔去世为止，曾先后成立和解散了三个不同的议会；采用了两部不同的宪法，但都未能发挥作用。在此期间，克伦威尔靠军队的支持来维系统治，实际上他是一个军事独裁者。但是他多次试图建立民主政体和坚持拒绝别人给他加冕，其目的是表明他不想实行独裁统治，他也是迫不得已而为之，因为他的支持者们创建不出一种切实可行的政体。

从1653年到1658年，克伦威尔使用护国主的头衔统治着英格兰、苏格兰和爱尔兰。在这五年期间，他在不列颠建成了大体完好的政体和井然有序的行政机构。他改善了粗暴的法律，扶持文化教育。他提倡宗教信仰自由，允许在三个多世纪以前被国王爱德华一世驱逐出境的犹太人再来英格兰定居，实行他们自己的宗教。克伦威尔推行的外交政策也是成功的。他于1658年因患疟疾在伦敦去世。克伦威尔的长子理查德·克伦威尔继承了父位，但是他统治的时间极为短暂。

克伦威尔对英国历史的主要贡献在于在他的领导下，封建的君主专制被推翻了，民主政府成立了，资产阶级革命取得胜利。那时欧洲的很多国家还像中国一样，把皇权看得至高无上。英国的武力战争勇敢地撕开了封建统治的面纱，是克伦威尔以常人难以企及的军事天赋保障了战斗的胜利。英国出现的民主制结束了王权统治的历史，它成为英国资产阶级政治、经济等兴起和发展的根基和保证，也成为西欧乃北美民主运动和革命的榜样。

克伦威尔

英国对爱尔兰的征服和占领由来已

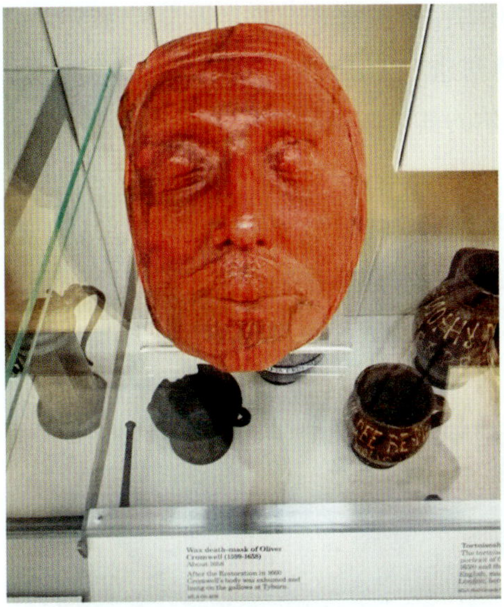

克伦威尔头像蜡制模具，现存于英国大英博物馆

久。以前英国对爱尔兰进行殖民管理，1641年爱尔兰发起过一次反抗。同时爱尔兰也不支持英国的资产阶级革命。在这样的大背景下，克伦威尔入侵了爱尔兰。事件发生在1649年8月，从都柏林到德罗厄德再到韦克斯菲德，到1652年5月，仅仅3年不到的时间克伦威尔就完成了入侵爱尔兰的使命。

克伦威尔入侵爱尔兰的后果非常严重，不论是对受害国爱尔兰，还是英国本身。对爱尔兰而言，这种残酷的入侵手段对爱尔兰居民来说是一种磨难，不仅大批无辜的爱尔兰人被杀害，而且人们还变得居无定所，被迫搬迁到别的地方或者逃亡到其他国家。或者因为没有食物、没有药物而死亡。人少了，土地没了，爱尔兰变成了一个没有生气的地方。对英国而言，克伦威尔入侵爱尔兰让一批军官变成地主，变得非常富有。这些人要维护自己眼下的利益，这种地主的利益跟封建统治的利益是不谋而合的，那些封建保守派变得强大了。而克伦威尔自己就是最大的地主。

即使克伦威尔入侵爱尔兰有那么严重的影响，但也不能用单一的眼光去评判这段历史。它虽然是一场殖民抢夺，但因为这次入侵，克伦威尔扫除了王党的基地，导致查理二世想从爱尔兰入侵英国的意图也因此破灭。

1660年，流亡的查理二世被迎回，斯图亚特王朝复辟。他对克伦威尔恨之入骨，将其尸体从埋葬的伦敦西敏寺掘出来，并且将其尸体象征性地进行上吊，在1658年还将其头颅绑在柱子向公众展示。

据悉，克伦威尔的头颅被多次进行买卖，直到1960年才最终被葬在了剑桥的苏塞克斯学院（Sidney Sussex College）教堂。

这座教堂有一块非同一般的匾，上书："英国、苏格兰及北爱尔兰之贵族保护者，该校1616—1617年校友，奥列弗·克伦威尔之头颅，1960年3月25日埋葬于此左近之处。"据悉，克伦威尔的其余面模被放置在沃里克古堡以及伦敦博物馆内。

查理二世死后，其兄詹姆士二世即位。17世纪初，英国资本主义有了发展，在经济上日益强大，在英国社会发挥着越来越重要的作用。斯图亚特王朝的统治损害了资产阶级和新贵族的利益，资产阶级和新贵族要求限制王权，同国王展开斗争。

玛丽二世与威廉三世

1688年，英国资产阶级和新贵族发动了推翻詹姆士二世的统治，防止天主教复辟的非暴力政变。虽然过程不乏武装斗争和暴力行为，但没有发生大规模流血冲突，因此历史学家将其称之为"光荣革命"。1689年英国议会通过了限制王权的《权利法案》，奠定了国王统而不治的宪政基础，国家权力由君主逐渐转移到议会。在这场政变后，詹姆士被驱逐，其女儿玛丽和夫婿威廉被拥立为国王，这就是玛丽二世与威廉三世，君主立宪制也由此确立。

英国在1688年"光荣革命"后建立起来的议会制度权力超过君主的立宪君主制度以及两党制度等，不仅对英国以后的历史发展，而且对欧美许多国家的政治都发生了重要影响。在17世纪的西欧以及世界其他地区，君主专制是一种普遍的政体形式。西欧的法国、西班牙、奥地利以及丹麦、瑞典、德意志的一些公国，都建立起中央集权的君主专制制度。在这些国家中占统治地位的政治思想是"君权神授"。至于东欧的俄国以及东方的中国等，则等级森严，绝对专制君主制更为强固。1688年后，英国的政治制度及由此而萌发的政治思想，对欧洲绝对君主专制制度和君权神授、君主万能、臣民必须无条件服从等思想，都是一个沉重的打击，而对一些民主、进步的思想家，如18世纪法国的启蒙思想家孟德斯鸠、伏尔泰等则起了巨大的鼓舞作用。虽然对东欧、俄国及东方的中国等国未发生直接影响，但当这些国家的改革运动兴起的时候，英国的议会、君主立宪制就成了鼓舞他们进行斗争的现实源泉和效法的榜样。19世纪末，中国的维新派在为改革而奋斗的时候，就常常引用英国的民主政治制度作为楷模。

两位君主相继去世后，王位落到詹姆士二世之女安妮（Anne）头上。安妮是詹姆斯二世与王后安妮·海德的次女。1683年，与丹麦王子乔治结婚。他们夫妻恩爱，与人无求，与世无争。安妮的一生非常不美满，生了17个儿女，但是个个早夭。而作为女王来说她是问心无愧的。首先是她在1701—1714年西班牙王位继承战争中的角色。在18世纪之交，欧洲被一群相关的强大家族所统治。1700年，当西班牙的查理二世（Charles II）无子而死时，他最亲密的继承人是法国波旁家族和奥地利哈布斯堡家族的成员：无论哪一方登上西班牙王位，都将颠覆持续了如此之久的微妙权力平衡。

安妮参与政治决策，参加内阁会议的次数比她的前任都多。她明智地意识到这场战争不得人心。她寻求和平并于1713年签订《乌得勒支条约》，该条约授予英国包括直布罗陀和梅诺卡在内的领土——确保英国在西地中海的制海权——以及与西班牙新世界进行受控贸易的权利。

第二个是大不列颠的建立。当詹姆斯六世在1603年登上英国王位时，英格兰（包括威尔士）和苏格兰是同一个君主，但它们是独立的主权国家。两国议会之间的紧张关系已经持续多年，联合被认为是避免战争的最佳解决方案。苏格兰需要经济安全，而英格兰希望苏格兰不会成为詹姆斯二世党人叛乱的后门。安妮完全赞成这一结合：“我们将把它视为我们统治时期最伟大的荣耀……完全相信它必将证明我们的人民最幸福。”《联合法案》于1707年5月1日生效，将英格兰、苏格兰和威尔士统一为大不列颠王国，奠定了乔治三世时的大不列颠及爱尔兰联合王国和维多利亚女王时的大英帝国的基础。是她在位期间使议会选举和政党竞争第一次真正具有重要意义。她先支持一个联合政府，继而支持一个温和的辉格党政府，继而勉强接受一个清一色的辉格党政府，最后批准一个媾和的托利党政府。

安妮死后无嗣，英国国会为避免英国王位再次落入天主教徒手上，通过1701《王位继承法》/1701《嗣位法》，规定：若1689年《权利法案》中所规定的继承人全部无子而亡后，王位由英王詹姆士一世的外孙女，即斯图亚特家族女性后裔的汉诺威选帝侯夫人苏菲亚和她的新教后代继承。

一、汉诺威王朝

汉诺威王朝于1692—1866年间统治德国汉诺威地区和在1714—1901年间统治英国。限于《王位继承法》，英格兰国王不能是天主教徒，经过反复筛选，汉诺威选帝侯乔治成为英王。于是，54岁的乔治就这样在各种机缘巧合中开启了英国的汉诺威王朝。乔治一世是德意志人，母语为德语，他不会说英语也不想去学，因此与大臣们沟通十分困难。由于语言不通，他经常找各种理由回汉诺威，对参加议会也很反感，就指定大臣代表自己，后演变成首相职务。

1727年，乔治一世驾崩后其子继位为英国国王、汉诺威选侯，称乔治二世。在政治上得到英国首任首相罗伯特·沃波尔的支持，争取到多数辉格党人和有势力的托利党人对其正统地位的承认。乔治二世即位时，对英国政治情况了如指掌。新国王44岁，后来又活了33年。他有机会和时间把朝政安排得有条有理。乔治二世特别擅长于军事，也热爱战争，还身先士卒作战。1760年10月25日清晨，乔治二世心脏病猝发身亡。

其后是乔治三世的漫长统治。乔治三世终年81岁又239天，在位59年又96天，这两个纪录超越了在他以前的历任英格兰或不列颠君主。英国赢得了七年战争，逐渐成为欧洲第一强国。

大英帝国的崛起是世界近代史最重要的标志性事件，从1688年“光荣革命”开始，英国经济、军力、科技、文化等方面迅猛发展，并在1763年七年战争结束后从法国手中攫取整个加拿大，标志着英国成为无可争议的海洋霸主。1815年英国击败拿破仑领导的法兰西第一帝国之后，一跃成为世界第一强国，主导国际事务长达一个世纪之久。在历次战争中，对于英国来说最重要的还是七年战争。

七年战争虽然是在欧洲国家之间爆发的，却同时在欧洲、美洲和亚洲展开，最终英国大获全胜，夺取了大量殖民地，可以说七年战争彻底改变了殖民时代全球势力范围和力量对比，是一个历史的转折。以它为节点可以划分为前后两个阶段，在此之前是欧洲列国争霸的时期，而在此之后的岁月则被称为“不列颠治世”，直至第一次世界大战的爆发。

然而实际上在战争刚刚爆发的时候，没有人真正看好英国，这与战前对峙双方的力量对比有关。英国的敌对阵营中有法国、奥地利、俄罗斯、瑞典和一些德意志小邦国，这个联盟总人口超过一亿，远远超过英国及其盟友。英国一开始的铁杆盟友只有普鲁士一家，两个国家加起来的总人口不足1200万。另外从地理区位上也能看出，普鲁士几乎被敌人从四面八方包围着，英国却孤悬海外、无力策应，他们敌人的领土却连成了一大片，形成了强大的战略压制态势。

当然，英国同样拥有自己的优势，一方面18世纪中叶的英国在财政制度（废除包税制度，执行专人征税制度）、金融制度（世界首家央行，即英格兰银行已经运行半个世纪之久）、政治制度（议会制度日趋成熟）和海外贸易（巨型股份制殖民贸易公司、特许状政策、英荷战争击败荷兰）方面都处于蓬勃发展的时期，国力蒸蒸日上；另一方面英国的盟友实力强硬，普鲁士是以军事立国存在，绝非寻常欧洲国家可以比拟。如果将这两方面优势归纳起来，我们会发现英国的优势就是不缺钱财，盟友军事实力过硬。更为重要的是普鲁士这个盟友的地理位置刚好处于敌对阵营的中心方位，不可避免地承担着最大的压力，同时也在最大限度地牵制住了敌人。所以当战争打响以后，普鲁士在欧洲大陆死磕，而英国人却可以在海外集中优势兵力大肆夺取对手的殖民地，并且打击敌人贸易，这就是典型的“英国式战争方式”。

不过在战争初期，英国人还是犯了一个错误。或许是由于战场铺设的过于辽阔，在欧美亚三大洲同时展开，导致英国起先未能厘清重点，而是四面出击、全面铺开了战线。在战争的第一个年头，英国同时在几个战场受挫，他们位于地中海的战略要地梅诺卡岛甚至直接被法国攻占，前去增援的英国皇家海军也被法国海军击退了，这是自英荷战争以后将近一百年的时间里，英国海军遭受的最大打击。这一次海上败仗对英国政坛的影响巨大，当时的英国舰队司令被逮捕审判，认为他临阵畏缩、指挥无能，直接被正法在他自己的旗舰上。不仅如此，英国还立刻更迭了领导，推选出新的首相，名字叫作威廉·皮特。

七年战争期间的英国首相又被称为老威廉·皮特，这是因为人们需要区分他和他的儿子小威廉·皮特，他的儿子小威廉·皮特正是拿破仑战争期间的英国战时首相。老威廉·皮特在七年战争乃至整个英国崛起的历程中是一个非常关键的人物，此人在英国政坛地位十分重要，所以才能在战争爆发的第二年当选英国首相。上台之后，老威廉·皮特立即调整了英国的策略，规划和整改了英军的战略重点。

老威廉·皮特非常清楚英国参与这场战争的目的是什么，就是要建立一个稳固的海外帝国。不过目的虽然在海外，战争的重心却在欧洲大陆，而战争的枢纽就是普鲁士。只要普鲁士军队的战场表现足够优异，就能够将法国、西班牙这些国家的力量牢牢地吸引在欧洲，这样英国就可以放手开拓海外殖民地，所以老威廉·皮特力排众议给予普鲁士最大限度的援助。当时普鲁士国王腓特烈二世想要多少钱财军需，英国人就援助多少。不仅如此，英国甚至还派遣了一支一万八千人的陆军支援普鲁士。老威廉·皮特有句名言，要在德意志平原上赢得一个北美帝国，将英国人意图表达得淋漓尽致。

既然英国人想要确立海外帝国的地位，老威廉·皮特为什么会选择将战略重心放置在北美呢，这其实就和英国人的全局观密不可分了。英国人认定北美是需要全力以赴的重点，因此集中力量攻取；同时认为印度属于次要重点，只派遣了一支小舰队，其余的都让英国东印度公司自行解决。之所以做出如此战略布局，是因为北美距离英国的行程更近，只需要跨越大西洋即可到达。如果英国海军集中优势力量的话，既可以加大对北美的攻势，同时又能加大对法国海岸的封锁，一举两得。这一点与中国围棋棋子的布局讲究棋力的策应有着异曲同工之妙。相比之下，英国距离印度太远，即便派遣海军过去也会造成力量分散的局面。如此一来，英国战略层面的轻重缓急也就一清二楚了。

事实上，正是在老威廉·皮特上台的第一年，英国东印度公司军队取得了普莱西战役的胜利，奠定了英法印度之争中，英国优势不断增强的主基调。

1759年，也就是老威廉·皮特出任英国首相的第三年，英军已经在各个战场均获得了一系列胜利。在欧洲，英国和普鲁士联军自开战以来打了一场少见的大胜仗；在北美，英军打下了整个加拿大；在加勒比海，英军攻下了法国的主要据点；在海上，英国舰队通过两场海战彻底摧毁了法国海军的主力。到了老威廉·皮特执政的第五个年头，英国东印度公司攻占了法国在印度最后一个据点，将法国势力彻底赶了出去。七年战争结束之时，英国已经建立了一个前所未有的海外帝国，而所付出的代价却相比其他国家而言是那么的微不足道。

一方面，英军的伤亡人数是所有参战国中最低的，这与英军避开了欧洲大陆主战场有关；另一方面，当别国经济遭受重创之时，唯有英国丝毫未受影响，反而愈加繁荣了。据统计，在七年战争期间，英国的贸易额每年都在增长，其中航运业更是猛增了15倍之多。战争期间的巨额订单极大地刺激了英国早期工业的起飞。英国国力的强盛不仅确保了自己经济优势的进一步增强，同时也对盟友产生极大的帮助。七年时间里，英国共计给予了普鲁士差不多一千万英镑的资助，这个数额已经远远超过了奥地利、法国、俄罗斯等主要敌人军费的总和。

乔治三世画像

综上所述，英国在七年战争中凭借强盛的国力和强劲的盟友，得以用“英国式战争方式”进行战略布局。他们拼命地资助盟友普鲁士，以其作为战争枢纽，在欧洲大陆牵制住了绝大部分敌人的力量，而自己则主要抢夺海外殖民地和贸易网络，从而使英国得以在战争七年保证经济的进一步发展。

在海外竞争方面，老威廉·皮特不局限于整体对抗的对比，更善于寻找最关键的局部，寻觅海外竞争战略的重心。英国人选择北美作为进攻重点，既攫取了加拿大，又封锁了法国海岸，策应了欧洲战场。当战争尘埃落定之后，英国已经成为世界领土最为广阔的国家，被称为继西班牙之后的第二个“日不落帝国”。

七年战争也在另一方面催发了美利坚独立战争。因为花费巨大的英国从北美大量征税的行为深深激怒了那里的人民，自由受到了践踏，1776年美国独立。而后1789年法国大革命，1815年威林顿将军在滑铁卢击败拿破仑，“疯子”乔治见证了欧洲近代史上最壮丽的六十年。

乔治三世本人十分喜爱农业，在他的鼓励下，使英国农业革命在其治下步入高潮，也令乡间人口史无前例地上涨，为日后紧接着的工业革命提供了充足的劳动力。

乔治三世晚年备受精神问题困扰，其精神病最初是反复出现，但后来却演变成永久性的精神失常。1810年，乔治三世病重，根据议会通过的《摄政法》，威尔士亲王乔治成为摄政王。他就开始行使国王的全部权力了。

乔治三世在1820年驾崩后，威尔士亲王继位，是为乔治四世。

1795年，乔治四世为偿还债务，与远房堂妹卡罗琳结婚，在他们唯一的女儿夏洛特出生后不久即告分居。太子威尔士亲王乔治以摄政王身份代为统治。

不少前英国殖民地的城镇都被命名为乔治镇以纪念乔治三世及其子乔治四世。在英国不少地方也竖立了乔治三世的雕像，当中以伦敦森麻实府外庭院以及位于多塞特韦茅斯的雕像最有名。

乔治王时代虽然下启维多利亚时代，但这一时代并不如人们所想象的那样和平安逸，人们的生活也没有那么美满幸福。乔治三世在位时期，国会颁布圈地法令达3000个以上，从1760年到1815年威尔士亲王摄政时，共圈占农民土地600多万英亩。有史学家指出，早期的工业社会已变成疯狂的食人机器，浓烟蔽日的工厂和血淋淋的断指，是对19世纪兴起的所谓“人类的进步”最为直接的控诉。

乔治四世继任者威廉四世是他的弟弟，乔治三世与夏洛特王后的第三子，也是最后一个兼任汉诺威国王的英国国王。威廉四世的两个哥哥是威尔士亲王乔治王子（即后来的乔治四世）和约克公爵弗雷德里克王子（后来的英国陆军总司令），所以威廉王子出生时，并无希望继承英国的王冠。当他还是一个13岁的少年时，就以候补军官身份参加了皇家海军，追随强大的英国舰队征战四海。由于威廉的这段经历，使得他终生都带有浓厚的水手作风与习气，以至于他当了国王之后，仍然不改水手的粗犷豪爽与直率，被人称为“水手国王”。

维多利亚女王

历经了乔治四世、威廉四世，英国进入全盛的“维多利亚时代”。维多利亚女王（英语：Alexandrina Victoria，1819年5月24日—1901年1月22日）是大不列颠及爱尔兰联合王国女王（1837—1901年在位）、印度女皇（1876—1901年在位）。她于1837年6月20日继位，1838年6月28日在威斯敏斯特教堂加冕，1876年5月1日加冕为印度女皇。维多利亚在位时间长达64年，是英国历史上在位时间第二长的君主，仅次于伊丽莎白二世女王。她也是第一个以“大不列颠及爱尔兰联合王国女王和印度女皇”名号称呼的英国女王。

维多利亚女王被称为“欧洲祖母”，年仅十八岁就继承了皇位，在位63年，打造了英国最强“日不落帝国”时期。维多利亚时代被认为是英国工业革命的鼎盛时期，也是英国经济文化的全盛时期，当时英国的经济占到了全球的70%。

维多利亚时代科学发明浪潮汹涌澎湃，维多利亚人信仰科学进步，对于工业革命充满了乐观和信心。汽船的出现使得运输和贸易达到了前所未有的繁荣兴旺，四通八达的铁路交通贯穿东西南北。

维多利亚时代的文艺运动流派包括古典主义、新古典主义、浪漫主义、印象派艺术，以及后印象派等。艺术界呈现出群星闪耀的盛景。

维多利亚时代还涌现出了许多伟大的作家、诗人和传世之作，如英国女作家夏洛蒂·勃朗特（代表作《简·爱》）以及著名现实主义小说家查尔斯·狄更斯（代表作《雾都孤儿》）等。

维多利亚女王即位初期，社会上伤风败俗的情况比较常见。贵族频传丑闻，纨绔子弟整日鬼混，贫民窟的无业流民成了小偷无赖，无助的妇女沦为娼妓。女王即位后不久，与她来自德国的表兄阿尔伯特王子结婚。阿尔伯特对英国王宫的污秽混乱深恶痛绝，决心加以整治，使宫廷风气得到改观。他与女王相濡以沫，生育的4个儿子和5个女儿都得到了良好的教育，二人为国民树立了家庭美满和睦的榜样。

在维多利亚时代，英国虽是君主立宪制度，维多利亚女王对大臣们的影响力依然很大。她在位期间，大英帝国极度扩张，达到空前的繁盛，深深影响中国历史的鸦片战争也是在她刚即位不久发生的。鸦片战争被英国人称为“通商战争”，当时的中英贸易，以中国出售茶叶、瓷器和丝绸为主，而英国出产的羊毛、呢绒等商品，由于未能建立有效的销售渠道而无法进入中国市场。加上清廷根本不屑与英国做生意，便使英国对华贸易逆差越来越大。狡猾的英国商人发现鸦片生意大有可为，于是利用中国官场的腐败作为桥梁，这样由一国政府主导的向别国走私违禁品的鸦片生意就开始了。道光元年（1821年）进入中国的鸦片4000余箱，到道光十八年（1838年），猛增到40200箱，增加近10倍。这样，中英贸易中的英国从逆差变成了顺差，从入超变成出超。

接下来就是中国禁烟、销烟与英国的反禁烟、反销烟。1840年1月5日，林则徐遵道光帝旨，宣布正式封港，永远断绝和英国贸易。1月16日，维多利亚女王在国会演说，称其正密切注意英人在华利益及国家尊严，呼吁“为了大英帝国的利益”，向中国发动战争。4月，英国国会对此进行激烈辩论，在维多利亚女王的影响下，最终以271票对262票通过军事行动。6月，义律率领的

40余艘英国舰船及4000士兵的机动舰队从印度。出发到达中国广东海面，标志着第一次鸦片战争正式开始。

维多利亚时期，是大英帝国对外领土扩张最“辉煌”的时期，为了扩张领土，英国不惜使用一切手段。1857年，英法两国争夺苏伊士运河的统治权达到白热化的程度，但是一场设计巧妙的阴谋使英国获得了苏伊士运河的控股权，法国只能乖乖地退让。次年，在大英帝国殖民地的版图中又增加了印度全境。英国还让俄国在1877—1878年与土耳其的战争中的胜利果实几乎化为乌有。当时，俄国军队离伊斯坦布尔只有一步之遥，俄土双方签订协议，将巴尔干半岛的一部分土地归属俄国。而维多利亚不希望看到俄国势力深入到巴尔干半岛，她以武力和外交双重施压，迫使俄国作出退让。

维多利亚时代中期，英国达到强盛的世界之巅，当时，它的工业生产能力比除其之外全世界的总和还要大，它的对外贸易额超过世界上其他任何一个国家。女王登基的时候，英国只有几条铁路，但她去世的时候，英国已经拥有一个连接各大城市的发达铁路网。为了展示英国的昌盛和强大，阿尔伯特亲王

水晶宫

成功筹办第一次万国博览会，并为此建造了水晶宫，向公众展示工业革命的奇迹，有力地提高了英国的国际威望。万国工业博览会从1851年5月1日开幕，到10月15日闭幕，短短5个多月的时间里，接待了600多万名游客，创造了18.6万英镑的净利润。这笔钱至今还影响着英国，大部分钱被用来建造维多利亚与阿尔伯特博物馆、科学博物馆和自然历史博物馆，剩下的钱还成立了教育信托基金，为工业研究提供奖学金。相机、蒸汽机车、电报、显微镜、气压计、外科器械、棉料生产机器、信封制造机、厨房用具等等，在我们现在看来稀松平常的东西，在当时却是令人无比兴奋的发明，它们就出现在万国工业博览会上。

水晶宫代表了当时最高的工业化水平，折射出当时英国的强大。由于万国工业博览会举办得非常成功，公众希望水晶宫作为英国国力的象征，永远保留，于是博览会结束后，水晶宫被拆卸，搬迁到郊区西德纳姆重新组装，并于1854年再次向公众开放。1936年11月30日，水晶宫毁于一场大火，也意味着一个时代的终结。

1861年，阿尔伯特不幸英年早逝，维多利亚女王悲痛欲绝。此后她从伦敦搬到了苏格兰，一直深居简出。当维多利亚女王再出现在公众的视野中时，形象和之前判若两人，总是一袭黑衫头戴白纱，神情也是郁郁寡欢。到了19世纪80年代，年老的维多利亚被公认为美德的典范。

维多利亚女王的后人很多都和欧洲各国的王室成员结婚，大女儿维多利亚成为德国腓特烈三世的皇后，她的一个儿子就是发动第一次世界大战的德国皇帝威廉二世，一个女儿是希腊王后；第二个孩子是后来即位的英

维多利亚与著名的子孙辈亲戚们合影

国国王爱德华七世，他的一个女儿是挪威国王哈康七世的王后；第三个孩子艾丽丝成为德国西南黑森亲王路易四世的王妃，她的一个女儿是沙皇俄国末代沙皇尼古拉二世的皇后，另一个女儿是现在英国女王伊丽莎白二世丈夫菲利普亲王的外祖母；另外三个女儿其中两个是德国南部巴登堡和德国北部石勒苏益格-荷尔斯泰因亲王的王妃，还有一个嫁给苏格兰的一位公爵，后来成为加拿大的总督。而儿子们则都是娶了丹麦、俄国和德国各地的公主、郡主们为妻。

奥斯本宫外观

正因如此，1901年维多利亚女王去世之前，就已经成为“欧洲祖母”。维多利亚在世时，曾有一张和这些著名的孙子辈亲戚们的全家福合影，有趣的是，第一次世界大战实际是在这些亲戚们之间打起来的。

由于女王是血友病患者，这种病也遗传给了她的3个子女——次女艾丽丝公主、幼女阿特丽丝和幼子利奥波特亲王成了血友病患者。因为19世纪的欧洲盛行“婚床上的政治”，致使各国王室之间政治联姻不断，于是血友病很快就传入了西班牙、德意志和俄国。因此，血友病也被人们称为“王室病”。

维多利亚女王晚年在英国怀特岛东考斯镇的前皇家宫殿奥斯本宫度过。该宫殿于1845年到1851年为维多利亚女王和阿尔伯特亲王夏季度假而修建。维多利亚女王赞誉奥斯本宫是她最喜欢的行宫，最终选在这里颐养天年，于1901

奥斯本宫的其中一间房，看到右边的小床了吗？那是给维多利亚女王的孙子孙女们来看她的时候准备的

奥斯本宫内部华丽精美

年1月在此逝世。

奥斯本宫由英国著名的建筑师、白金汉宫的设计者——汤玛斯·邱比特主持建造，整体造型恢弘而大气，体现着奢华的皇家风范，是意大利文艺复兴时期风格的建筑；而内部装饰则主要由阿尔伯特亲王亲自设计。如今，奥斯本宫由英国遗产委员会负责管理，对游客开放。宫内根据维多利亚女王当年的作息起居，分别细细讲述这位当时的“欧洲祖母”的生活，室内富丽堂皇，精雕细刻，随处可见女王家庭的画像。你可以在这里参观女王的卧室、婴儿室，甚至王室浴室，近距离一窥英国的皇室生活。

维多利亚女王的名字，象征着一个时代。在维多利亚统治期间，英国国民空前团结，英国成为一个强大的帝国，并不断壮大发展。这是女王给英国人留下的最好遗产，也是对她一生政绩最有力的评价。她统治的时期，特别是1851年以后，在英国历史上被称为“维多利亚时代”。她在位的60余年正值英国自由资本主义由方兴未艾到鼎盛，进而过渡到垄断资本主义的转变时期，英国极度强盛，经济、文化空前繁荣，科学、艺术都有很大的发展，君主立宪制得到充分发展，维多利亚女王的名字成了英国和平与繁荣的象征。

直至今天，世界上许多河流、湖泊、沙漠、瀑布、城市、港口、街道、公园、学校、建筑物等都是以维多利亚命名的，包括澳大利亚的维多利亚州、加拿大的维多利亚市、新加坡的维多利亚纪念馆、中国香港的维多利亚港和维多利亚公园、塞舌尔群岛的首都维多利亚、非洲最大的湖泊维多利亚湖等，都在见证或纪念着那个繁荣的时代。

二、萨克森—科堡—哥达王朝

维多利亚的继任者是爱德华七世，爱德华七世是维多利亚女王与阿尔伯特亲王的第二个孩子。由于维多利亚的王夫阿尔伯特亲王来自德国的萨克森—科堡—哥达公国，因此爱德华七世的王朝就是萨克森—科堡—哥达王朝。作为长子的他，被家人亲切地称为伯蒂，从小被寄予很高的期望。但是他却有些与众不同，长大后更是放荡不羁，风流成性。1863年3月10日，在母亲的安排下，21岁的他以威尔士亲王身份在温莎的圣乔治教堂迎娶了来自丹麦的18岁的亚历山德拉公主。这是母亲包办的一桩婚姻，王子并没有因此而停止他风流的生活。

爱德华七世

1901年1月22日，维多利亚女王于怀特岛去世，永远地离开了她深爱的国家。1902年8月9日的威斯敏斯特教堂，坎特伯雷大主教庄重地将王冠戴在伯蒂的头顶上，这样一个私生活混乱，59岁的风流胖子，就在全国民众都不看好的情况下，继承了王位，史称爱德华七世，在位仅仅9年时间就去世了。这位国王的一生中充满了不断反转的戏剧性和传奇性：他一辈子仿佛都是为了让母亲失望而存在的，却完成了母亲最大的心愿，挽救了岌岌可危的英国君主制；他在极低的威望和期待中登基，却成了英国最受爱戴的国王之一；他基本没有任何处理国家政事的经验，却开创了一个前所未有的太平盛世。

第五节　温莎王朝

温莎王朝的开创者是乔治五世，爱德华七世和亚历山德拉王后的次子、德国皇帝威廉二世的表弟。现时在位的英女王伊丽莎白二世的祖父。也是大不列颠及爱尔兰联合王国国王及印度皇帝（1910—1936年在位），别名“水手国王”。

爱德华八世与辛普森夫人

1892年乔治被封为约克公爵以及嘉德骑士、基拉尼男爵、因弗内斯伯爵、加里克伯爵等爵位。1893年，与泰克公爵的女儿玛丽结婚。

1901年，爱德华七世即位，封乔治为康沃尔公爵、威尔士亲王。1910年，乔治即位，称乔治五世。第一次世界大战期间，乔治五世为了安抚民心，舍弃了自己的德国姓氏，将王室改称“温莎”。

1936年，乔治五世去世，长子爱德华继位，是为爱德华八世。爱德华八世最为后人津津乐道的是他“爱美人不爱江山”。在他作为国王的短短数月之中，他的婚姻问题引发英国的宪政危机，政府、自治领政府、人民和教会均反对他迎娶辛普森夫人，爱德华八世如果违背民意引起政府辞职，即违背作为君主立宪政体下国王保持政治中立的基本宪法方针，所以他选择退位，最终成为历史上唯一自动退位的英王，王位传于乔治六世。

乔治六世（King George VI，1895年12月14日—1952年2月6日），全名艾伯特·弗雷德里克·阿瑟·乔治·温莎（Albert Frederick Arthur George Windsor)，英国国王，1936年12月11日—1952年2月6日在位，也是影片《国王

的演讲》的原型。

电影《国王的演讲》海报

乔治六世由于长期吸烟，患有严重的肺癌。他最后一次出现在公众场合是在伦敦机场送别长女伊丽莎白二世出访非洲。乔治六世继位时，面临着帝国走向没落的局面；同时，法西斯主义和共产主义都对英国构成威胁。作为最后一任印度皇帝、爱尔兰国王，他以夙兴夜寐的工作来履行国王的义务。此后，王位传给现任女王伊丽莎白二世。

伊丽莎白二世于1926年4月21日出生，1952年2月6日登基，1953年6月2日加冕女王，成为英国历史上在位时间最长的君主，打破了英国维多利亚女王63年7个月零2天的时长纪录。伊丽莎白二世有三子一女：长子查尔斯王子为王位继承人、次子安德鲁、三子爱德华、女儿艾丽斯·路易丝公主。

伊丽莎白女王与丈夫菲利普

女王真正的生日是4月21日，但其官方寿辰是6月11日。因为生日在较寒冷月份的君主通常会在天气更适宜的月份安排一个额外的官方生日，那时天气可能更适合进行游行。伊丽莎白每年6月份都会庆祝官方生日，届时会有皇家军队阅兵游行活动。

伊丽莎白二世（Queen Elizabeth II）于1926年生于伦敦，原名为伊丽

伊丽莎白二世在二战期间修理汽车

莎白·亚历山德拉·玛丽（Elizabeth Alexandra Mary），是英国温莎王朝第四代君主、英王乔治六世的长女。1947年，她与远房表兄、希腊和丹麦亲王菲利普·蒙巴顿中尉（现为爱丁堡公爵，菲利普亲王）结婚。1952年2月6日国王逝世，她继承王位。1953年6月2日加冕。英国女王伊丽莎白二世是英国的传奇人物。伊丽莎白女王是现今世上唯一一个参与了二战并且依旧在世的国家元首，她也是英国皇室参加过二战的唯一一名女性。女王在18岁的时候加入了女子辅助服务团（Women's Auxiliary Territorial Service）。在那里，她还学会了如何驾驶军用卡车和修理机器故障。女王在二战期间不止会开军用卡车，她还知道怎么修理它们。当时，身为荣誉第二中尉的伊丽莎白公主也是一名优秀的机械师。

在战争最猛烈的时候，英国大臣们提出让皇室撤退到加拿大等英国自治领地的建议，但是皇室拒绝了，时任国王的乔治六世表示："撤离"能给普通英国父母带来安慰，但作为国王、王后和公主，他们是不可能去享受的。他们坚持留在英国，这更是极大地鼓舞了英国军队和民众的士气，也让民众更加爱戴他们的君主。

1947年，当时仍是伊丽莎白公主的女王第一次出访，她与父母亲到了南非，并且在她21岁生日那天对英联邦国家做了广播演说，宣誓将终身投入对英联邦和帝国人民的服务中。

"我在众人面前发誓，无论寿命长短，终身都会服务你们，以及你我同属的大英帝国家庭。"（I declare before you all that my whole life, whether it be long or short, shall be devoted to your service and the service of our great imperial family to which we all belong.）

到现在，女王仍然遵守着70多年前的誓言，这大概也是为什么民众那么爱戴她的原因。

1952年，乔治六世过世，伊丽莎白女王隔年登基。当时，二战结束不久，英国面对战后国力衰退，帝国逐渐解体等问题，尽管作为虚位元首，她不干预国内政治，但却通过外交访问，对战后英国的国际关系起到了非常大的正向作用。

时间转到2007年，次贷危机爆发，随之而来的经济衰退，使得2008年的英国民众并不好过。而该年正逢英国女王与菲利普亲王结婚60周年纪念日，原定举办的婚庆派对，由女王带头取消。当时，女王的密友表示："女王并不想在经济如此不景气的状况下仍大肆铺张。毕竟从去年11月份以来每一个英国人都勒紧了裤腰带。"同时，他还说:"女王通常是在通盘考虑全局后才会顾及自己的享乐，所有关于派对的计划都被推迟了。"

2015年7月10日，英国伦敦，大不列颠战役75周年纪念日，英国女王伊丽莎白二世携众王室成员观看空军飞行表演

而在该年度的圣诞致辞里，英国女王伊丽莎白更向全国民众发声，表示：虽然全球经济危机和暴力冲突引发的担忧给今年圣诞节蒙上了一层阴影。但是勇敢的人会通过自己的努力渡过难关，改变境况。"勇敢的人在困境中不会低头认输。相反，他们会更坚定地为美好的未来而奋斗。"这一句话，带给了英国人希望，陪伴着他们走过当年的经济危机。

如今，脱欧闹得沸沸扬扬，经济也显得疲软，但是，伊丽莎白二世仍旧陪伴着英国人民。

王室是否应该保留？不少英国人，特别是年轻人认为，王室的存在是对纳税人的一种负担，是纳税人的付出供养了并无实际用途的英国王室。

虽然年轻人对王室不屑一顾甚至嗤之以鼻，但英国多数民众的看法似有不同。2011年 4 月，英国《卫报》随机调查了1003 名英国成年公民，结果显示，67%的（人）认为实行君主立宪使得英国在全世界受到尊重；74%的人相信皇家婚礼将给予英国“ 一个强大而美好的未来”；90% 的受访者相信未来十年英国仍然需要君主；超过一半的人认为君主这一角色将会延续50年。这一调查结果显示了英国王室仍然能够赢得大多数英国人的心。

要赢得普罗大众的心，英国王室须始终以优雅的姿态在社会生活中扮演恰如其分的角色。

英国是君主立宪制的国家，首相才是国家正确的掌控者和执行者，而女王伊丽莎白二世只是礼仪上的元首。每一届议会开幕都要由英女王主持，各公职人员的就职都要向女王宣誓，一切勋位由女王授予，女王是英国形象的象征。女王还以国教领袖的身份出席盛大的宗教庆典。因此，女王是英国国家的人格化，提供了国民效忠的对象；女王作为英联邦首脑，还起着维系英联邦纽带的作用。在现实政治中，英国王室信守不干政的原则。在英国两大政党对峙的格局中，女王巧妙地采取一种超然态度。

尽管在价值观方面，王室更接近于保守党，但是即使来自工党的英国前任首相布莱尔也公开高度赞扬英国女王。不管这个评价是否恰如其分，但它的确说明了当今英国政府维护女王的鲜明的政治态度。

当然说到王室典范，不能不提戴安娜。自1981年戴安娜嫁入王室成为王妃后，在积极参与和推动慈善事业上，建立了王室难以逾越的标准。她曾经做过200多个慈善机构的负责人，并且亲躬其事。即使与查尔斯王储离异后，她仍然担任着国际红十字会大使等职责。戴安娜不理睬世人对艾滋病的偏见与畏惧，主动与艾滋病感染者握手。她以对癌症、艾滋病、酒精中毒、残障病患者付出的巨大同情与支持赢得了世人尊重。而且，戴安娜的出色表现也在很大程度上改变了英国王室以往高不可攀的形象。

1997年戴安娜王妃不幸逝世，曾是英国王室在20世纪下半叶所遭遇的最大挑战：这个家族才刚刚经历过三段失败的婚姻，女王的三位孩子不是离婚就是分居。王室在英国的威望一度跌到70%以下。

戴安娜王妃玉殒之后，女王曾与英国首相布莱尔密谈四个多小时。之后布莱尔表示，他支持王室，但是王室需针对时势进行改革，尤其在威廉王储这一代，英国王室若不改革，即将被历史和社会遗弃。

此后，英国王室严格要求自己，无论是在道德操守上，还是在王室的花销上，都改变良多，从而重新赢得民众的信赖和支持。这也是当代英国王室的又一重大意义：传达快乐、幸福、稳定、勇气，甚至上流等英国人所信奉的价值观。

作为查尔斯王储的长子——威廉王子是英国王位的第二号继承人，记得王子儿时曾经说过，希望过普通人的生活，不想当国王，不愿承受过多的压力。1997年，年仅15岁的威廉王子在戴安娜王妃的葬礼上为母亲扶柩的悲伤之情，对英国人来说记忆犹新。当英国人对两位少年丧母的小王子满怀怜爱之时，威廉王子却表现出从未有过的成熟，正是从那时起，他真正了解到自己对国家的责任。

今天我们看到的是一位成熟、内敛、富有责任心的王子，最近几年的多个民意测验均显示，威廉王子是英国王室最受欢迎的人物之一。随着走入婚姻的殿堂，威廉完成由男孩到男人的蜕变，不少英国人也期待从他身上看到王室未来的希望。

在现代，君主制得以延续的部分原因是，君主已经成了国家和民族的象征；对英国人来讲，除了怀旧意义之外，王室还是“日不落帝国”的民族象征，在维护国家形象、稳定统一等方面仍具有影响力。而在欧盟日益一体化的过程中，王室的存在，有利于保持英国独立的“民族身份”，保持一种连续而稳定的传统价值观。

大英帝国解体后，为了维系各独立国同宗主国之间的联系，建立了英联邦，许多独立的国家先后加入了这一组织。女王充分利用自己的影响，强化各成员国之间（如澳大利亚、加拿大、印度、南非等）的团结，不断发挥积极作用，受到人们尊重。

尽管是名义上的，但是作为英格兰、威尔士、苏格兰和北爱尔兰及英联邦国家的共同象征，英联邦国家只要一提到英国女王都是致以很崇高敬意。大不列颠曾经是辉煌一时的，建立的“日不落帝国”曾经让全球的各个角落都插着大不列颠的国旗，这个影响在心理上是巨大的，它远远超过了其他国家君主制的影响。

要是把英国国王给废除了，无形当中在国际舞台上就少了一种联系其他英联邦国家的纽带，这对英国来说在国际社会上是很不利的。

为顺应世界民主潮流，王室也在做出积极的改变。比如主动公布每年的开支账单，详细到每一次乘机旅行的费用，事无巨细都一一列在互联网上，供纳税人查阅监督，此举深受公众好评，为王室赢得了不少政治分数。

英国王室还竭尽所能为国家开源。在2009至2010财年，他们从政府得到近400万英镑的出访费用和1500万英镑的白金汉宫和温莎堡日常维护费用，两项支出均少于上一财年。他们还通过开放白金汉宫以吸引外国旅游者等。

最近伊丽莎白二世在Facebook上开通一系列官方页面，向该网站的5亿用户提供关于她日常活动的更新。在Facebook页面上，90多岁的女王出现在视频、照片和新闻之中，同时出现的还有英国王室其他成员，包括威廉王子和哈里王子，用户可留言。

英国最重要的非物质文化遗产就是“英国王室”这一品牌。英国王室的“品牌”价值已达到445亿英镑，其中无形资产就高达264亿英镑。王室的品牌效应从庆典主题消费品可见一斑：女王登基60周年纪念瓷器从年初便开始热销，价格从25英镑（约合38美元）到250英镑（约合384美元）不等；英国王室还推出售价8.95英镑（约合13.76美元）的庆典专用茶，以及与威廉王子婚庆蛋糕配方相同、售价14.95英镑（约合22.98美元）的蛋糕等。此次王妃生子，英王室怎能放过？在凯特王妃产期将近的时候，王储查尔斯的官方网站上推出了一款手工婴儿鞋，叫价22.5英镑。据预计，王室可以从这次婴儿潮中赚1亿英镑。

卡尔·马克思曾说过这样一句话：“一个人之所谓为王，是因为他周围的人愿意称他为王。”欧洲国家一般都有悠久王室历史，王室对他们来说是一种存在了将近一千年的情结，代表了一种从古代延续至今的制度与文化。王室家族就是一个活生生的历史博物馆，是欧洲国家文化的活化石和活招牌。

从一战到二战

1914年，英国占有的殖民地比本土大111倍，成为了世界最大的殖民帝国。到乔治五世时，爆发了第一次世界大战，这是19世纪末20世纪初各帝国主义为重新瓜分世界和争夺全球霸权而爆发的一场世界级帝国主义战争。由于一战的缘故，王朝更名为温莎王朝。英国在这场战争中，虽然成为最后的胜利方，但也承受了巨大损失，开始走向衰落，其世界霸权地位逐渐被美国取代。

第一次世界大战改变了世界的经济格局。一战爆发之前，英国是世界的金融中心，英国每年在海外的投资高达40亿英镑，占据当时世界投资总额的43%。一战过后，英国不仅流失了大量的黄金储备，还从世界最大的债权国成为净债务国。

在欧洲的所有参战国中，英国采取了最负责任的财政政策。英国政府花在战争上的开销多达430亿美元，其中包括借给法国、俄国等盟友的110亿美元的贷款。为了支付这些费用，英国一方面通过增加税收筹集到了90亿美元；另一方面通过向国内和美国长期借款筹集到了270亿美元；其余的款项是从国内银行借来的。

英国人之所以如此慷慨，在于欧洲国家一开始就把债务视为战争合作的一部分，理应放在战后统一解决。1915年，英法俄三国财长在巴黎财政会议上明确表示：“英法俄三国财长同意整合三国的财政和军事资源，以促进战争的最终胜利。”

这场战争使欧洲对美国物资和商品的需求迅速增加，刺激了美国经济的繁荣。更重要的是，这一行为导致大量黄金流入美国，美国的黄金储备从不足20亿美元一下子飙升到40亿美元。 战争一举改变了美国在世界各国经济和金融中的地位。战争结束后，战债偿还的问题被提到了议事议程上。

英国被夹在整个债务结构的中间，既拥有大量债权也拥有大量债务。英国深知收回债务的难度，希望统一解决战债问题，最好全面取消。这符合欧洲历史的传统，拿破仑战争后各国就全面取消了战债。在欧洲国家看来，一切战争的花费都是“自由国家”维护“自由世界”应尽的义务。

但美国却坚持按照商业模式完成对于战债问题的处理。两国之间的分歧直到战争结束后5年才得以解决。当时，英国为了快速恢复经济，尽早重建战前由自己主导的金本位制度，从而接受了美国的方案。

然而，巨额的战争贷款成为英国经济复苏的负担，而美元却趁机输入欧洲，蚕食着属于英国的经济地盘。英国试图恢复世界金融中心的期望落空了。

一战对英国社会也产生了广泛深远的影响。大量英国男子离开原先的工作岗位参战，一向被视为弱者的妇女接替男子，参与大量战时工作，一方面妇女作为家庭支柱，承担稳定社会的重任。另一方面妇女广泛就业，直接参加战时经济和社会事务，为英国取得第一次世界大战的最后胜利做出了不可磨灭的贡献。这不仅在很大程度上改善了英国妇女的社会经济地位，加速了女权运动的发展，而且使英国社会对妇女的传统偏见有所削弱；经过一战的冲击、影响，英国妇女终于获得了选举权；一战推动了英国妇女解放运动的发展。

殖民地方面，在战后英国虽然领土有所增加，但其对领土的控制力却因战争的巨大伤亡与物资损失而大大削减，再之后英国的殖民地有很多开始独立，对英国的政治经济带来很大影响。

政治方面，英国自由党开始没落。在一战爆发前，英国自由党通过一系列的社会改革和立法，开创复兴的局面。历史事实证明，正是在第一次世界大战的作用下，才进一步激化了英国的国内矛盾，加剧了政坛的冲突，从而导致了英国自由党的没落。

每年11月，英国公民（包括英国女王）都会佩戴深红色罂粟花来纪念战争中的阵亡将士。故事是这样的：在第一次世界大战期间，在比利时佛兰德斯的一场特别血腥的战斗之后，成千上万鲜红的花神秘地出现了。加拿大远征军中校约翰·麦克雷刚刚在战争中失去了一位朋友，他被这种自发的花朵所感动，于1915年写了一首关于花朵弹性的诗，名为《在佛兰德斯战场》（*In Flanders Fields*）。这首诗随即大受欢迎，也鼓舞了英国皇家军团。一个至今仍支持退伍军人及其家属的英国慈善组织——在当年11月11日卖出了900万支手工罂粟。于是，“罂粟花徽章”和第一次的罂粟募捐活动就这样开始了。

第一个“英联邦国家停战纪念日”是由伊丽莎白二世的祖父乔治五世于1919年设立。源自第一次世界大战结束：1918年11月11日上午11时，同盟国与协约国两方正式达成停战协议。

二战则加剧了英帝国的衰落。在战前，各个殖民地的地位只是在语言上的规定，而是否参战则是用实际行动明确了其主权国家的地位。没有令英帝国失望，在二战中，英国殖民地除了爱尔兰保持中立之外，其他的殖民地都相继对德国宣战，并且将大量的资源运往英国，为英国的战争所服务。而在这个过程中，促使各个殖民地对英国具有如此高忠诚度的并不是它们具有的同一个目标或者同一个需要，而是具有相同的恐惧。

一旦英国战败，那么对其殖民地也会具有相应的威胁。所以，在这次的战争中，英殖民地参战的注意力并不是集中于巴黎或者伦敦，而是将更多的注意力放在了华盛顿。

殖民地具有分离倾向。一战使得英帝国的霸主地位发生了动摇，而二战促使英帝国最终走向了终结。在二战胜利之后，英国殖民地的离心倾向，更为加速了。从而使英帝国逐渐走向衰落。总结二战中促进英国殖民地纷纷独立的因素，主要有以下五个方面：

第一，《大西洋宪章》影响了殖民地的独立。这份宪章是英美两国为了获取战争的胜利而动员和鼓励世界人民参加战斗的一项工具和手段。在宪章中声明，英美两国不追求领土和其他方面的扩张，并且尊重各个民族选择政府形式的权利。这为后续英国殖民地的迅速独立埋下了伏笔。

第二，在二战中，大量的殖民地人民走出国门，参加战斗。同时在这个过程中也提高了他们思想上和民族上的自尊自信。他们的文化素质和军事技能的提升为其后续民族的独立提供了基础。

第三，英国军队在亚洲战场上的败退影响了英帝国的凝聚力。英国军队在亚洲战场上的败退不仅使其失去了在东南亚的殖民地，而且打破了英国“不败帝国”的神话。殖民地的人民不再相信和依赖英帝国的可靠性和强大，从而使英帝国的殖民地离心速度加快。

第四，在二战中英国减弱了对殖民地的控制。对于殖民地提出的各项要求或者发生的动乱，英国仅是采取简单的让步或者镇压的方式，这加速了殖民地的离心速度。

第五，在战争中德国和意大利进行的伪装同情和支持独立的政治宣传，减弱了各殖民地维护英帝国的决心。

英国在二战期间为了鼓励殖民地人民参加战斗，在对殖民地的统治中主要使用了三个方面的手段。首先，英国对殖民地采取镇压、分化和妥协的态度，目的是能够更加长久地维持英帝国。其次，当镇压和分化不能够解决殖民地人民的反抗时，英国政府采用宪制改革的方式进行让步。最后，英国在1940年为了应对各个殖民地的反英斗争颁布了《殖民地发展法》。英国通过一系列手段建立的英帝国，在经过两次战争的洗礼之后，逐渐走向衰落。尽管英国在这两次战争中都取得了胜利，但是，两次战争使英国在经济上大幅度萎缩，加大了对美国和各个殖民地的依赖。而殖民地的人民在经过两次战争之后，民族独立意识得到提升，从而掀起了反英的斗争。

二战以来英国的内政外交

英国国力在一战后开始衰落，二战后遭受重大损失，至20世纪60年代其殖民体系瓦解。战后由保守党和工党轮流执政。

1945年7月，英国工党出人意料地在大选中获胜，工党在下议院获得398个席位，而保守党仅得209席。工党由此单独组阁，成立了由工党领袖克里门特·艾德礼为首相的战后英国首届政府。工党政府刚一成立，就决心实行一系列的改革，以振兴战后的英国经济和改善社会状况。工党政府改革的主要内容就是企业国有化、经济计划化和推行福利国家制度。在实行国有化方面，英国政府除了原已收归国有的电话、电报、地铁、发电站以外，还将煤矿、铁路、电力、煤气、运河、船坞、医院、英格兰银行、航空及钢铁业收归国有。国有化的方式是由国家向原业主支付补偿金。而国有化的目的一是利用国家的力量维护英国整个经济机制的正常运作，推动战后英国经济的恢复和增长；二是帮助调整英国国内经济生活中的各种关系，尽可能地争取社会平等。与国有化相互关联的是工党政府实行了一定程度的经济计划化。艾德礼政府从一开始就奉行国家干预经济的政策，通过对财政、金融、贸易和部分生产的控制，主动地指导和调节经济发展。福利国家制度是战后初期英国工党政府各项改革举措中影响最大的一项。1946年8月，通过工党政府的努力，英国国会通过了《国民保险法》。该法在以往有关法令的基础上进一步提供了“从摇篮到坟墓”的社会保险项目，规定凡已就业而未达到退休年龄的职工都须参加保险，以便在失业、退休、怀孕、工伤、疾病、死亡的情况下能够享受津贴和补助。1946年11月又通过《国民医疗保健法》，在英国的居民从此享受免费医疗。同年还通过了《住房法》，该法规定地方当局负责集资修建房屋，解决战后房荒；同时对房租实行限制，以保护租户的利益。1948年5月《国民援助法》出台，规定由于种种原因而无力缴纳社会保险金的贫困者，可得到政府的救济。上述所有的社会保险和福利补助的基金来源于投保职工交纳的保险费、企业主上缴的保险费和国家的预算拨款等三个方面。工党政府的福利政策使战后英国普通居民的生活得到相当程度的改善。1948年，艾德礼宣布英国已经建成了福利国家。

英国工党政府的经济和社会政策对战后初期英国经济的恢复和复兴有极大的促进作用。与西欧其他国家相比，英国较早地在1948年达到战前的经济水平。马歇尔计划又使英国从美国给欧洲的援款中得到1.2亿美元，工党政府用此款充实英格兰银行的外汇储备，稳定英国的金融市场，弥补政府的巨额财政赤字，使英国的经济更快地走上复兴之路。到1950年，英国经济达到了4%的年增长率，为此，工党赢得了1950年的大选而继续执政。虽然一年后由于工党政府的内外政策不如人意而使保守党通过大选重新上台执政，但是工党政府的改革成果却没有被否定。

1951年10月，保守党组成由丘吉尔为首相的新政府，从此开始了长达13年的保守党执政时期（在此期间丘吉尔、艾登、麦克米伦和霍姆相继出任首相）。保守党政府除了终止实行工党原先准备实施的钢铁工业和国内运输业的国有化计划，基本上接受了国有化的现实；同时继续推行福利政策，只是在一定程度上减少了一些国家在国民保健方面的开支。丘吉尔政府还根据战后英国经济恢复的实际，结束了产生于战时的国家对经济生活的严格控制，使英国的经济能更好地发展。20世纪50年代前期，英国的经济呈现繁荣景象，其国民生产总值位居资本主义世界第二位。虽然在进入50年代下半期和60年代上半期之后，与联邦德国、法国以及日本经济的迅速发展相比，英国的经济发展相对缓慢，但是英国的经济仍然保持2%至3%的增长。

自二次世界大战以来，英国面对不断变动的国际格局，先后对国家的对外战略做出过三次重大调整。第一次重大调整是丘吉尔提出的“三环外交”。至少在第二次世界大战之前，英国是世界上最强大的国家，推行光荣孤立与均势外交。二战结束后，国际格局发生了重大变化，美国、苏联崛起，英国衰落，欧洲分裂又虚弱，世界其他地区尚未显露任何强劲发展势头。面对这一变局，时任英国首相丘吉尔提出了“三环外交”。“三环外交”的主要内容是：维持英国与英联邦国家的密切关系、确保英美特殊关系以及开展英国与欧洲的合作关系，英国是三环的连接点、中心。“三环外交”的根本目的是延续与确保英国的大国地位，并遏制苏联；实现的方式是紧跟美国而不完全屈从于美国。

随着20世纪五六十年代三环外交中的前两环——与美及英联邦国家关系不断遇挫，英国逐渐将重心调整为重视英欧关系，并在几经波折后于1973年正式加入了“欧共体”。这是英国对外战略的第二次重大调整，但这次调整并未彻底背离过去的思路。英国加入欧共体的原因很多，根本原因是“希望通过加入欧共体来加强自身在英美关系中的地位，同时又可以对欧洲事务施加更大的影响”。因此，从加入开始，英国就是欧共体内一个不安分的成员，其在20世纪70年代就举行过一次脱欧公投，80年代上台的撒切尔首相与美国关系十分密切，90年代末上台的布莱尔在外交上依旧紧跟美国。可以说，英国一直是欧洲的半个伙伴，是美国的忠实伙伴，如今的脱欧并不意外。

脱欧是英国对外战略的第三次重大调整。一方面，随着欧洲一体化的不断深入，尤其是欧盟政治一体化趋势越来越明显后，英国日益感受到英欧之间的差异，以及活动空间与选择空间的受限。另一方面，二战后的国际格局已经发生巨大变化，中国与亚洲的崛起，拉美与非洲的发展，美国的相对衰退，都在改变以西方世界为中心的国际格局。英国人正在评估这一变动之于英国的意义，他们看到了挑战与威胁，也看到了机遇。为此，英国在举行了脱欧公投后，很快就推出了“全球英国”构想。其借用丘吉尔“三环外交”思想，强调英国与英联邦国家的紧密关系、与美国的特殊关系以及与新兴经济体的合作关系，旨在重塑英国世界大国地位。

可以说，“全球英国”不只是脱欧的结果，而是英国对21世纪国际格局变动的回应。正如前英国外交大臣杰里米·亨特所说，脱欧只是英国重新定位其世界角色的催化剂，真正的原因在于世界格局已经发生且正在发生的重大变动。

到了20世纪中叶，随着全球民族运动的兴起和英国国力的日渐式微，其殖民地纷纷独立，与此同时，新兴霸权国家美国的崛起，俄罗斯、中国等国家也在迅速发展，促使大英帝国逐渐瓦解。英国早已经不是那个在世界格局中一言九鼎的存在，越来越多的国家拥有发言权，瓦解的命运不可挽回，殖民正在逐渐被替代。其实大英帝国的陨落不是偶然，而是必然，无论是从外界的因素还是说内部自我的政策都是这样的。

对于英国而言，大肆扩张版图在一开始确实会有一种繁荣而强盛的景象，好比大树底下好乘凉，殖民地在强大的背景下会拥有更多的资源和发展，也会有这样的保护，繁荣是必然的；同时，在其他地区迅速崛起的国家，要比殖民地拥有更大的自由和选择，它们对于发展的急切要比帝国更加强烈。而在世界不断变化中，大英帝国内部的问题也日益显现，英国“对外政策没有任何改变的迹象”，大部分工党支持者对帝国缺乏热情，而且当时英国公众对帝国也漠不关心，改善殖民地的教育、医疗等福利状况，促进经济发展，稳住帝国的阵脚成了丘吉尔政府急需解决的问题。

意识到这样问题的政府想要做出改变，但已经为时已晚。英国的资源已经无法为所有地区的需求做出相应的调配，英国当时的殖民大臣告诫国内的社会主义派别，不要因其对帝国主义的反感或“对‘解放’的感情倾向”，而使自己急忙抛弃帝国。而外交大臣贝文也明确表示他本人“不准备牺牲英帝国”，因为他知道“如果英帝国垮台了……这将意味着我们选民的生活标准将迅速下降”。这种思想的存在还是太过乐观，也可以说是对“日不落帝国”还心存侥幸，幻想着有一天能够在版图上占据世界的24个时区。

英国的国力下降已经是事实，继续承担如此庞大经费开支早已经是捉襟见肘，不切实际。财政大臣多尔顿关注到英国的经济能力不足以维持中东或者南亚等地区的开支，特别是对于军费的预算和开支，所以，大幅度削减、收缩兵力范围成了刻不容缓的政策。

战后英国殖民政策调整和殖民帝国的瓦解，代表事件是英国最大的直属殖民地印度赢得了独立，建立了共和国。二战期间，英国政府为了诱使印度将巨大的人力、物力投入战争，答应以后把政权交给独立的印度政府。1950年1月26日宣布印度为印度共和国，仍为英联邦成员。但其过程中由于宗教、经济等原因，也遗留了一些问题和争端，如印巴分治——1947年8月14日的印度次大陆解体事件。当时印度和巴基斯坦还是一个国家，都是英国的殖民地，但是第二次世界大战之后，英国受伤惨重，连自己都自顾不暇，没有财力继续维持对南亚次大陆的殖民统治，所以只好宣布这个国家解体，这就是印巴分治。

后来大多数土邦加入了印度。但原北部土邦克什米尔归属未定。因此，印巴两国曾于1947年10月至1949年1月和1965年9月发生两次大规模武装冲突。两国领导人也曾多次举行会议，确认“应该遵照该邦人民的愿望加以解决”。但由于印度坚持克什米尔是“印度联邦不可分割的一部分”，至今仍没有解决。

1947年，英国结束在巴勒斯坦的委任统治，但随着英国的撤出，巴勒斯坦地区的阿拉伯人和犹太人却一再发生冲突和战争，至今仍未得到圆满解决。第一次世界大战中，英国为保护其在苏伊士运河的利益，大力扶植利用犹太复国主义运动，以控制巴勒斯坦地区。1917年，英国发表《贝尔福宣言》，“赞成在巴勒斯坦建立一个犹太民族之家”。1922年7月，国际联盟通过了英国对巴勒斯坦的“委任统治训令”，巴勒斯坦沦为英国的“委任统治地”。在英国统治期间，大批犹太人从世界各地迁入巴勒斯坦。巴勒斯坦的犹太居民从1917年《贝尔福宣言》发表前的5万人增加到1939年的44.5万人。犹太人进入已由巴勒斯坦阿拉伯人掌控的土地，驱逐巴勒斯坦的阿拉伯人，犹太人和巴勒斯坦阿拉伯人不断发生暴力冲突。1947年，英国无法控制巴勒斯坦的局势，宣布从巴勒斯坦撤军，留下了一个烂摊子。

英属非洲的独立运动从加纳的独立开始。1948年2月28日，一批从英军复原的当地军人在被誉为“模范殖民地”的黄金海岸（今加纳）发起暴乱。这改变了非洲的历史进程。虽然这些军人最初只是因为没有拿到战争的犒赏而愤愤不平，但英国当局愚蠢的开枪镇压导致局面不可收拾。一年之内，加纳爆发37次较大规模的罢工，1949年6月人民大会党宣告成立，要求“立即实现自治”，随后在全国范围内效仿印度开展了“非暴力不合作运动”，迫使殖民当局让步。1951年2月，黄金海岸殖民地进行了史上首次普选，令英国殖民当局感到沮丧的是，与英国殖民当局作对的人民大会党获得胜利，当时尚在狱中的该党领袖恩克鲁玛成功当选行政委员会成员。1953年夏，英国方面意识到“不可能在保持英国最终决策权的情况下满足黄金海岸民族主义者的政治要求”，英国所能期望的最多只能是保持英国的影响，因此“黄金海岸的独立不再是原则问题”而只是时间问题。1956年7月，人民大会党又一次获得大选的胜利，恩克鲁玛随即决定在1957年独立，国号为“加纳共和国”。英国的非洲殖民帝国开始土崩瓦解。

在英国的非洲殖民帝国瓦解过程中，一个最有代表性的事件就是苏伊士运河事件，它象征着西方诸殖民帝国的瓦解是不可阻止的。遍布亚非拉的民族解放运动终将取得胜利。

苏伊士运河自1869年开通后，实际上一直由英国和法国的垄断资本长期控制着苏伊士运河公司。1956年7月26日，埃及宣布将苏伊士运河公司收归国有。英法两国不愿失去对苏伊士运河的控制，决定武装入侵埃及，并策动以色列充当入侵埃及的先锋。10月29日傍晚，以色列不宣而战，全面进攻埃及的西奈半岛，直逼运河区。10月30日下午，英法两国借口出兵保护运河，向埃及发出最后通牒。遭到拒绝后的10月31日晚，英法军队出动飞机对埃及进行狂轰滥炸。英法和以色列的入侵行动不仅受到埃及人民的坚决抵抗，也受到国际舆论的谴责，联合国安理会和联大以压倒性票数通过决议，要求交战双方立即停火。甚至连美国也不顾所谓英美特殊关系抛弃了英国，即使当时已经退休的丘吉尔说“坚信我们的美国朋友总有一天会认识到，我们为共同的利益独自行动，这已经不是第一次了”。

这在英国国内引起了一场政治危机。1956年11月6日中午，英国首相艾登向法国领导人摩勒吐露：我不能坚持了，我正在被所有人抛弃。坎特伯雷大主教、教会牧师、石油商，每一个人都在反对我。当天傍晚，英法两国被迫停火，12月3日宣布撤军，苏伊士运河战争以英、法、以的彻底失败而告终。“伦敦不能够抗拒美国，以及它在对埃及这样一个并不强大的国家所采取的一场迅速的军事行动中所遇到的明显的困难，表明英国再也不能算作世界上的头等国家了。”

英国《金融时报》以凄凉的口吻写道：“五十年以前，全世界哪有人敢于向英国挑战，使我们装饰门面的努力现在已经破产了，像一个传统的古老家庭一样，首先是典当土地，其次是家人作鸟兽散，最后是房屋倒塌。现在的英国，正站在第二和第三阶段之间。”如果有任何单个事件标志着非洲诸帝国解体中的转折点的话，那就是1956年的苏伊士危机。

苏伊士运河事件后，艾登辞职，不久即因病去世。接替艾登首相的是麦克米伦，面对国际形势，麦克米伦不得不加快殖民撤退步伐。1960年初，麦克米伦在南非议院作了著名的“变革之风”的演说。他在演说中讲：变革之风已经吹遍这个大陆，不管我们喜不喜欢，民族意识的增长是个政治事实。我们大家都必须承认这是事实，并且在制定国家政策时把它考虑进去。

于是，在接下来的十年内，剩余的非洲殖民地纷纷独立。到1968年底，除了南罗德西亚之外，英属非洲殖民地已经全数获得独立。剩下的南罗德西亚是个奇怪的存在，与南非联邦一样，这里人口处于绝对少数（2%）的白人顽固坚持种族主义统治。当南非在1960年因臭名昭著的种族隔离政策被踢出英联邦时，南罗德西亚的白人统治者竟对伦敦发出史无前例的威胁：“我们完全控制着自己的国防军。我只是希望我们不必像北美殖民地那样不得不使用这一力量，因为我们在同联合王国的一个愚蠢政府打交道！”一意孤行的总理史密斯在1965年悍然宣布“罗德西亚”脱离英国。但是英联邦内的非洲国家已经迫使伦敦同意，“非洲人多数统治之前无独立”，因此南罗德西亚的“独立”被视为无效，在理论上，这个白人政权的存在是对女王陛下政府的叛乱。全世界每一个政府都承认南罗德西亚主权仍然属于英国，而伦敦则承认它对“罗德西亚”事务的影响力微不足道，这真是件咄咄怪事。

在很长时间里，依靠强大的武力，南罗德西亚的白人少数政权自以为高枕无忧。但到了1978年，不屈的黑人反抗组织已拥有2.5万名武装战士，游击战争已波及全国4/5的地区，迫使白人男子不分年龄全都被迫去参加保安队。此时，亨利·基辛格跑到非洲来告诉史密斯：他必须投降，非洲人的多数统治一定要建立，而大家都要学会把这个国家叫作“津巴布韦”。

反抗伦敦的史密斯终于被迫向华盛顿投降，1980年2月，南罗德西亚举行一人一票的议会选举，穆加贝领导的非洲民族联盟获得胜利，他成为第一届“多数人统治”的新政府总理（直到今天）。1980年4月18日，南罗德西亚正式宣告从英国独立，国名津巴布韦共和国。

津巴布韦独立之后，昔日的“日不落帝国”只剩下了残迹，在大比例的世界地图上，已经难以寻到“英国海外属地”的踪迹。在对待第三世界的英属殖民地问题方面，撒切尔夫人及其继任者软硬兼施。硬的方面以1982年解决马尔维纳斯群岛的主权问题为典型。马尔维纳斯群岛是英国的殖民地，但离英国有13000千米。但它距离阿根廷只有500千米，被阿根廷认为是自己的固有领土。由于英国距离马岛太远，二战之后又元气大伤，因此英国对马岛的管辖也比较松散。于是，阿根廷出动航母舰载机、巡洋舰等猛攻马岛，很快便在1982年占领了只有200多名英兵驻守的马岛。

英国时任首相是“铁娘子”撒切尔夫人，在得知福卡兰群岛被占领的消息后，毫不犹豫地宣布战斗，并迅速派遣了一支特混舰队远征南半球。由于二战后的英国长期处于低迷状态，这次的铁血宣战使得英国士气大增，全都斗志昂扬地想要收回福卡兰群岛。甚至连伊丽莎白女王的次子安德鲁王子也加入了这场战役。

为了获得胜利，英国付出了沉重的代价。即便是取得了胜利，向世界证明大英帝国雄风犹存，但这依然无法掩盖英国整体实力的下滑，中国政府看到了这一点，邓小平看到了地缘上的巨大优势，以此为底牌，与英国签署协议促成香港的最终回归。这是撒切尔夫人软的行为表现之一，因为她深知在强大的中华人民共和国面前，炮舰政策是行不通的。

1997年7月1日，中国政府对香港恢复行使主权，香港特别行政区成立。香港问题的最终解决意味着大英帝国实际上已经寿终正寝了。随着中国恢复对香港行使主权，英国在全世界范围内只剩下安圭拉、百慕大、英属印度洋领地、英属维京群岛、开曼群岛、福卡兰群岛、直布罗陀、蒙特塞拉特岛、皮特凯恩群岛、圣赫勒拿及其附岛、南乔治亚岛和南桑威奇群岛、特克斯和凯科斯群岛、亚克罗提利与德凯利亚、英属南极领地十四个海外领地，总面积24.41万平方千米，人口约6602.2万。但有意思的是，英国人在帝国瓦解的过程中，建立维持了一个颇具特色的英联邦，重温着帝国的旧梦。

英联邦（The Commonwealth）是由英国和已经独立的前英国殖民地或附属国组成的联合体。第一次世界大战后，英国慑于日益高涨的殖民地民族解放运动，调整了同原英帝国其他成员之间的关系。1926年“英帝国会议”的帝国内部关系委员会提出，英国和已经由殖民地变为自治共和国的一些国家是“自由结合的英联邦的成员”，“地位平等，在内政和外交方面互不隶属，唯有依靠对英王的共同效忠精神统一在一起”。1931年，《威斯敏斯特法案》从法律上对此予以确认，英联邦正式形成。

1950年，印度成为共和国，并选举了自己的国家元首。从此英联邦成员由以前对英王效忠的原则演变为英联邦成员“接受英王为独立成员国自由联合体的象征”，英王成为“英联邦的元首”，有16个国家现在仍将英王作为自己的国家元首。

自英联邦成立至今，先后有4个国家退出了英联邦，即缅甸、爱尔兰、原也门民主人民共和国和津巴布韦。截至2006年9月，英联邦共有53个成员国，其中亚洲9个，非洲18个，美洲13个，大洋洲11个，欧洲2个。

值得一提的是，英联邦覆盖区域广阔，约占世界陆地总面积的1/4；在当今全球70多亿人口中，有超过25亿人生活在英联邦之中。英联邦国家的GDP超过10万亿美元，几乎与位居世界第2位的中国一样多，更重要的是，英联邦中没有美国，这也使得在处理英联邦的事务时英国常常扮演主角角色。所以比起日本的不受待见，英国凭借着英联邦一众小弟的帮衬，至今仍保持着相当的国际影响力。

而在英联邦内部，基于各成员国享有平等地位的原则，成员国之间可以在贸易、金融、国防、技术等领域进行商讨和合作；并且根据英联邦特惠制的原则，很多成员国之间互相实行关税优惠，极大地促进了成员国互相之间的贸易往来；加之英联邦内部各种贸易协议和资本投资配置带来的经济效用，英国及其他较为富裕的老成员国成为新加入或贫穷成员国工业发展的主要资本来源。而对于较为富裕的英国等国来说，借助英联邦在国际社会上发声要远远好于依靠自己本身。

第三章　政治法律制度

第一节　政治制度

英国是一个单一制君主立宪的民主国家，它的政府体系直接影响了许多其他国家的政治体制，包括加拿大、印度、澳大利亚和牙买加等英联邦成员国。英国没有成文的宪法，但宪法惯例（constitutional conventions）具有宪法的作用；各种成文法和普通法共同组成了所谓的英国宪法。英国的国家元首和理论上最高权力的拥有者是英国君主。

一、君主立宪制

君主立宪制的特点是君主处于统而不治的地位。在18世纪时，国王还能运用手中的实权，恩赐官职，笼络保王势力，以后，王权逐渐削弱。到19世纪中叶维多利亚女王在位期间，王权大大衰落。法律赋予英王的权力，实际上都是通过议会和内阁去行使，王权成为象征性的。君主必须根据议会意愿行使行政权力。

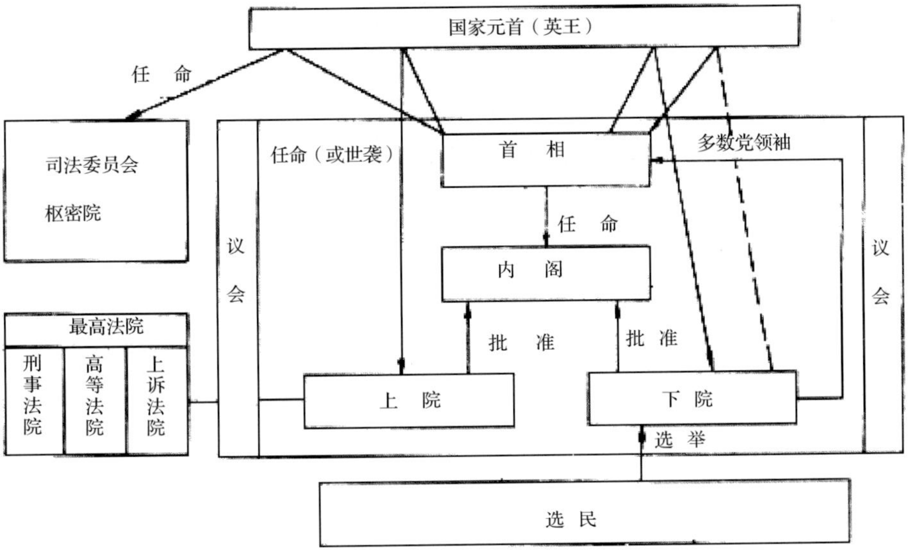

英国政治制度示意图

君主名义上是世袭国家元首、联合王国武装部队总司令和英国国教的世袭领袖。就法律地位而言，君主可以任免首相、各部大臣、高级法官和各属地的总督，拥有召集、停止和解散议会，批准和公布法律，统帅军队、宣战和媾和等权力。但其实际上处于统而不治的地位。与封建专制制度下拥有绝对权威的封建君主相比，立宪君主只能是依宪法而治的君主。其存在主要作为国家的象征。

在对外交往中，君主代表英国；英王（女王）是英国国家的人格化，提供了国民效忠的对象，成为民族团结的纽带和国家统一的象征，现在位女王的头衔全称“天佑大不列颠及北爱尔兰联合王国和她的其他领土及领地的女王、英联邦元首、基督教护教者伊丽莎白二世”就表明英王的权力。

在日常政治生活中，英王（女王）具有被咨询权、支持权和敬告权；英王（女王）作为英联邦首脑，还起着维系英联邦纽带的作用。

虽然如此，英王仍是这个资产阶级国家政权中不可缺少的部分。作为国家的象征，英王可以在维护国家团结、调解统治阶级内部矛盾等方面发挥作

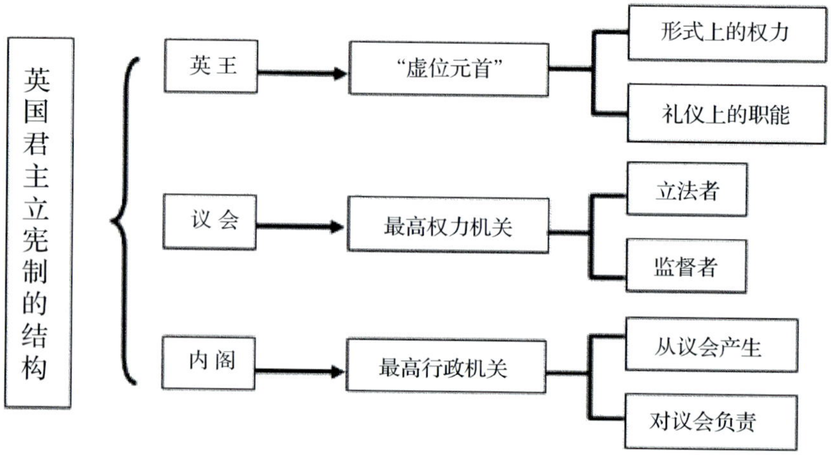

英国君主立宪制结构示意图

用，或就内政、外交问题提供可资参考的意见；在特殊情况下，还可以行使宪法赋予的某些权力。

光荣革命以后，资产阶级和新贵族的统治确立，推翻了君主专制，议会的权力大增，资产阶级和新贵族在议会通过了一系列旨在限制国王权力的法案。其中，1689年颁布的《权利法案》影响最为深远。《权利法案》以明确的法律条文，限制国王的权力，保证议会的立法权、财政权等权力。这样，封建时代的君权神授遭到否定，君主权力由法律赋予，受到法律严格制约。

议会君主制政体的权力重心在议会。议会拥有立法权、财政权和对行政的监督权。表面上，议会通过的法案要经过国王批准，实际上这只是一种形式。

二、英国议会

议会作为英国的重要组织机构在长时间的历史发展中，逐步形成“议会至上”的原则。议会和内阁虽掌握实权，但议会由英王、上院和下院组成，其中上院是贵族院，是主要西方国家中唯一以贵族政治为基础的政治机构。英王无实权，代表贵族制的上议院和代表共和制的下议院经过了长时间的争斗，权力逐渐从上议院转移到下议院。英国议会的权力主要包括四个方面，分别是立法权、财政监督权、行政监督权和司法权。其中司法权由上议院独有，它可以审理贵族的案件，也可以审理下议院的弹劾案。根据法律，立法权、监督政府财政和行政的权力归属于下议院。1911年《议会法》确认了下议院的政治优势地位，作为一个惯例，首相必须来自下议院，内阁成员也很少由贵族担任。

三、立法权是议会最重要的权力

在英国，任何法律草案的通过都要经过上下议院通过和国王的批准后才正式公布于众，产生法律效应。英国对于不同的议案有着不同的立法程序。①政府议案。在经过充分调查和研究后由政府大臣起草经由内阁同意，由政府提交下议院，下议院经过一读、二读和三读，最后由国王批准，成为具有权威性的法律。经过下议院审议后的草案，也要递交上议院同样经过一读、二读和三读的程序。②私人议员议案。由不在政府中任职的后座议员提出，同样也要经过三读。私人议员的议案很难通过，它的审议过程很复杂。议案的提出通常有三种途径，分别为抽签、不经过抽签、十分钟规则。虽然私人议员议案很难被议会审议通过，但也有成功案例，例如，1965年的谋杀案、1967年的《堕胎法》、1969年的《离婚法》。③私议案。涉及私人、社团和地方利益的并由私人倡议的议案。它的审议与政府议案的审理程序相同，它对英国在特定的历史时期有着重要作用，但现在很少采取私人议案立法。

四、议会的财政监督权

第一个方面是批准公共开支，公共开支包括每年立法批准的和“统一基金”两类。后者包括王室年俸、国债利息、下院议长和反对党领袖的薪水等。第二，批准税收方案，根据国家的实际经济状况来确定税收方案。第三，审查公共账目，英国设有公共账目委员会、审计总长和财政部组成的监督机构对英国的财政进行严格的监督，这样可以有力地防止腐败。

英国议会实行两院制。上院议员不经选举，由各类贵族组成，故上院也叫贵族院。上院议员有1156人（1980年）。1999年，布莱尔领导的工党政府通过《上议院法案》，提出撤除所有贵族于上议院中世袭的议席，作为改革上议院的第一步。其中，以作为妥协条件，92名世袭贵族可在改革完成之前保留其席位。

布莱尔的改革方案成为英国上院近年来取得的最大改革成果。尽管如此，上院成员依然来自任命而非选举，要求民主选举上院的呼声从未停止。此后，英国政府先后提出了全部指派，全部民选，分比例指派和民选等多种改革方案，并推行了多次公投，但这些方案最终均未通过。

下院由选举产生，贵族不得竞选下院议员。下院任期5年，届满全部改选。目前下院有650个席位。据统计，英国下议院会议室一共有427个座位，但实际议员人数有650人（包括不会出席的新芬党等议员），并不能安置所有议员。因此，如果有议员迟到，而议事厅又满座的话，那他就只好站在议事厅的入口处，继续参与会议。由于座位不够供应，所以按照惯例，内阁以及影子内阁会坐在前座（Frontbencher)（所以这些议员也被称为前座议员），位置不变。其他人，即后座（Backbencher）议员的座位是随机的。如果他们想保证有自己心仪的座位，得在下院开门前，拿着祷告卡，去进行晨祷。

英国下议院议长（Speaker of the House of Commons），与美国众议院议长不同，英国下议院议长需要脱离其党派，以中立身份主持会议，因而政治影响力较小，相对而言，英国首相和反对党领袖拥有更大的政治权力和影响力。

三位头戴司法假发，身穿法袍，恍若18世纪穿越而来的人就是下议院执行文书官 (Clerk of the House of Commons)、执行助理（Clerk Assistant）和宣读秘书（Reading Clerk），负责向议长提供建议、记录事务等。在议事桌上，有一根礼仪权杖。该权杖象征了下议院与君主的权威，下院每日会议时，权杖都须放置于议长前方的议事桌上，以彰王权。当休会的时候，该权杖

英国下议院前任议长考伯

下议院开会现场

又会被警卫官带离会议室。每当召开全体会议讨论财政草案或召开委员会，以及讨论极具争议性的法案的时候，该权杖又会被放置在议事桌下。

在议事桌两边摆放的是发言箱（Despatch boxes）。当进行辩论的时候，首相与内阁大臣以及影子内阁会使用 “发言箱” 发言。这个发言箱其实是一个复制品，由新西兰赠送给英国下院，原件在二战期间被德军的炸毁。这个发言箱是由新西兰当地特有植物牡荆（puriri）制作而成，箱子的锁上面雕刻了E和G两个字母，分别代表着女王伊丽莎白二世及其父亲乔治六世。另外，箱子上还有The Gift of New Zealand（来自新西兰的礼物）和拉丁文Domine Dirige nos（主引导着我们）的字样。该箱子由英格兰切尔滕纳姆（Cheltenham）的H.H. Martyn & Co. Ltd.制作，设计者是Giles Gilbert Scott爵士。

在1832年改革以前，议会选举制度十分混乱。从中世纪延续下来的一套旧选举制度没有改造，议会被一小撮贵族寡头操纵，议员或是由控制选区的特权人物指派、赠送，或是靠恫吓、贿赂选民当选，完全不是民主选举。

1832年进行了第一次全国规模的议会改革，调整了选区，取消一部分贵族操纵的“衰败选区”，补充或分配给新兴工业城市以议员席位；整顿了选举的财产资格。使工业资产阶级的代表得以进入议会，大大加强了其在议会中的作用，为工业资本主义的进一步发展提供了保障。

1867年、1884年又一再降低选民的财产资格限制。1872年，议会通过《秘密投票法》，使选民能够自由表达个人意志；1883年通过《取缔选举舞弊法》；1885年，在英国历史上第一次确定按人口分配议席的原则。通过19世纪中期议会这一系列的改革，资产阶级争得政治统治权，打击并排挤王权和贵族对议会的控制，使议会下院成为表达资产阶级意志的最高权力机构，促进了议会民主。

20世纪以来，选举权不断扩大。1969年《人民代表制法》规定，凡年满18岁以上没有被法律剥夺投票资格的英国公民，都享有平等选举权。又规定，年满21岁以上的英国男女臣民（除法律规定的少数例外），经所在选区两名选民提名、8名选民同意者，可登记为候选人。候选人名单，一般由参加竞选的各党派提出。

议会的职权主要由下院行使。立法的程序一般是提出议案、议会辩论、经三读通过、送交另一院通过，最后呈英王批准颁布。英王批准只是一种形式，从18世纪初叶以来，英王从未行使过否决权。

议会的财政权由下院行使，实际上议会对财政起不了监督作用，财政大权为内阁一手把持。

议会对行政的监督权可通过多种方式进行。议员有权对政府大臣的工作提出质询；有权对政府的政策进行辩论；批准或否决政府缔结的条约。最后，议会有权对政府提出不信任案，这是对政府监督的最重要手段。在如果不信任案通过，根据责任内阁制的原则，内阁必须辞职，或提请国王解散下院，提前大选。

议会君主制所确定的议会至上原则，在19世纪中期确曾一度成为政治生活的现实。从19世纪末以来，随着英国政治制度渐趋保守，议会在国家机构中的实际地位和作用下降，国家权力的重心逐渐转移到内阁和首相手中。

五、首　相

在英国的统治中，首相是英国政府首脑，是代表英国王室和民众执掌国家行政权力的最高官员，有着绝对的行政权力。英国首相一般情况下由国会下议院的多数党党魁或执政联盟的首领自动成为，但人选需经国王（女王）任命。现任英国首相为鲍里斯·约翰逊。

首相的职权虽然绝大部分没有法律正式规定，但根据惯例首相拥有非常广泛的权力，掌握着国家大权。英国政治制度上首相的地位由宪法惯例产生，其权力也由宪法惯例决定。根据宪法惯例，首相享有下述各种权力：一是首相有权解散议会。二是首相可向议会提出立法动议权。三是代表政府向英王汇报全部情况。四是代表政府在议会中为政府的重大政策进行辩护。五是向英王提出任命内阁成员和其他部长名单，也可要求他们辞职或变更他们的职务。六是主持内阁会议，决定内阁议事日程。七是向英王推荐高级法官、主教和对某些其他官员的任命。八是决定各部职权的划分，决定部的成立、合并和废除。九是对各部业务进行总的指导，解决各部之间的争议。十是首相掌握着三军的总指挥权，有宣战权。首相作为议会多数党领袖能操纵议会，并且有权建议英王解散议会，宣布重新大选。1742年沃波尔内阁因失去议会支持而集体辞职，由此开创了组阁政党必须在议会中占多数并集体负责的先例。1784年，小皮特内阁因得不到下院支持而提请国王解散下院，并提前大选，获胜后继续组阁，这一做法也成为惯例。实际上，英国首相的权力比美国总统的权力都大。美国总统对内阁人员只有提名权，而英国首相有任命权。关于英国十大首相人选，英国人自己排列了四次，平均下来的前十位是：丘吉尔、乔治·劳合、格拉斯顿、老皮特、小皮特和撒切尔夫人并列、皮尔和艾德礼并列、迪斯雷利、沃尔波尔。

六、内　阁

英国内阁制是英国政治长期演变的产物。中世纪末期，协助君主管理国家的枢密院成员约20人，为了更有效地进行工作，查理二世时期，由有权势的枢密院成员（其中最重要的是财政大臣及两个国务大臣）组成一个更小的决策机构，从组织形式上可谓内阁的最早起源。1688年政变后，限制法案在初期尚未很好地发挥作用，人事大权掌握在国王手中，内阁的组成以国王的意愿为准。

汉诺威王朝时期，乔治一世与乔治二世以外国人身份入主英国，既不熟悉英国国情，又不关心英国政治，况且还不懂英语，用拉丁语与大臣们交谈颇为不便，以致把出席枢密院会议当成一种负担。因此，从1717年开始便不出席该会。从此，辉格党逐渐将内阁权力集中在自己手中。辉格党领导人罗伯特·沃尔波尔在处理“南海气泡”事件中挽救了南海公司，使国家财政状况趋于稳定，深受商业金融资产阶级的青睐。1721年3月被任命为财政大臣，并成为内阁的实际领袖，从而开创了首席大臣领导内阁，英王不参加内阁会议的先例。沃尔波尔担任内阁首脑的20余年是英国政治的重要发展时期，他打着王室的旗号推行休养生息的政策。他改革关税制度，奖励谷物和农产品的出口，对手工工场所需之原料降低了进口税，对出口的工业产品实行免税政策。内阁成为协调国王与国会关系的重要因素。自1737年起，沃尔波尔的地位发生了动摇，他的政策引起了要求向外扩张的大资产阶级、大商人的不满。迫于压力他代表英国在1739年向西班牙宣战，即“詹金斯割耳之战”，后因出师不利，大资产阶级把战败的责任归咎于他。沃尔波尔失去国会的信任被迫辞职。此举开创了内阁首相得不到国会多数支持时必须辞职的先例。

内阁由首相负责挑选本党人员组成。而最大的在野党随之成为正式的反对党，并组织“影子内阁”。一般来说，“影子内阁”接受政府补助，成员都是有薪水的。我们有时会听到说某某人是“影子内阁”贸易与工业大臣，实际上是说他是在野党负责贸易与工业的议员。

“影子内阁”虽名曰“影子”，但无论从它对国家政治生活的实际作用方式来看，还是考虑到它的前途和归宿，都远非“影子”可比。“影子内阁”

不但不附和当任内阁，反而以同它争斗为乐。“影子内阁”负责领导下院中本党成员的一切活动，遇到议会辩论时，各“影子大臣”就会踊跃发言，在阐述本党观点的同时，专挑当任内阁的毛病和缺点进行攻击。

“影子内阁”会给当任内阁施加种种压力，其存在是为了促使当任内阁倒台，并最终取而代之。某党在野时的“影子内阁”往往也就是该党执政时的当任内阁，全套班子有时照搬，有时略作调整，但施政方略不会有根本变化。因此，称“影子内阁”为“预备内阁”或“在野内阁”似乎更为确切。

七、保守党与工党两党共存

保守党和工党两大党派是目前英国政坛上占据主导地位的政党，可以说这两个党派是掌握着英国政坛的舵手。除了这两大党外还有一些小党，但是由于政治和历史原因，他们都很难在现在的英国政坛上有所作为。英国议会和内阁可以说是党派的议会和内阁，无论哪个党派在大选中获胜，那么这个党派就可以控制议会和内阁。

八、保守党的由来

要理清保守党的由来，就要从历史上的辉格党和托利党说起。辉格党和托利党的创立源自约克公爵詹姆斯的王位继承问题。查理二世的弟弟詹姆斯二世是一个天主教徒，并公然拒绝宣誓信仰英国国教，在反天主教情绪高涨的当时引起众多英国民众的不满。而查理二世并没有合法的子嗣，这意味着这个千夫所指的天主教徒将继承英国王位。不仅英国民众对此感到不满，英格兰议会中也起了巨大的争议。

议会最终由于该问题被撕裂成了两个派别，一派以沙夫兹伯里伯爵为首，反对约克公爵继承王位，受到清教徒的支持；另一派持相反意见，以丹比伯爵为首，并得到查理二世的支持。

辉格（Whig）和托利（Tory）一开始都不是双方的正式称呼。“辉格”是约克公爵的支持者对政敌的讥称，是“Whiggamores”（意为马贼，也有说法是指苏格兰西部载运玉米的牛车驾驶，曾被用来讥讽苏格兰长老会派教徒中激进的柯克党——The Kirk Party）一词的缩语，而托利则是对约克公爵的支持者的侮辱性称呼，该词起源于爱尔兰语，意为歹徒。随着时间的流逝，不知是出于英国人传统的自黑，还是懒得取名字，两派后来竟干脆以这样的名字自称。

九、查理二世和托利党

辉格党原本在国会势力强大，但一度遭到力挺弟弟詹姆斯二世继位的查理二世压制。丹比伯爵被国王任命为骑士议会的首席大臣，建立了托利党政府，并勉强能在辉格党的反对下运行。

1678年，和辉格党瓜葛不清的提图斯·奥茨制造了“天主教密谋”的谣言，将英格兰上下反天主教情绪被煽动到了极点。受到清教徒拥护的辉格党如虎添翼。年底查理二世与法国的秘密外交曝光，舆论哗然。背后的大山都自顾不暇，托利党这下遭了殃。丹比伯爵被辉格党以叛国罪弹劾下狱，托利党政府瓦解了。

不过辉格党们算是彻底得罪了查理二世。1681年，查理在财政上已经不再受议会的牵制。而两年后，辉格党策划的“黑麦屋阴谋”败露，给查理二世留下了小辫子。韬光养晦的查理意识到是时候反击了，一些辉格党高层被捕，重要的辉格党人士如沙夫兹伯里伯爵、约翰·洛克，则被迫流亡荷兰，由托利党人接掌了空缺的职位。

此后，托利党一直在议会中占主导地位，一直到1688年。詹姆斯二世恢复天主教的意图越来越明显，这激怒了议会和英国百姓。在天主教问题上，两党是基本一致的。所以部分托利党人和辉格党联手发动了“光荣革命”，推翻了詹姆斯二世，迎来了威廉三世和玛丽二世。尽管还有不少托利党人支持詹姆斯二世，但威廉三世认为托利党更适合和王室愉快地做朋友，因此在任用辉格党人的同时依旧给予托利党人职位。

威廉早期的政府由托利党主宰，但后期辉格党却渐渐占据上风。

安妮女王继位时，和她的前任君王威廉三世一样，对保皇倾向的托利党有更多好感，而排斥辉格党。但托利党政府在短暂的单独执政后，却让她失望了。失落的安妮女王终于明白了威廉三世平衡策略的权术之道，认识到“竞争”果然是个好东西，于是再次让两党共同执政。

可惜受女王恩宠的托利党进一步毁掉了自己的优势地位，它在西班牙王位继承战上的政策让自己越来越不受民众欢迎，不过辉格党虽因此得势却也越来越招女王的讨厌，两个党派在政治势力上遂处于难分伯仲的僵持状态。

但当汉诺威王朝开始时，原本两党势均力敌的局势被打破了。乔治一世因为托利党曾经在他继承王位的问题上捣鬼，并且还和詹姆斯二世的余党勾搭不清，所以有意重用辉格党而排挤托利党。从此，辉格党自然而然地成为执政党。对敌人仁慈就是对自己残忍，时来运转的辉格党在乘机打击政敌上绝不会手软。保守党人被对手彻底从政府所有要职上，军队里，英国教会中，法律界和地方办事处内清除干净。这对托利党的打击几乎是致命的。托利党势力在18世纪40年代末和18世纪50年代急剧下降，从此它失去组织性，并不再活跃在政坛。

托利党的落魄岁月就是辉格党的臻荣时代，再加上乔治一世和乔治二世疏于英国朝政，辉格党得以翻云覆雨，以至于从1714年至1783年这段时间被有的历史学家称为“辉格党寡头政治”的时代。

但托利党人始终是阴魂不散地存在。一些辉格党政客事实上常常被人们认为是托利党人，尽管他们并不乐意：一方面，汉诺威王朝的前三位君王对托利党人都是一贯的厌恶，乔治三世更是直接用托利党来标识自己不喜欢的政客，几乎没有哪个政客愿意自称为托利党，就算他们在政见上有托利党倾向；另一方面，他们的政见确实和原来的托利党有所不同。同时，为了打击自己的反对者，辉格党人也乐于将政敌指责为托利党人。

而辉格党内部也开始分裂，贝德福德辉格党（Bedfordites）、格林威尔辉格党（Grenvillites）、罗金厄姆辉格党（Rockinghamites）、科巴姆辉格辉格党（Cobhamites）等派系相继出现。整个辉格党甚至分成了两个相互独立的阵营，一方是以罗金厄姆辉格党为主的派系，另一方则以威廉·皮特为首。

1770年弗雷德里克诺斯成为首相，他的内阁被人们认为是托利党倾向的，这标志着托利党的崛起。1783年小威廉·皮特成为首相，一些围绕在小威廉·皮特身边的人自称为独立辉格党或皮特党，但后世将他们称为新托利党。但是新托利党和原来的老托利党之间并没有连续的组织关系，甚至可以说，新托利党其实是辉格党的一个分支。并且，新托利党和托利党在政见上已经有很大的区别了，前者尽管也有保皇倾向，但依然坚持限制王权，在外交上更是具有侵略性和帝国主义情结，而不是像后者那样主张和平与孤立主义。

19世纪工业革命的发生令英国社会出现结构性变化，工业资产阶级势力大增。代表资产阶级利益的辉格党东山再起，终于在60年后重新执政，并控制国会通过了1832年《改革法令》，废除了众多由新托利党控制的腐败选区。新托利党失势，不过很快就会有转机。

对于国王来说，两党制的好处就像是同时拥有甜豆腐脑和咸豆腐脑，你多少有选择的余地。不满意英国近几年的治理现状，威廉四世于1834年决定解雇辉格党政府，任命托利党领袖罗伯特·皮尔为首相。为了顺应时代的改变，新任首相在他的“塔姆沃思宣言”提出了一个新的改革弊病的理念——保守（Conservative），随后皮尔政府被贴上了“保守党”的标签。

但新托利党似乎并没有因为再度执政而团结。1846年，托利党内部在自由贸易的问题上又谈崩了，其中皮尔的保守派支持者（Peelites）与辉格党大多数人外加激进主义者政见一致。志同道合的他们干脆一起组成了一个新党派——自由党，并迅速取代了辉格党。而新托利党剩下的人则正式采用“保守党”作为自己的党派名称。之后，自由党与保守党轮流执政。

19世纪后期，自由党内反对爱尔兰自治的成员另起山头，成立自由统一党，并在1912年和保守党合并。第一次世界大战期间，英国外敌临头，自由党、保守党以及当时刚刚成立的工党，只能放下各自矛盾，联手组成联合政府。在后来的日子里，自由党逐渐被后起之秀工党所超，沦为国会第三大党。而与保守党轮流执政的对手就变成了工党，自由党被挤出了舞台。1988年，自由党和社会民主党合并，组成自由民主党。2010年英国大选后，为了共同的利益，自由民主党又与保守党组成联合政府。

如今，人民偶尔还是会用托利党来称呼保守党，但是“辉格党”这一政治术语则被留在了历史书里。

十、工党的缘起

工党是英国两大政党之一。1900年2月由职工大会（即总工会）发起创立，初称劳工代表委员会，由隶属于职工大会的工会组织和费边社、独立工党以及社会民主联盟组成。1906年改称工党。第一次世界大战爆发后，支持政府的战争政策，并加入了自由党的联合内阁。20世纪初，力量日益增强。1918年2月通过了新党章，规定除保留原有的集体党员制度外，还在各选区设立组织以吸收个人党员。同年6月，通过了由韦伯等起草的纲领性声明《工党与新社会秩序》，首次提出要埋葬私有制。1924年1月，在自由党的支持下首次组阁，并从此开始与保守党轮流执政。1945年以前，仅于1923—1924年和1929—1931年两次短期执政。1945年大选至1951年，组织过两届内阁。在此期间，发起重新建立社会党国际。1964—1970年、1974—1979年，先后组织了四届内阁，这是工党历史上执政最长的两次。1979年、1983年、1987年和1990年四次大选连遭失败。工党纲领的传统理论基础是费边社会主义，新政策主张生产资料、分配手段和交换手段的公有制，实行计划管理，以达到公平分配。第二次世界大战后，艾德礼工党政府将此付诸实施，1948年宣布建成福利国家。但50年代开始，随着英国经济的发展，工党内出现意识形态分歧。右派认为，资本主义已经变了，社会主义应是“增加社会福利，实现社会平等”，而不是以实现生产资料公有化为目的；反对以新的社会制度代替现存的社会制度，主张在现存制度基础上追求更高程度的完善。50—60年代，这些思想在工党内占上风。但左派仍坚持国有化，认为没有国有化就没有社会主义。60年代初，“新左派”从文化上批判资本主义，认为资产阶级文化上的统治使人们处在全面异化的状态中，因此，必须向资产阶级发动全面的文化进攻，对资本主义社会实行总体改造。这对70年代后再次活跃起来的工党左派产生了一定的影响，后者据此提出国有化还应该加上工业民主化和生活方式民主化，对工党传统的社会主义进行了补充。1990年5月工党提出新的施政大纲，充实了1989年年会通过的调整政策，放弃了老式国有化政策。新政策主张政府必须负责解决教育、培训、运输、通信等市场无法解决的问题，社会分配先考虑“创造财富的人”，发展高技术经济，鼓励发明创造。在防务政策上，放弃了单方面核裁军的立场，主张用英国的核武器作为核裁军谈判的筹码，争取在2000年消除所有核武器。

工党的组织由领袖、议会党团、议会外组织和总部组成。在野时每年选举领袖，并设副领袖；执政时可不改选，也不设副职。议会党团由下院全体工党议员组成。每届议会开始即选举领袖、副领袖和总督导员。在野时，由领袖、副领袖、下院议会党团主席、上院工党领袖、两院总督导员以及工党议员代表等组成议会委员会，领导议会党团活动。执政时，则由工党内阁代替，另设联络委员会与后座议员保持联系。在议会外，全国代表大会（工党年会）是工党的最高权力机构。下设全国执行委员会、区域会议、选区组织和全国劳工理事会。工党总部是行政机构。党员600余万人，90%以上为工会集体党员，也有部分知识分子，中小资本家、职工大会系该党主要支柱。

英国工党是在英国工会运动的基础上产生的，从1900年成立到目前为止已经有百年的历史，其中既有成功的执政经验又有漫长的在野教训。从1900年成立到1951年的这段时期中，工党发展迅速。1945年通过大选，工党更以令人吃惊的多数组成政府，达到了鼎盛时期，其推行的福利制度至今仍影响深远。从1951年—1993年的这段时期中，工党开始走下坡路。1951年之后，在同保守党的较量中工党处于劣势。纵观整个20世纪50年代到90年代初，虽然其中也曾两度获得执政（1964年—1970年和1974年—1979年），但总体而言工党是处于危机和困境中，政绩很不突出，党内矛盾不断。从1993年开始，在史密斯和布莱尔的先后领导下，工党进行了改革，逐渐摆脱了工会对其的控制，更新党的宗旨和价值观，进一步改造党的组织体系，把工党从一个传统的工运党转变成现代的全民党，得到了广大中产阶级的认同，使工党面貌大为改观，于1997年的大选中一举击败保守党，再度上台执政，并在2001年的大选中连续获得选举的胜利。连续执政，这在工党的历史上还是第一次。工党的复兴成了举世瞩目的焦点之一。

清朝末年，革命运动风起云涌，中国正处在历史发展的十字路口。康有为、梁启超等有识之士也曾想通过戊戌变法学习君主立宪制度，使中国走上资本主义道路，但最终失败了。那么，为什么君主立宪制会产生在英国并且行之有效呢？

英国在世界上最早开始实行资本主义，经过长久的发展，被称为“日不落帝国”，在政治上虽然没有成文法的颁布，但是其经过历史检验的君主立宪的政治制度，带给英国一个相对稳定的政治局面，政治体制也没有太大的动荡。形成这一独特的现象的原因应该与英国独特的传统文化有着密切的联系。

英国的保守主义的政治文化对政府体制的影响。英国保守主义是一种稳重守成的力量。它并不一味地反对进步，而是让其对变革的进程和程度持稳重态度。当尚存的制度能维持和继续时，它就坚定地守住阵地，不肯变革；但当已有的体制不能够满足现实的需要时，它就允许某种程度的变化，并在这个新的变化的基础上守住阵地，成为反对新的变革的力量。所以说英国的保守主义的保守并不是绝对的保守，它的保守更多体现在对传统的保护和对变革持一种小心谨慎的态度上。英国的这种保守主义可以从“光荣革命”中对改革的态度看出来。伯克认为，英国的“光荣革命”虽然打破了保守的一成不变，但它并不是真正意义上的变革，因为它不是变革，是对传统的一种保护，是为了保护传统而稳重地改变。英国人为了保护他们的传统，努力地实践历史的传承，所以在碰到需要变革的时候，保守主义者们是犹豫的，因为他们不知道变革的结果会是怎么样的，但是国家的情况却到了必须要改革的时候，所以保守主义对改革的步骤和进程是持非常稳重的态度，保守主义希望变革不能过于激烈。所以说英国的保守主义并不是顽固不化的，他们对新事物的态度也不是盲目反对。他们在政治制度上的态度表现为“旧瓶装新酒”，在原来的基础上加上新的改变，但原来的基本结构不改变，这种有保留的变革，英国的国王和贵族的存在就是最好的证据。

因此，英国民众对于贵族的态度是不排斥，而是想融入进去，那是一种自我价值的肯定。当全社会的人都以一种积极的心态去向一个精英阶级看齐，那么整个英国社会就充满着贵族精神和精英阶级，并且全社会人人都有着绅士风度。随着民主化的发展，虽然贵族这一特殊的存在与民主格格不入，但是英国人却接受它的存在，让他们成为英国的象征，不再给予他们政治权力，而是让其成为整个英国人民的精神追求。

英国是一个典型的岛国，它的领土是由大不列颠岛、爱尔兰东北部和5500多个小岛构成。地理位置的因素也决定了英国人独特的文化心理。这种独特的文化心理表现在英国对传统的继承上，由于四面环海，所以英国有优越的地理位置免于战争，这就导致英国人对于历史的继承是非常重视的。在政治上，英国人重视传统，安于现状。不追求大的改革，更愿意遵循传统。英国人注意保持自身特色，不随波逐流，自成体系，有自己的特点。英国这种岛国文化心理主要表现在政治上，特别是在政治制度上。它主要表现为：第一，英国的君主立宪政体。由于英国人不愿意大的改革，所以他们没有推翻封建君主，而是另辟蹊径地采取君主立宪，国王成为虚位元首，只具有象征性的权力，这样既没有破坏传统又进行了资产阶级的改革；第二，就是议会中代表贵族的上议院的存在，充分体现了英国政治制度的一个特色。上议院并没有实质性的权力，但是英国人允许它的存在，成为英国的一个政治机构。第三，英国的宪法是不成文宪法，这正是岛国的心理文化的表现。英国人注重传统，往往现在的一些事情都要从过去的经验中找到解决方法，这就导致英国人依靠惯例、习俗和经验来代替部分法律的作用。这种政治制度的特点正是由于英国岛国文化心理的特殊性决定的。

约翰·洛克

英国有着崇尚自由主义的政治传统。自由主义的实质，就是国家权力来源于人民，政府的目的也是为了保卫人民的福利。因此，政府的权力不是绝对的，是要受到限制的，不仅要受人民的监督，也要受到政府内部各机构的制约。英国是最早开始资产阶级革命的国家，经过资产阶级革命，通过“光荣革命”，英国国王的权力受到限制，代表新兴资产阶级的群体逐步成为真正的权力的行使者。

英国哲学家洛克在其著作《政府论》中写到王权应该是有限的，同时洛克也认为政府的权力是来自人民的授予，通过签订契约，人民将自己的权力交给政府，这点主要是强调主权在民，而政府只不过是为了保障人民的私有财产和人身安全的机构。在国王权力的行使上，洛克指出国王的权力应该限制在外交和行政上。国王的权力应该受到议会的制约，一旦国王不考虑人民利益施行暴政，人民有权推翻他。英国的自由主义传统使得人民享有国家的主权，同时君主的权力受到法律的限制。英国的国王和贵族阶级虽然没有了实质性的权力，但是他们却以自己独特的魅力，成为世界政坛独树一帜的特色。英国人崇尚自由主义的传统也缔造了独具特色的政治制度。

第二节 法律制度

我们所说的“English law”主要指的是英格兰法，而非“英国法”。如第一章所述，英国的全称是“大不列颠及北爱尔兰联合王国”，是由大不列颠岛上的英格兰、威尔士、苏格兰和北爱尔兰共同组成的联邦制君主立宪制国家。英格兰是英国最重要、面积最大、人口最多的组成部分和政治实体。早在1284年爱德华一世征服威尔士的时候，英格兰就与亲兄弟威尔士成功抱团，从此建立起比其他两个“小伙伴”（1707年加入抱团现在却嚷嚷着闹独立的苏格兰，以及1921年从长期不安分的爱尔兰分离出来加入英国的小兄弟北爱尔兰）更亲密的政治经济联系。直至今日，英格兰与威尔士的总人口已发展到5300万，在英国6000万人口总数中占绝大多数。其法律体系也是一脉相承，通称英格兰与威尔士法，也就是我们现在所谓的英格兰法。

英国的立法权由议会执掌，我们通常所说的英国议会是位于伦敦的威斯敏斯特议会。1997年至1999年期间，英国政府陆续赋予威尔士议会、苏格兰议会和北爱尔兰议会相对独立的立法权限，也建立了各个政治实体间相对独立的法律体系。受历史因素影响，英国的行政、立法及司法三权在过往并无明确界限。甚至在2009年10月1日英国设立最高法院以前，最终司法审判权都仍掌握在威斯敏斯特议会的上议院手里。英国最高法院设立后，该院才获得对英格兰法律、威尔士法律（由威尔士议会为威尔士制定且与英格兰存异的法律除外）及北爱尔兰法律的司法终审权，也是这些管辖地区的最高上诉司法机关。虽然英国最高法院已有判例阐释合同约定的“英国法”在没有明确相反表述时可以推定为“英格兰法”，但仍不能完全排除实践操作中的例外情形。

英美法系的起源地是英国，在法律体系上与大陆法系分庭抗礼。大陆法系以成文法著称，而英美法系则以判例法闻名。事实上，英国法既包括判例法，也包括成文法，其法律渊源较之成文法体系更为复杂。

一、普通法

普通法是英国法最重要的渊源。诺曼征服后，威廉二世建立了以国王为中心的封建土地制度，逐步形成王权专制国家，国王发布的敕令成了法律最初的形态，而随后发展衍生出的王座法院和巡回法院的判例，宣示某些习惯法原则成为全国普遍适用的普通法。普通法下最重要的一个原则就是“遵循先例”原则，也就是说以前判决中的法律原则对以后同类案件有约束力，上级法院的判决对下级法院处理同类案件有约束力，足以见得判例在普通法体系中的深远影响。此外，教会法对普通法的形成也产生了一定影响。由于普通法重程序、轻实体，也造成了其在处理案件时过分僵化导致不公平，这就催生了衡平法。

二、衡平法

衡平法是独立于普通法的另一种形式的判例法，它出现于14世纪末，通过大法官和衡平法院的审判活动，以法官“良心”“公平”和“正义”作为审理案件的原则，逐步建立起一套重内容、轻形式的案件审理体系。衡平法体系给予法官更多的自由裁量权和案件审理的灵活性。而我们近现代所熟悉的许多权利和救济措施，如用益权、信托制度、禁止令等，皆是来源于衡平法体系。衡平法是一种对普通法的“补偿性”制度，当其与普通法产生冲突时，衡平法优先于普通法适用。在1875年《最高法院审判法》生效前，英国存在普通法院和衡平法院两套体系，分别审理普通法和衡平法的案件；该法案生效后，废除了普通法法院和衡平法法院之分，建立起统一的法院体系。

三、制定法

制定法在法律渊源中并非英国有独创性的发明，其是通过立法机关对法官所造的判例法进行补充、修改、重申、解释而得以制定，但效力和地位是最高的。1215年的《大宪章》可被视为英国历史上最早的制定法渊源，而近现代意义上的制定法则包括了英国议会制定的法律、欧盟法以及国际法基本原则。由此可见，在英国法下，不仅有成文法，且其效力高于判例法。

四、英国律师的分类

英国律师的分类和我们国家单一的律师种类不一样。英国律师分为两种：事务律师和出庭律师。事务律师常被译为“事务律师”，出庭律师常被译为“出庭律师”。

（一）事务律师

1. 法律专业学生。

本科是法律专业的学生，至少需要六年的时间才可以成为一名事务律师；

首先是三年的法律专业学习（英国大学本科学制三年）；其次是一年的法律实践课程（Legal Practice Course），这相当于美国的法学院学习（law school）；与律师事务所签订实习合同（training contract），在律师事务所进行两年实习；最后，完成律师协会规定的所有培训与考核，成为law society 登记在册的律师。

2. 非法律专业学生。

非法律专业学生想成为事务律师，与法律专业学生相比，还要再多用上一年时间。

三年的非法律专业的本科学习；一年时间完成一个法律转换课程，即法律文凭课程（the Graduate Diploma in Law）；一年的法律实践课程（Legal Practice Course），相当于一年的法学院学习；与律师事务所签订实习合同（training contract），在律师事务所进行两年实习。

目前，许多律师事务所更欢迎那些有其他专业背景及人生工作经验的人，所以在英国，即使本科读的不是法律专业，亦可通过此渠道成为专业律师。

在像BIRD &BIRDP这样的专业律师事务所，很多律师的第一专业都不是法律，因为具有科学、财经等方面的知识和经历，反而使他们更便于在某一领域成为专家型的律师。

（二）出庭律师

出庭律师则要在取得相应的教育背景后完成出庭律师公会的执业课程（the Bar Professional Training Course BPTC），在出庭律师 chamber 进行一年的实习（one-year pupilage）。这一年的实习，由有经验的出庭律师对实习律师在执业经验与技巧方面进行手把手的传授。一年的实习分为两个阶段：前6个月，实习律师像影子一样跟在导师后面学习，后6个月，实习律师有权代理当事人出庭。

Pupillage的竞争非常激烈，因为在英国出庭律师的人数远远少于事务律师，全英只有16000名出庭律师。2008—2009年，1749名学生完成了BPTC的课程，但只有561名学生获得了pupillage。英国前首相布莱尔与其夫人就是共同在出庭律师事务所实习时相识相爱的。

（三）事务律师和出庭律师的区别

根据2014年的统计，全英事务律师的总数约为160000人，出庭律师的总数约为16000人，是前者的1/10。在法庭上，出庭律师坐在第一排，叫做front bench，而事务律师坐在后面，叫做back bench。

一提起出庭律师，就是法庭上那些身穿黑色长袍，头戴假发，口若悬河的大律师，他们一般出身高贵，受到良好教育。而事务律师似乎低其一等，只能处理一些不太重要的法律事务。但近年来，情况已经发生了很大变化。很多事务律师律师事务所都是有着几百名合伙人的国际化大所，一些大律师事务所的高级合伙人收入丰厚，在社会上有着举足轻重的地位。

事务律师的工作是为客户提供法律服务，他们在办公室里工作，一般不出庭代理案件（目前，一些有资历的事务律师也有资格上庭代理当事人上庭）。在法庭上，他们坐在出庭律师的后面，为其提供帮助。实际上，案件所有的前期准备，呈交法庭的所有证据材料，全部由事务律师准备，他们也是最了解案件的人。事务律师有点儿像法庭上的幕后英雄。

出庭律师 代理当事人在法庭上做案件陈述、进行辩论，对一些专门法律问题提供法律意见。但出庭律师一般不能直接接受客户的委托，而只能接受事务律师的委托，由事务律师代替客户向他们支付费用。所以，某种程度上，他们又依赖于事务律师。

事务律师的工作稳定，一旦执业，被律师事务所聘用，就有很可观的收入，无需为生活发愁。且随着工作经验及业务水平的提高，收入会不断提高，成为合伙人后，亦会根据资历分享律师事务所的盈利。

出庭律师 是自己执业，因为没有名气和资历，最初执业的几年会比较艰难，相对来说，压力也比较大。一旦成功，就会名利双收，经济收入与社会地位都会提高。而一旦成为Queen Counsel（QC）（女王时代称为QC；如果是国王时代，则称为KC，现在英国还仅存少数的KC，即女王父亲时代的大律师），则意味着他们是最有权威，最有经验的高级大律师，收费也会非常高。

QC是出庭律师的最高级，这些成为QC的出庭律师有权在庭上穿彩色的长袍，而他们的长袍传统上都是丝制的，所以，也称为“silks”。英国的法官通常也都在QC中选拔。获得QC的资格非常难。首先，申请的出庭律师需要有十五年以上的执业期限（特别优异者也可突破此期限）；其次，要做过一定数量有影响力的大案子和拿得出手的业绩；再次，需要权威的法官或律师前辈同意写推荐信（得益于个人人脉和业务之余所交往的圈子）；最后，还要女王或国王加冕（女王一年也就册封两次）。

五、法 院

英国的法院体系相对复杂，不像中国法院体系层级分明（基层法院—中级法院—高级法院—最高法院），加之其有三个不同的法律体系及司法系统，即英格兰及威尔士、苏格兰和北爱尔兰，但总体来讲，英国法院体系有两个特点：民事、刑事系统分立及各种专门法庭林立。这里主要介绍英格兰及威尔士的法院体系。

民事法院系统相对简单，一般由四级法院组成，分别是郡法院（County Courts)、高等法院（High Court）、上诉法院（民事庭）（Court of Appeal <Civil Division>）以及最高法院（Supreme Court)。但英国2007年对此前的tribunals（行政裁判所）系统进行改革，将其纳入司法系统，从而使得tribunals成为英格兰及威尔士司法系统中最基层的司法机构。

刑事法院系统相对复杂，因为英国刑法将犯罪依情节的严重程度分为三种类型：即决罪（summary offences）、可诉罪（either-way offences）及必诉罪（indictable-only offences)。对于前两者，其路径为治安法院（Magistrate' s Courts)—高等法院—上诉法院（刑事庭）（Court of Appeal<Criminal Division>）—最高法院；后者的路径为治安法院—地方刑事法院（Crown Court）—上诉法院（刑事庭）—最高法院。

英国最高法院正式成立于2009年10月1日，取代了此前的上议院上诉委员会（the Appellate Committee of the House of Lords）。成立最高法院的诱因是1998年英国通过了《人权法案》，该法主要是将《欧洲人权公约》的实质性条款引入英国国内法。而此前，英国的大法官（Lord Chancellor）集立法、司法及行政权于一身，既是上议院议员，又是首席大法官，且担任政府内阁部长，严重背离权力分立的原则，有侵犯人权之虞。为此，英国2005年通过了《宪政改革法》，提议成立英国的最高法院。新成立的最高法院由12名大法官组成，提倡透明度、亲和力，为此其建筑本身增加了许多玻璃幕墙，力图拉近与民众的距离，使“深藏于威斯敏斯特长廊之中的”大法官走进民众，以践行“正义不仅要实现，而且要以民众看得见的方式实现”的司法理念。为实现分权的目的，最高法院的法官不再担任上议院议员，也不在内阁中任职。最高法院审理案件一般是5名法官，疑难或者重大的案件则有7—9名法官。最高法院有权决定是否审理上诉案件，其审理的案件都是关乎公众利益的案件，涉及金融危机、恐怖主义、人权保护以及欧盟法律的解释等。

英国另一重要的司法机构为枢密院（Privy Council），它是少数英联邦国家、殖民地以及海峡群岛和马恩岛的最高上诉法院，与最高法院在同一幢建筑，枢密院的法官也是最高法院的法官。

在民事/刑事法院系统之外，还有众多的专门法院/法庭，这也是英国法院体系的特点之一，其中有些从名称中就可以看出其主要职能，主要包括：

劳工法庭及劳工上诉法庭。

租赁估价审裁处及土地审裁处。

增值税和关税法庭。

总务专员和特别专员：处理所得所事宜；

租金评估委员会。

英国最高法院——现代法学的发祥地

反垄断法院。

验尸官法院：主要职责为判明死因。

军事法庭。

教会法庭：主要处理教会财产争议事宜，通常由一名出庭律师或者事务律师担任法官，主教已没有主持审判的权力；

海事法院。

骑士法庭：处理滥用徽章的案件，这个法庭的法官比较轻松，上次开庭据说还是1954年的事情。

巴沭尔法庭：德比郡的铅矿法庭。

郡专利法院。

选举法院。

六、陪审制度

陪审制度是西方司法民主化的重要体现，曾一度被誉为“自由宪政的基础”，在人类司法文明史上占有重要地位。

一般认为，英国是现代陪审制度的发源地。但最早的陪审制度则起源于中世纪法兰克王国的一种调查程序。当时，王室土地经常被私人占据，国王命王室官员赴各地探查事实。为获取恢复王室土地的证据和事实，王室采用了“邻人调查团”推问方式进行核查，从这些邻居口中得到实情。国王凭借这种推问方式，有效维护和伸张了王室的权利。当时，这种“邻人调查团”推问方式是国王的特权，地方封建主是不能使用的，所以，这种“邻人调查团”实际上是当时国王面对众多封建地方割据势力而采用的用以伸张王室权力的手段。“邻人调查团”是陪审团的雏形，实质是“团体证人”。

1066年，诺曼公爵征服英国后，将法兰克王国的这种调查制度引入英国，在清查全国土地时采用，形成了著名的《末日审判书》（1086年）。这一文件的目的是诺曼公爵为清查王田及国王直接封臣的地产情况，以便收取租税、加强财政管理和确定封臣的义务。1164年，亨利二世颁布《克拉灵顿诏令》，在英国正式确立了陪审团制度。诏令规定，发生土地纠纷和重大刑事案件后，必须由熟悉情况的12名至23名知情人组成的陪审团，向法庭控告并证明犯罪事实，即“起诉陪审团”，又称为“大陪审团”。后来，亨利二世、爱德华一世又相继颁布诏令，规定陪审团要参与所有刑事案件的审理，陪审团同时拥有起诉和审判职能。既控告犯罪又证实犯罪，等于既是运动员又是裁判员，极易使被告陷入危险境地，难以保障公正。于是1352年，爱德华三世下令禁止起诉陪审团参与审判，要求另设一个12人的陪审团进行审理，是为“小陪审团”。至此，大小两个陪审团分离，大陪审团负责起诉，决定是否对嫌疑犯提出控诉；小陪审团负责审理，决定被告是否有罪。因为陪审制度能够使公民参与司法过程，较好地防止了法官独断，因此，大小陪审团在英国共存了几百年，成为英国法律制度的重要特色。英国资产阶级革命胜利后，陪审制度在法律上正式得以确立，并向全世界推广。陪审团的职责是就案件的事实部分进行裁决。法官在陪审团裁决的基础上就法律问题进行判决。陪审团裁决一般不允许上诉，但当法官认为陪审团的裁决存在重大错误时，可以撤销，重新组织陪审团审判。

20世纪中期以来，随着社会的发展，人们之间的纠纷争议呈现出复杂化、多样化趋势，陪审制度使审判成本大增，加重了当事人和政府的经济负担。因陪审员又不具备专业知识，人们对其裁决的公正性和科学性也产生越来越大的质疑，因此陪审制度呈衰落之势。1948年，英国颁行了《刑事司法法》，正式废除了大陪审团制度，从此，大陪审团制度在英国寿终正寝。小陪审团应用范围也渐渐萎缩，1981年英国《最高法院规则》规定，如果陪审团参与案件审理会导致审理期限过长，那么，即使对于法律明确规定可适用陪审的“诽谤、诬告、欺诈、非法拘禁”案件，法院也可以决定不采用陪审。至此，小陪审团也只在极少数的民事案件中适用。

在20世纪，女性终于有了成为陪审员的资格。早先成为陪审员的前提条件是名下有房，但现在，所有18至72岁的公民都有资格成为陪审员。陪审员现在由电脑随机抽取产生，被抽到的公民有服从的义务。不过如果此人能证明自己有特殊情况，比如自己的孩子刚刚出生需要照顾，所以不适合参与这个长时间的案子，那么他就可以申请法官豁免他的陪审员义务。曾经还有规定，说陪审员不得从法官、律师、警察等法律人当中选取，因为法律人或是可能会用自己的知识替代客观事实，或是可能对某一方有天然的偏见，现在这个限制已经被废除了。另外，选取陪审员的理念发生了根本性的变化。陪审制度诞生之初，陪审员越是被告人的邻居就越好；现在正好相反，法院需要的是与被告人没有社交关系，最好是根本不认识被告人的公民来做陪审员。

为保公平，法院不允许陪审员对被告人有前见，尤其不希望陪审员知道被告人的前科，否则将被替换。因此，法官会明确告诉陪审员，不允许在网上搜索被告人的信息，也不允许和陪审团以外的人交流。原先陪审员还被要求在审理期间集体封闭住在酒店，现在法官基于对他们的信任，允许他们回家住，相信他们不会从侧面了解被告人。当被告人是名人时，法官虽然无法控制陪审员对被告人的事前了解，但还是会要求陪审员宣示，确认自己对于被告人没有前见，会根据证据公证判定被告人的罪与非罪。

至于陪审员定罪的最低投票数，现在的规则已经改了，不再采用过去的全票规则，这是为了避免哪怕一个陪审员生病就导致全体投票作废的情况。现在的规则是，12人陪审团需要10票定罪，11人陪审团需要10票定罪，10人陪审团需要9票定罪，9人陪审团需要9票定罪。无罪投票同样如此。如果陪审团第一次投票没有达到定罪或无罪的最低票数，那么法院就将组织第二次事实审，如果第二次还是没有达到定罪或无罪的最低票数，那么被告人就将被无罪释放。

关于一事不再理。如果被告人被释放后又出现新证据足以证明其犯罪事实，传统的观点是，被告人仍然无罪。但2003年法律发生了变化，上诉法院可以推翻原无罪判决，重新审理该案。主要的原因就是DNA识别技术的进步，让人觉得多年后发现的证据也足以基本证明被告人其实应该是有罪的，如果固守传统的一事不再理无罪规则，明显不公平。

陪审团定罪制度相对于法官定罪制度，总体上还是更能起到保护被告人的作用。因为在陪审定罪制度下，每场案件的陪审员都是新人，但在法官定罪制度下，法官可能每天都在经历类似的案子，后者比前者更容易产生不利于被告人的偏见。

第四章　文化科技

第一节　“诗人之角”的文学之旅

英国的威斯敏斯特教堂有一个“诗人之角”，这里是英国历史上著名文学家的长眠之地。英国诗歌之父杰弗雷·乔叟（Geoffrey chaucer，1343—1400

诗人角一隅（中间托腮沉思的便是莎士比亚）

年）在此不仅有墓穴，还有一个纪念窗。19世纪著名的小说家查尔斯·狄更斯（Charles Dickens，1812—1870年）被安葬在诗人角的中央。陪伴他长眠的还有19世纪诗人阿尔弗雷德·丁尼生（Alfred Tennyson，1809—1892年）、罗伯特·布朗宁（Robert Browning，1812—1889年）、小说家托马斯·哈代（Thomas Hardy，1840—1928年）及英文词典编纂之父塞缪尔·约翰逊（Samuel Johnson，1709—1784年）。莎士比亚的坟墓虽然在他的故乡，但这里也有一个壁龛放着他的雕像。诗人角安息的主要是英国顶级的作家和诗人，也有少量的艺术家。那么我们不妨就从“诗人角”开始一场英国文学之旅吧。

一、“英国文学之父”——杰弗里·乔叟

杰弗里·乔叟（Geoffrey Chaucer，1343—1400年），英国中世纪著名作家，率先采用伦敦方言写作，并创作“英雄双行体”，对英国民族语言和文学的发展影响极大，故被誉为“英国文学之父”。乔叟出生于一个酒商家庭。1359年随爱德华三世的部队远征法国，被法军俘虏，不久以黄金赎回。乔叟当过国王侍从，出使过许多欧洲国家，两度访问意大利，使他接触到了但丁、薄伽丘和彼特拉克的作品，这对他的文学创作起了极大的作用。代表作《坎特伯雷故事集》摆脱了旧时代诗作的脱离现实，矫揉造作的风格，通过塑造三十多个个性鲜明的人物，揭露了僧侣阶层的腐朽，严肃地考虑妇女问题，反映了当时各色各样人的生活和社会的全貌，因此杰弗里·乔叟被认为是英国中世纪文学和文艺复兴文学之间承上启下的人物。

《坎特伯雷故事集》在结构上近似于薄伽丘的《十日谈》，借聚到一起的不同身份的人讲述与现实生活息息相关的故事，使读者充满趣味地体会到其中的意蕴。《坎特伯雷故事集》原计划写120个故事，但最后只完成了24篇，其中2篇是散文体，其余的采用诗体写成。全书有一个总序，作者用这种方式把各个零散故事连成一体。与薄伽丘相比，乔叟笔下的人物形象更加丰满，情感更加真实。在诸如《律师的故事》《自由农奴的故事》《骑士的故事》《医生的故事》中，读者会随着书中人物的悲欢离合而或哭或笑，

仿佛进入了书中的情境，让人们真正体会到14世纪英国“人间喜剧”的无尽妙谛。

在《坎特伯雷故事集》中乔叟与29个香客结伴前往坎特伯雷城朝圣，大家约好，在这个临时组织起来的集体中每人讲两个故事，讲得好的大家凑钱请他吃饭。于是朝圣路上的各色人物纷纷粉墨登场，香客来自社会各个阶层，展现了广阔的社会画面：有负债却假装若无其事的商人，也有满脑子学问而不谙世事的学者；有风流潇洒、乐于表白自己的随从，也有身经百战、谦虚谨慎的武士；有信奉“爱情胜于一切”的女修道长，也有嫁过五次、风骚妩媚的贵妇人；有粗鄙猥琐的磨坊主，也有市侩狡诈的赦罪僧。故事就这样渐次展开，他们所讲的故事或雅或俗，却都细微、深刻地揭示了当时的社会现实。

《坎特伯雷故事集》采用了中世纪的各种文学体裁，有寓言、圣徒传、布道文、骑士传奇等。在人物刻画和故事描绘上饶有趣味，富于幽默感。尤其令人称道的是语言带有鲜明的讲述人自身的特征，每个故事都明白无误地表明讲述人的身份、爱好、趣味、职业和人生经历。

《坎特伯雷故事集》被认为是英国历史上印刷的第一本书，时间约在1476年，由英国印刷业之父威廉·卡克斯顿印行。首版的《坎特伯雷故事集》当年只发行了425册，现在已极难寻见，只在大英图书馆中存有两套珍本。

代表作：《坎特伯雷故事集》。

其他作品：《公爵夫人之书》，《声誉之宫》，《百鸟会议》，《贤妇传说》，《特洛伊罗斯与克丽西达》。

杰弗里·乔叟为伟大的英国中世纪作家、哲学家、炼金术士及天文学家，被誉为英国中世纪最杰出的诗人，曾和十岁的儿子路易斯合著有关星盘的科学论文。杰弗里·乔叟也担任过官僚、朝臣和外交官。他是第一位葬在威斯敏斯特诗人角的诗人。

乔叟于1400年10月25日在伦敦逝世，葬于威斯敏斯特教堂里的“诗人之角”。乔叟的死因不明，可能是被谋杀，英国的中世纪研究专家特里·琼斯曾出了一本书《谁谋杀了乔叟？》。

乔叟前面的大理石地砖上则分别有白色的拜伦石碑，拜伦的肉身虽不葬在此处，但魂魄却长留此地，不知他本人愿不愿意。与他在一起的还有劳伦斯、托马斯·艾略特、阿尔弗雷德·丁尼生、罗伯特·勃朗宁等十九位诗人、文学家。

二、千古奇才莎士比亚

莎士比亚（William Shakespeare，1564—1616年），英国著名戏剧家和诗人。出生于沃里克郡斯特拉特福镇的一个富裕市民家庭，曾在当地文法学校学习。13岁时家道中落辍学经商，约1586年前往伦敦。先在剧院门前为贵族顾客看马，后逐渐成为剧院的杂役、演员、剧作家和股东。1597年在家乡购置了房产，一生的最后几年在家乡度过。

莎士比亚是16世纪后半叶到17世纪初英国最著名的作家（本·琼斯称他为“时代的灵魂”），也是欧洲文艺复兴时期人文主义文学的集大成者。他共写

莎士比亚

有37部戏剧，154首十四行诗，2首长诗和其他诗歌。长诗《维纳斯与阿多尼斯》（1592—1593年）和《鲁克丽丝受辱记》（1593—1594年）均取材于罗马诗人维奥维德吉尔的著作，主题是描写爱情不可抗拒以及谴责违背“荣誉”观念的兽行。十四行诗（1592—1598年）多采用连续性的组诗形式，主题是歌颂友谊和爱情。其主要成就是戏剧，按时代、思想和艺术风格的发展，可分为早、中、晚三个时期。

早期（1590—1600年）：这时期的伊丽莎白中央主权尚属巩固，王室跟工商业者及新贵族的暂时联盟尚在发展，1588年打败西班牙“无敌舰队”后国势大振。这使作者对生活充满乐观主义情绪，相信人文主义思想可以实现。这时期所写的历史剧和喜剧都表现出明朗、乐观的风格。历史剧如《理查三世》（1592年）、《亨利三世》（1599年）等，谴责封建暴君，歌颂开明君主，表现了人文主义的反封建暴政和封建割据的开明政治理想。喜剧如《仲夏夜之梦》（1596年）、《第十二夜》（1600年）、《皆大欢喜》（1600年）等，描写温柔美丽、坚毅勇敢的妇女，冲破重重封建阻拦，终于获得爱情胜利，表现了人文主义的歌颂自由爱情和反封建禁欲束缚的社会人生主张。就连这时期写成的悲剧《罗密欧与朱丽叶》（1595年）也同样具有不少明朗乐观的因素。

中期（1601—1607年）：这时英国农村的“圈地运动”正在加速进行，王权和资产阶级及新贵族的暂时联盟正在瓦解，社会矛盾深化重结，政治经济形势日益恶化，詹姆士一世继位后的挥霍无度和倒行逆施，更使人民痛苦加剧，反抗迭起。在这种情况下，莎士比亚深感人文主义理想与现实的矛盾越来越加剧，创作风格也从明快乐观变为阴郁悲愤，其所写的悲剧也不是重在歌颂人文主义理想，而是重在揭露批判社会的种种罪恶和黑暗。代表作《哈姆雷特》（1601年）展现了一场进步势力与专制黑暗势力寡不敌众的惊心动魄的斗争。《奥赛罗》（1604年）描写了一幕冲破封建束缚又陷入资本主义利己主义阴谋的青年男女的感人爱情悲剧。《李尔王》（1606年）描写刚愎自用的封建君王在真诚和伪善的事实教育下变为一个现实而具同情心的“人”的过程。《麦克白》（1606）则揭露权势野心对人的毁灭性腐蚀毒害作用。这时期所写的喜剧《终成眷属》《一报还一报》等也同样具有悲剧色彩。

晚期（1608—1612年）：这时詹姆士一世王朝更加腐败，社会矛盾更加尖锐。莎士比亚深感人文主义理想的破灭，于是退居故乡写浪漫主义传奇剧。其创作风格也随之表现为浪漫空幻。《辛白林》（1609年）和《冬天的故事》（1610年）写失散后的团聚或遭诬陷后的昭雪、和解。《暴风雨》（1611年）写米兰公爵用魔法把谋权篡位的弟弟安东尼奥等所乘的船摄到荒岛，并宽恕了他，其弟也交还了王位。一场类似《哈姆雷特》的政治风暴，在宽恕感化中变得风平浪静。

马克思称莎士比亚为“人类最伟大的天才之一”。恩格斯盛赞其作品的现实主义精神与情节的生动性、丰富性。莎氏的作品几乎被翻译成世界各种文字。1919年后被介绍到中国，译本多达十余种，著名的译者有朱生豪、梁实秋、方平、孙大雨、卞之琳等。

在莎士比亚雕像左边的墙上，贴着一块不大的纪念墓碑，这是留给简·奥斯汀的（Jane Austen，1775—1817年），她的《傲慢与偏见》《爱玛》以及《理智与情感》让我们中国人从此认识了这位感情细腻的天才女作家。而在莎士比亚雕像右边的墙上，另一块方形纪念墓碑上，自上而下地排列着勃朗特三姊妹的名字：夏洛蒂·勃朗特（Charlotte Bronte，1816—1854年），艾米莉·勃朗特（Emily Bronte，1818—1848年）和安娜·勃朗特（Anne Bronte，1820—1849年）。这三位传奇女性的故事以及她们的作品曾在无数中国青年中争相传阅。尤其是《简·爱》竟让无数的中国青年人重新认识了爱情。

三、世事洞明的简·奥斯汀

简·奥斯汀（Jane Austen，1775—1817年），英国女小说家。1775年12月生于英国汉普郡的史蒂文顿，兄弟姐妹八人，简·奥斯汀排行第六。父亲学问渊博，长期担任该地区的教区长。母亲出身于比较富有的家庭，也具有一定的文化修养。因此，奥斯丁虽然没有进过正规学校，但是家庭的优良条件和读书环境，给了她自学的条件，培养了她写作的兴趣。她在十三四岁就开始写作，显示了她在语言表达方面的才能。1800年父亲退休，全家迁居巴思，奥斯汀并不喜欢这个地方，据说她曾遭遇了忧郁症的折磨。在这里，奥斯汀拒绝了一位将继承大笔财产的青年的求婚，因为她不爱他。住了四年左右，父亲在该地去世，于是奥斯丁和母亲、姐姐又搬到南安普敦，1809年再搬到乔登。1816年初她得了重病，身体日益衰弱，1817年5月被送到温彻斯特接受治疗，可是医治无效，于同年7月18日死在她姐姐的怀抱里。她终生未婚，安葬在温彻斯特大教堂。

简·奥斯汀共发表了6部长篇小说。1811年出版的《理智与情感》是她的长篇小说处女作，随后又接连发表了《傲慢与偏见》（1813年）、《曼斯菲尔德花园》（1814年）和《爱玛》（1815年）。《诺桑觉寺》（又名《诺桑觉修道院》）和《劝导》（1818年）是在她去世后第二年发表的，并署上了作者真名。她以女性特有的细致入微的观察力，真实地描绘了她周围世界的小天地，尤其是绅士淑女间的婚姻和爱情风波。她的作品格调轻松诙谐，富有戏剧性冲突，深受读者欢迎。

从18世纪末到19世纪初，庸俗无聊的“感伤小说”和“哥特式小说”充斥英国文坛，而奥斯汀的小说破旧立新，一反常规地展现了当时尚未受到资本主义工业革命冲击的英国乡村中产阶级的日常生活和田园风光。她的作品往往通过戏剧性的场面嘲讽人们的愚蠢、自私、势利和盲目自信等可鄙可笑的弱点。奥斯汀的小说出现在19世纪初叶，一扫风行一时的假浪漫主义潮流，继承和发展了英国18世纪优秀的现实主义传统，为19世纪现实主义小说高潮到来做了准备。虽然其作品反映的广度和深度有限，但她的作品以小见大，从一个小窗口中窥视到整个社会形态和人情世故，对改变当时小说创作中的庸俗风气起了好的作用，在英国小说的发展史上有承上启下的意义。

四、文学史的奇迹——勃朗特三姐妹

勃朗特家庭是文学史上的一个天才家庭，姐妹三人都具有非凡的文学才能。夏洛蒂、艾米莉、安妮，她们虽然都命运坎坷，英年早逝，但其著作却成为19世纪文学的经典之作，她们是后世轰轰烈烈的“女性写作运动”的鼻祖。

1847年，《简·爱》和《呼啸山庄》在英国先后出版。这两部作品的出现，引起了文学界强烈的轰动；而这两部不朽的名著竟出于名不见经传的两姐妹之手，更成了英国文学史上的佳话。这两姐妹就是夏洛蒂·勃朗特和艾米莉·勃朗特。夏洛蒂的《简·爱》因题材的新颖和感情的真挚立即引起当时评论界的重视，而艾米莉则凭着《呼啸山庄》这部小说在英国文学史上占有突出地位。然而人们没有想到，这两姐妹的成功却源自她们那孤独、苦闷和不幸的生活。

夏洛蒂像她成功塑造的人物形象简·爱一样，个子矮小，其貌不扬，充满智慧和独立的精神。她虽外表古板沉默，却有着一颗女性和婉敏感的心。作为家中的长女，她从小就有一种关心他人的神圣责任感，以她娇弱的身躯承担了全家对外联络发展的重任。自强不息、奋斗进取成为她一生的主旋律。她的气质是浪漫和严谨的奇特结合，这就使她既热情奔放，耽于幻想，富于挑战精神；又保守稳重，约束自我，恪守传统的道德标准。她既是一个好女儿，好姐姐，好妻子，好朋友，具有温柔热情的一面，同时又是一个蔑视虚伪的上流社会，对丑恶的世态进行了犀利讥讽的勇士。她性格的两面性构成了她波澜不宁的丰富的内心世界，也使她的作品更富于激情和新意，具有震撼人心的艺术魅力。夏洛蒂的不卑不亢，纯真热情，谦逊质朴，无不从她作品中的女主人公的身上体现出来。她的作品可以说是她智慧的头脑和炽热的心灵的自然流露。萨克雷在纪念夏洛蒂的文章《最后一幅素描》中说 ：“凡是读过她的书的人，谁不钦佩这位妇女对真理的炽热的爱，她的勇敢，她的纯真，她对邪恶的义愤，她热切的同情心，她虔诚的爱和信仰，她激越的荣誉感。一种急切的诚实是这位妇女的性格特征。”这段话可以说是夏洛蒂的真实写照。

艾米莉·勃朗特（1818—1848年），英国女作家，诗人，夏洛蒂·勃朗特之妹。她从少年时代就开始写诗，沉默寡言，性格自闭，孤傲乖僻，挚爱荒原，一生中几乎没有朋友，但她却有惊人的想象力和卓越的文采，创作了大量的抒情诗。姐妹三人于1846年自费出版了一本诗集，以艾米莉为主。她的诗的风格往往是直抒胸臆，感情浓烈；景物描写常常荒僻、寂寥。但她的小说《呼啸山庄》掩盖了她诗歌的光芒。艾米莉被人们认为是三姐妹中天分最高的一位。并以这部以唯一的小说《呼啸山庄》驰名文坛，被誉为英国19世纪文学史中最奇特的女作家。

《呼啸山庄》被认为是英国小说史上最奇特，最具震撼力的小说之一。这部悲剧性的小说描写了吉卜赛弃儿希斯克列夫被山庄老主人收养后，因受辱和恋爱不遂，外出致富，回来后对与嘉瑟琳结婚的地主林顿及其子女进行报复的故事。小说充满强烈的反压迫的斗争精神，展现出人物内心世界具有一种超乎寻常的激情和反叛精神。小说的文字被称为“一首完美，动人的叙事诗”。夏洛蒂和传记作者告诉我们，爱米莉生性独立、豁达、纯真、刚毅、热情而又内向。她颇有男儿气概，酷爱自己生长其间的荒原，平素在离群索居中，除去手足情谊，最喜与大自然为友，从她的诗和一生行为，都可见她天人合一的宇宙观与人生观的表现，有人因此将她视为神秘主义者。其实人与自然的关系，从来就是人类文明史上重要的命题，爱米莉不过是步历代哲人、隐者、科学家、艺术家后尘，通过生活和创作，身体力行地探寻人与自然的关系。

五、词典编撰之父——塞缪尔·约翰逊

1755年4月15日，英国文学家塞缪尔·约翰逊编撰的《约翰逊词典》出版，成为第一部正式的英文辞典。这部巨大的词典高达近18英寸！获得普利策奖的美国传记作家沃尔特·杰克逊·贝特评论说，《约翰逊词典》可谓“凭一己之力在各种不利条件下取得的最伟大学术成就”。在近两百年的时间里，这部词典始终是英语词典界的老大，一直是英语的词义标准和使用法式，并被评论家称为英语史和英国文化史上的划时代成就，直到1928年《牛津大词典》出版。

《约翰逊词典》并不总是板起面孔进行说教，偶尔也会很顽皮，就像约翰逊博士本人一样突然做个鬼脸儿。比如，这部词典对lexicographer的释义是a harmless drudge（一个无害的苦工）；“monsieur”（法语“先生”）是“a term of reproach for a Frenchman”（责备法国男子的称谓）；“oats”（燕麦）

是"a grain, which in England is generally given to horses, but in Scotland supports the people"（一种谷物，在英格兰是喂马的饲料，在苏格兰则供人食用）。他的词典不仅仅是词汇列表，更让读者对18世纪的语言和文化有了深刻的理解。

约翰逊也是一位诗人、翻译、散文家、小说家、历史学家、传记作家和文学评论家，他做出的广泛而持久的贡献确保他在文学史上始终占有一席之地。

六、不朽的狄更斯

查尔斯·狄更斯（Charles·Dickens 1812—1870年）是英国批判现实主义作家。1812年2月7日生于朴次茅斯市郊，1870年6月9日卒于罗切斯特附近的盖茨山庄。

他少年时因家庭生活窘迫，只能断断续续入校求学。后被迫做童工。15岁以后，当过律师事务所学徒、录事和法庭记录员。20岁开始当报馆采访员，报道下议院。1836年开始发表《鲍兹随笔》，这是一部描写伦敦街头巷尾日常生活的特写集。同年，陆续发表连载小说《匹克威克外传》，数期后便引起轰动。这是一部流浪汉小说形式的幽默作品，漫画式地反映了英国现实生活。《匹克威克外传》初获成功后，狄更斯与凯瑟琳结婚，并专门从事长篇连载小说的创作。

他一生共创作长篇小说13部半，其中多数是近百万言的大部头作品，中篇小说20余部，短篇小说数百篇，特写集1部，长篇游记2部，《儿童英国史》1部，以及大量演说词、书信 、散文、杂诗。他多次去欧洲大陆游历、旅居，两次访问美国 ，中年以后先后创办《家常话》和《一年四季》两种期刊，发现和培养了一批文学新人。

狄更斯生活和创作的时间，正是19世纪中叶维多利亚女王时代前期。狄更斯毕生的活动和创作，始终与时代潮流同步。他主要以写实笔法揭露社会上层和资产阶级的虚伪、贪婪、卑琐、凶残，满怀激愤和深切的同情展示下层社会，特别是妇女、儿童和老人的悲惨处境，并以严肃、审慎的态度描写开始觉醒的劳苦大众的抗争。与此同时，他还以理想主义和浪漫主义的豪情讴歌人性中的真善美，憧憬更合理的社会和更美好的人生。

狄更斯早期的小说，气势宏伟，通俗流畅，幽默泼辣而又充满感伤情调，其中对社会的揭露批判，一般只限于局部的制度和领域。如《奥列佛·特维斯特》《尼古拉斯·尼克尔贝》《老古玩店》《马丁·朱述尔维特》《圣诞欢歌》等。

从《当贝父子》以后，狄更斯的创作更为成熟。这部小说通过当贝先生与儿子保罗、女儿弗洛伦斯的关系，探讨了财势对人类美好天性的侵蚀，体现了作家对人类社会前途的忧患感。狄更斯的重要代表作《大卫·科波菲尔》进一步深入探索人生的奋斗历程，具有自传性，是反映19世纪中叶英国中下层社会的长幅画卷。主人公大卫是当时社会中为善良而奋斗、坚持正义的中产阶级青年的楷模。《荒凉山庄》《艰难时世》《小杜丽》是三部政治意识很强的重头作品。《荒凉山庄》以错综复杂的情节揭露英国法律制度和司法机构的黑暗；《艰难时世》直接描写罢工斗争，是对英国宪章运动的策应；《小杜丽》详尽描绘了负债人的监狱生活，同时也更为深入地揭露了英国官僚制度和机构的冗繁、腐朽。

狄更斯的后期作品明显地反映出创作主题的不断深化、技艺方面的成熟和多方面的探索。《远大前程》可以视为《大卫·科波菲尔》的负面，但探讨人生道路方面更有现实性和警世性，而作者早年的乐观态度明显减少。主人公匹普也是孤儿，但经不起环境的诱惑丧失了原有的淳朴天性，经历严酷的磨难后才幡然悔悟，重新生活，整个小说在结构上也更精练。《我们共同的朋友》是又一部广泛深入社会的批判小说，其中所包含的人性探索和生活哲理也更见深刻，作品运用的象征主义和侦探小说手法更增添其艺术魅力。狄更斯最后一部小说《埃德温·德鲁德之谜》虽仅完成23章，从中也可见其典雅文笔、严谨构思以及诱人的悬念和神秘色彩。

狄更斯的小说作品中，早期的《巴纳贝·拉吉》和后期的《双城记》是历史小说。《巴纳贝·拉吉》以18世纪末英国清教徒反对天主教统治的高登暴动为背景；《双城记》以法国大革命为背景。两部小说同样具有明显的讽喻性和警戒性，旨在说明不合理的制度和统治必定导致人民奋起反抗，而奋起的群众（狄更斯称之为“暴民”）犹如洪水猛兽，会一发而不可收，形成巨大的非理性破坏力量。两部小说无疑都代表了狄更斯的改良主义立场和悲观主义历史观，而《双城记》中以牺牲自己生命换取自己所爱女子的幸福的西德尼卡尔登，是狄更斯最高道德理想的化身，也是他的小说中反复颂扬的高尚情操的终曲。从这两部小说栩栩如生的描述、扣人心弦的情节，可以发现历史小说家司各特的明显影响。尤其是《双城记》，笔墨精雅深奥、结构简练完美、悬念重重设置以及对人生哲理和人物潜意识活动方面富有创造性的探索，历来被认为是狄更斯的最佳小说之一。

狄更斯以其小说创作篇幅宏大，气势磅礴，内容包罗万象，风格雅俗共赏、丰富多彩，生前即已饮誉国内外，是英国19世纪小说繁荣时期最杰出的代表作家，影响遍及欧美以及世界各国。他的作品以及根据这些作品演化而成的各种通俗、儿童读物和娱乐节目在世界范围内流传更广。在中国，早在20世纪初，林纾等人就翻译过狄更斯的小说，许多优秀名作都有了中文译本。

七、描写大师乔治·艾略特

乔治·艾略特（George Eliot，1819—1880年），英国作家。与萨克雷、狄更斯、勃朗特姐妹齐名。原名玛丽·安·伊万斯（Mary Ann Evans），出生在华威郡一个中产阶级商人家庭（父亲曾是木匠，后暴发成为房地产商人）。三十几岁时，她因翻译工作而开始文学生涯，之后还担任《西敏寺评论》杂志的编辑；在此期间经由介绍，她认识了一生的挚爱刘易斯（George Henri Lewes），刘易斯已有妻室，但艾略特依旧不顾外在压力，与其同居；两人随后迁居德国；回国后，虽不见容于当时社会，但两人仍恩爱幸福，在工作与生活中，相互扶持。由于曾在两所宗教气息浓厚的学校就读，艾略特受宗教影响颇深；平日最喜研究语言，拉丁文、法文、德文、意大利文、希伯来文、希腊文皆能通晓。她一生笃信宗教，却依然极富怀疑精神，1841年，随父迁居考文垂，结识自由思想家查尔斯·布雷，受其著作影响，艾略特遂放弃基督教，强烈质疑宗教。在其著作中，偶见其对宗教的理性批判。因为爱人刘易斯的鼓励，艾略特年近四十岁才开始写作，发表文章于杂志上；1859年，才真正发表她的第一部长篇小说《亚当·比德》，这部小说一年内再版了八次，受欢迎程度不在话下；1859年以后，她发表了两部极为成功、著名的《织工马南传》与《弗洛斯河上的磨坊》，奠定了她在英国文坛的地位。之后，1863年的《罗慕拉》，1866年的《菲利克斯·霍尔特》，1972年的《米德尔马契》，1876年的《丹尼尔·德龙达》，更是经典之作，成就非凡。

艾略特虽相貌平凡，但情感路上却仍有深刻真挚的真情相伴。爱人刘易斯对其影响甚巨，二人挚爱弥坚，1878年，刘易斯去世，艾略特痛不欲生，但仍发奋完成爱人之遗作；两年后，艾略特更下嫁小她二十岁的约翰·克劳斯（John Cross），二人情深意浓，但艾略特却在同年12月便病故了，结束了她平凡却又丰富的一生。

乔治·艾略特是位描写的大师，她不仅擅长描写人物的外貌，而且擅长描写人物的内心。这些成段的细致入微的描写把她的人物一下子拉到了读者的面前——真实而亲切。著名批评家阿巴·伍尔逊说过，多萝茜是“所有小说人物中最美丽，最高尚的女主人公。”让批评家得出这个结论的恐怕少不了小说中对人物外貌和内心的描写，乔治·艾略特所塑造的人物具有很高的艺术价值，而不像有的批评家所说的是“狭隘的维多利亚时期道德教条”的传声筒。作者本人也曾辩解说：“我的作用是美学意义上的陶冶，而非充当教化的老师——我的目的是要唤起社会道义所呼唤的高尚情感，而不是为社会规定什么。”为了达到这一目的，作者在人物塑造方面注重的是其艺术感染力而不是别的东西，而且她出色的人物塑造技巧使她达到了这一目的。然而，正如另一位英国小说家伍尔芙所说：“专心阅读乔治·艾略特，就会发现我们对她了解得多么少。”要想更多地了解这位作家，更好地领略其作品的艺术魅力还有赖于广大读者的悉心阅读和专家学者的深入探讨。

八、时代变迁的见证者——托马斯·哈代

托马斯·哈代（Thomas Hardy，1840—1928年），英国诗人、小说家。他是横跨两个世纪的作家，目睹了两次工业革命、二月革命、普法战争、巴黎公社、十月革命、第一次世界大战，一生横跨了维多利亚时代的黎明与黄昏。其早期和中期的创作以小说为主，继承和发扬了维多利亚时代的文学传统；晚年

以其出色的诗歌开拓了英国20世纪的文学。

哈代1840年6月2日生于英国西南部的多塞特郡多切斯特县博克汉普顿村一个石匠家庭。该郡是农业郡，在哈代青少年时期，几乎没有近代工业，而且又毗邻大荒原。如今，在坐落于多切斯特市中心高街的博物馆里，还存放着许多哈代的文学手稿和生活用品。多塞特郡是哈代写作素材的来源，故乡的一草一木他都铭记于心，写在了小说里。

哈代8岁开始在本村上小学，后来转到郡城的一所学校学习拉丁语言和文学。1856年哈代离开学校，来到多尔切斯特，跟随一个教堂建筑师做学徒。在此期间，他结识了多塞特郡有名的语言学家和诗人巴恩斯。受其影响，哈代开始研读文学和哲学著作，并自学希腊文，阅读《圣经》和其他神学著作。由于此时哈代一直生活在农业郡的氛围之中，他对农民的生活，性格、风俗、语言等极为熟悉。

1862年，他去伦敦为一个建筑师工作。在伦敦的五年间，是哈代思想形成过程中的最重要时期。哈代在名建筑师布洛姆菲尔德手下当绘图员，曾在建筑论文比赛中两次获奖。同时继续钻研文学和哲学，并在伦敦大学皇家学院进修近代语言，特别是法语。当时《物种起源》刚发表不久，哈代接受了达尔文的进化论、叔本华的“唯意志论”哲学、赫胥黎的不可知论、穆勒的诗歌《论自由》等，对其的思想的进一步形成产生了较大的影响。这一切促使他放弃了在家乡初步形成的基督教观念而成为一名自由主义者。特别是在城市生活的实践，使他进一步看清了城市与农村在思想、道德、风俗、习惯上的巨大差异。

1867年，哈代因身体不能适应伦敦气候，返回故乡，从事建筑工作，同时开始文学创作。哈代的文学生涯开始于诗歌，后因无缘发表，改成小说创作。他的第一部长篇小说《计出无奈》问世于1871年。1874年与爱玛·拉文纳结婚。在爱玛的鼓励下，连续创作了《绿林荫下》《一双湛蓝的秋波》《远离尘嚣》。《远离尘嚣》一书以清新自然的风格和鲜明生动的人物形象获得极大成功，他从此放弃建筑行业，走上专业创作道路。

1878年发表《还乡》，写游苔莎嫁给在巴黎当过钻石店经理的青年姚伯，幻想丈夫能带她离开荒原，后因种种误会和不幸夜间出走，失足落水而亡，最后姚伯因得不到乡亲的谅解和支持而事业难成，当了传教士。一些评论家认为《还乡》是他最出色的作品。另一部重要作品是《卡斯特桥市长》（1886年），这是他唯一不以农村为背景的小说，写失业的打草工亨查德酒醉后卖掉了妻女，醒后悔恨，从此发奋，成了粮商，当了市长，妻子携女归来，但不久与合伙人吵翻，妻子去世，卖妻丑事被揭发，事业失败，女儿被生父领走，他孑然死于荒原草棚。

《德伯家的苔丝》（1891年）是他的代表作，讲述了出身贫苦的少女苔丝被本家恶少亚雷德伯奸污，后在牛奶场当了挤奶工，不久与牧师之子克莱相爱、结婚，新婚夜坦诚地向克莱讲了往事，结果遭弃，最后她杀死亚雷德伯，被判绞刑。苔丝追求自由与平等的爱情，盼望改变自己的命运，最后却死于绞刑。小说不遗余力地反映工业文明对乡村体制的冲击。小说出版后被指有违道德。《无名的裘德》（1896年）招致更强烈的攻击，小说写孤儿裘德原想上大学、做牧师，后与表妹相爱同居，触犯了礼俗，为世不容，表妹最终回到丈夫身边，他则酗酒而死。激烈的攻击使哈代发誓再不写小说，自此全力作诗，发表了《威塞克斯诗集》（1898年）、《今昔诗篇》（1901年）等8个诗集。此外还有《林地居民》（1887年）等许多长篇小说和4个短篇小说集。对家乡一带语言、习俗和生活方式的熟稔和生动表现使他的小说充满活力。他的作品往往带有宿命论的悲剧色彩。

1903—1908年，哈代关于拿破仑战争的三卷诗剧《列王》问世，主要用无韵诗写成。除描写史实外，还有一些插曲，述说韦塞克斯农民对战争的态度以及神明对世事的评论。哈代认为支配宇宙的是一种不知善恶、冷酷无情、没有知觉的“内在意志”，它的冲动几乎总是造成灾难。

1910年，哈代被授予殊勋勋章。1912年哈代的妻子去世。虽然他们婚后生活似乎并不幸福，但他还是深感忧伤并将它写进了组诗《旧日火焰的痕迹》，其中包括一些感人至深的作品，如《声音》和《旅途之后》。

1928年1月11日，哈代在多塞特多切斯特去世后，他的骨灰被安葬在威斯敏斯特教堂。按照他的遗愿，他的心脏安葬在他出生地附近的斯廷斯福德教堂墓地。哈代至今仍是拥有最多读者的维多利亚时代小说家之一。

他以自己的现实主义创作继承和发扬了英国文学传统，又以自己独特的创作模式融合了现代意识和现代情愫，成为英国文学史中一架承上启下的桥梁。他在19世纪后半叶所写的小说和诗作中所表达的思想早已超越了他所生活的维多利亚时代，提前跨入了20世纪中叶。他在婚姻、道德、宗教、教育、妇女解放等问题上所持的观点与现代人的观点有着惊人的相似之处。正是这种独特的传统与现代的糅合使哈代的作品能经久不衰，常读常新。他的作品揭示了在资本主义影响下英国农村逐步走向瓦解的真实图景，反映了农户、小商人、下层妇女等穷苦劳动人民的悲惨遭遇。当他看到宗法制的古风遗俗横遭破坏，普通人追求幸福的愿望成为泡影时，便力图从神秘力量的作用去寻求解释，从而使他的作品带有较浓重的悲观和宿命的色彩。但哈代的悲观绝不是妥协和懦弱，而是一种直面不幸的真实和勇敢，因而具有积极的意义。

哈代在作品中表现出来的非传统的哲学思想、美学观点、表现技巧、创作模式，使他高于他的同时代人，吸引着艾略特（Eliot）、劳伦斯（Lawrence）这类艺术大师。当代许多作家和知名人物，也都或多或少地从他创作中得到启发。例如，诗人W. H. 奥登（Oden）把他看成济慈（Keats）和卡尔·桑德堡（Carl Sandberg），称“哈代是我的诗歌之父”。有人认为对20世纪英国诗歌产生了重大影响的是哈代，而不是叶芝（Yeats）或艾略特。

九、民主斗士——约翰·弥尔顿

约翰·弥尔顿（John Milton，1608—1674年），生于伦敦，父亲是新教徒。弥尔顿先后在圣保罗学校和剑桥大学学习，获文学硕士学位。大学时代开始用拉丁文和英文写诗，梦想写出真正伟大的诗篇。他的早期创作以短篇诗歌为主，作品中人文主义思想和清教徒思想相互交织。抒情诗《快乐的人》歌颂了田园景色和人生的欢乐，《沉思的人》反映了人生的严峻和忧郁。诗剧《科玛斯》充满优美的想象。《利西达斯》为悼念同学爱德华·金而作，表现了复杂的思想和情绪变化，也抒发了他对社会的不满和对教会的谴责。

弥尔顿支持英国资产阶级反对封建专制的活动，写了大量的小册子，支持国会。但因操劳过度，双目失明。在这样的情况下，他完成了《失乐园》

《复乐园》和《力士参孙》三首长诗。

弥尔顿的长诗《失乐园》以《圣经》中的“创世纪”为依据，揭示了人的原罪与堕落，体现了诗人追求自由的崇高精神，是世界文学史、思想史上的一部不可多得的巨著。直到现在，这部作品依然在全球范围内备受关注。

《复乐园》（1671年）取材于《新约》，叙述耶稣不为撒旦所惑，经受了考验。上帝要儿子耶稣下凡传经布道，但又派撒旦来考验耶稣。在财富、肉欲、权力和荣誉面前，耶稣不为所动。这和亚当、夏娃经不起诱惑失去乐园形成对照。诗歌中的耶稣具有刚强的意志、完整的人格和顺从神意的决心，他很像一个清教徒，一个理想化的资产阶级革命家。他充满信心，威武不屈，也是诗人个人的品质和信念的反映。

《力士参孙》（1671年）取材于《旧约》。以色列的大力士参孙被妻子(腓力斯人)大利出卖，以色列人的统治者是腓力斯人，他们弄瞎了他的双眼。参孙念念不忘复仇。后腓力斯人逼迫参孙演武，参孙推倒庙宇，与敌人同归于尽。参孙充满献身精神，轻率的婚姻导致了不幸，虽双目失明却毫不屈服，这些使人们联想到作者本人的经历，以及作者在复辟时期内心的痛苦和决不屈服的斗志。这首诗剧以希腊悲剧为典范写成，突出地表现了人物的内心感受，具有震撼人心的力量。

十、魔鬼与天使共存的拜伦

拜伦（Lord Byron，1788—1824年）出身贵族，是英国历史上不可多得的浪漫派诗人。在生活上他极度放荡，情人无数，所以在他死后，他的名字等了145年才被允许进入诗人角。后人虽然最终宽容了这位天才，但是他的纪念碑却采用了白色，这与周围的黑色墓碑群形成了鲜明对照。也许人们想凭借这种方法隐喻他那魔鬼与天使并存的一生。

他的代表作品有《唐璜》《恰尔德·哈罗德游记》等，他在自己的诗歌里塑造一批“拜伦式英雄”。拜伦不仅是一位伟大的诗人，同时还是一个为了理想战斗一生的勇士，并且积极勇敢地投身于革命，参加了希腊民族解放运动，成为重要的领导人。

十一、桂冠诗人阿尔弗雷德·丁尼生

阿尔弗雷德·丁尼生（Alfred Tennyson，1809—1892年）是英国维多利亚时代最受欢迎及最具特色的诗人。他的诗歌准确地反映了他那个时代占主导地位的看法及兴趣，这是任何时代的英国诗人都无法比拟的。代表作品为组诗《悼念》。

丁尼生出生于林肯郡的索姆斯比，在12个兄弟姐妹中排行第 4。他的父亲是村庄教区牧师。年轻的丁尼生曾在父亲的图书馆里阅读了大量书籍，并在8岁时开始写诗。1827年，阿尔弗雷德和他的兄弟弗雷德里克及查尔斯出版了《两兄弟诗集》，其实这部著作包括了三兄弟的作品。阿尔弗雷德的诗歌趋于平淡，只是单纯模仿偶像拜伦的作品。

1828年丁尼生进入了著名的剑桥大学。1829年他的诗歌《廷巴克图》赢得了校长金牌。他成为一个学生团体“使徒”（the Apostles）中的一员，并在同伴的鼓舞下于1830年出版了《抒情诗集》。一些评论家喜爱这本书中的《马里亚纳》和其他几首诗歌，但总的说来该书负面评价较多。

1831年丁尼生的父亲去世，丁尼生未取得学位就离开了剑桥大学。第二年他出版了一本小册子，名为《诗歌》，但并未被广泛接受。随笔作家亚瑟·亨利·哈兰姆是丁尼生最亲密的朋友，也是他姐姐的未婚夫，于1833年去世。在痛失密友及作品受到恶评的双重打击之下，丁尼生近10年内未再出版作品。

《诗歌》（两卷本，1842年），赢得了评论家及公众的热烈欢迎。最好的诗歌包括《拍岸曲》（受贺莱姆之死启发而创作）、《亚瑟王之死》及《洛克斯利大厅》。丁尼生的长诗《公主》（1847年）与妇女权益有关，并试图证明女人最大的成就就是幸福的婚姻（吉尔伯托和苏利文将诗歌改编为滑稽剧《艾达公主》）。丁尼生一些最好的抒情无韵诗篇就来自以“泪水，空虚的泪水”开篇的那首诗《公主》。后来的版本又加入《轻轻地，柔和地》以及其他几首歌。

在晚期生涯的1850年，丁尼生的生活发生了三件大事。《悼念》终于付梓，自哈兰姆去世以来，丁尼生一直在创作这部作品。它包括131首短诗，外加1篇序言及后记，是英国文学中最伟大的挽歌之一，也是丁尼生最能经受时间考验的作品。

6月丁尼生娶了艾米莉·塞尔武德（Emily Sellwood），同年11月丁尼生继威廉·华兹华斯之后，成为桂冠诗人。

丁尼生作为桂冠诗人的首部正式作品，是庄严郑重但有点拘谨的《悼惠灵顿公爵之死》（1852年）。1854年创作了《轻骑兵进击》，以纪念英国骑兵在克里米亚战争巴拉克拉瓦（Balaklava）战役中体现出来的英雄气概。《莫德》，是1855年出版的一部长篇独白诗剧，评论家对此颇有微词。

1853年以后，丁尼生多数时间生活在自己位于怀特岛法令福德（Farringford）的庄园中，有时会住在自己1868年建在萨里郡阿尔沃的一所房子里。《莫德》遭到冷遇之后，丁尼生把自己封闭在法令福德，着手创作组诗《国王叙事诗》。1859年这一系列的第一部分出版，讲述亚瑟王和他的骑士的第一部分，立即获得成功。

《伊诺克·阿登及其他诗歌》（1864年）中的《伊诺克·阿登》是丁尼生最著名的诗歌之一。其他几部稍为逊色的历史戏剧作品包括《玛丽女王》（1875年）、《哈罗德》（1877年），以及《贝克特》（1879年）。完整版本的《国王叙事诗》和《得墨忒尔及其它诗歌》于1889年出版，《俄诺涅之死，阿卡巴之梦及其它诗歌》于1892年他去世后出版。

《民谣及其它诗歌》（1880年）中优美的短篇抒情诗《过沙洲》展示了丁尼生恬静的宗教信仰。这位伟大的诗人于1892年10月6日长眠不醒。他的葬礼上来宾朗诵了该诗篇。他被葬在了威斯敏斯特教堂的诗人角，与乔叟相邻。

19世纪晚期和20世纪早期，许多评论家对维多利亚时代的清教主义、一本正经的态度及过多的多愁善感大加批判。丁尼生在其作品中浓缩英国中产阶级各种偏见及道德主张，这是他最喜欢的素材。评论家们经常忽视他的创作技巧和雄辩的口才，过度强调他一味媚俗、过分拘谨及肤浅的乐观主义等缺点。

20世纪中叶，评论家们对丁尼生的重新评价既认可了他诗歌中好的方面，也接受了他的缺点。他的短篇抒情诗非常精彩，对英国景色、自然风光和天籁的描写十分出色。他的创作技能几乎是完美无瑕。

十二、战后最伟大的诗人——菲利普·拉金

菲利普·拉金（Philip Larkin，1922—1985年）是声名显赫的英国诗人，著有诗集《北方船》《少受欺骗者》《降灵节婚礼》和《高窗》。拉金于1922年出生于英国中部城市科芬特里。他的父亲是市财政官，他就读于英王亨利第八小学和圣约翰中学及牛津大学，与著名诗人罗伯特·格雷夫斯是不同辈校友。拉金生长在第二次世界大战时期，在大学中加入了一群有特色的青年群体，他们特地维持英国乡村式生活，朴素、节俭、保守、严肃及满足。1985年12月2日其因喉癌逝世于赫尔。

菲利普·拉金

倘若说艾略特支配了20世纪英国诗坛的上半叶，拉金则是下半叶的主宰者。他曾获得女王诗歌金质奖章、美国艺术和文学学术院洛安尼斯奖、德国FVS基金会莎士比亚奖和W.H.史密斯文学奖。德里克·沃尔科特在《菲利普·拉金：写平凡的大师》中认为，拉金的真正成就在于他为“日常”在英诗中做了第一次精确定义，“平凡的面孔、平凡的声音、平凡的生活——也就是说，不包括电影明星和独裁者的，我们大多数人过的生活——直到拉金出现，

它们在英诗中才获得了精确的定义。他发明了一个缪斯：她的名字是庸常。她是属于日常，习惯和重复的缪斯。她住在生活本身之中，她不是一个超越生活的形象，不是一个渴求中的幻影，而是一个习惯于长期独身的男人朴实无华的伴侣。”理查德·罗蒂在《偶然、反讽与团结》第二章中为了说明“自我的偶然”引用分析了拉金的《继续活着》。罗蒂认为拉金是一个布鲁姆所言的强健诗人，即发现自己的独特性，并为“自己的独特性找到独特的文字或形式……证明了他不是一个复制品和仿造品而已”。2008年，《泰晤士报》把拉金称作“英国战后最伟大的诗人”，足见其受欢迎的程度。

迄今为止，诗人角已经安息了120名英国历史上最有影响的艺术精英们的亡灵，显然，在这么小的篇幅中介绍完所有诗人角的作家、诗人们是不可能的。这些作家和诗人们以自己独有的笔触，书写自己的生活和时代，为后人留下了宝贵的精神遗产。那么我们作为青年人又可以以怎样的方式为后人留下怎样的精神财富呢？

第二节　艺　术

一、绘　画

在近代欧洲绘画史上，法国、荷兰、意大利、西班牙等国家高手如云，英国相比而言并不突出。但18世纪有几位画家却出类拔萃，如“英国绘画之父”荷加斯、油画家雷诺兹和根斯博罗。后两位所处的画坛被称为“雷诺兹时代”或“根斯博罗画界”。

威廉·荷加斯（William Hogarth，1697—1764年）英国画家，艺术理论家。1697年11月10日生于伦敦，这位被称为“英国绘画之父”的画家，可以说是英国第一位在欧洲赢得声誉的、富于民族特色的美术家。荷加斯家境贫苦，父亲曾因负债入狱。他15岁时随一位银盘雕刻家学艺，后在伦敦独立开店，专营雕刻工艺，并兼插图和讽刺画创作。1730年前后他创造了一种把许多肖像集中于一幅画中的“谈天画”，这种画着重人物心理刻画，极富戏剧性，代表作《征服墨西哥》（又名《印度皇帝》）《乞丐歌剧之一场景》。还画了许多讽刺社会不良现象的连续性组画，如《妓女生涯》《浪子行径》《文明结婚》等，色调新颖，技巧娴熟，均被复制成版画广为流传。荷加斯的油画作品笔触粗阔，色彩富于表现力，最能显示其才能的是《卖虾女郎》和《洛瓦特爵士》。

无论在谈天画中或连续性组画中，荷加斯都善于安排他的人物，他曾说过：“我努力以一个剧作家那样去处理我的题材。我的图画是我的舞台，男人和女人是我的演员，他们通过一定动作和手势表演一出哑剧。”从荷加斯的作品中，可以看到他对当时中产阶级命运的生动描绘，不仅人物性格突出，而且通过许多细节描绘使人联想到过去发生过什么，以及以后将要发生什么。

《卖虾女郎》轻快而奔放，充满了生命力和动人的表情。《加莱之门》（1748年，伦敦塔特画廊）是荷加斯从法国旅行回来后创作的，它深刻地表现了被贫穷折磨着及被教会奴役着的法国。此外，荷加斯也描绘不同的人们对同一种情感的不同反应：剧场观众的大笑、酩酊大醉的酒鬼的狡猾表情、在宗教仪式上打瞌睡的人们、法官的卑鄙面孔等。

荷加斯于1753年发表的《美的分析》，是欧洲美学史中第一篇建立于形式分析的论著。这篇论著讽刺学院派和18世纪的艺术趣味，主张用准确、优美和雅致的曲线作为达到绘画美的钥匙，这在他的许多插图和1745年的自画像中得到了充分的体现。

作为18世纪英国风俗画奠基人，荷加斯在反对封建制度的斗争中用辛辣、尖刻的艺术语言揭露了18世纪英国社会的丑恶与腐朽。荷加斯的民主主义的启蒙思想对英国绘画的发展有着一定影响，如罗兰森就是受他影响的画家，不同的是他比荷加斯多些漫画成分，他取笑画中人物，而荷加斯则同画中人物一起笑。此外，拿破仑的死敌吉尔雷和为狄更斯的小说作插图的克鲁克香，都是荷加斯的后继者。

乔舒亚·雷诺兹（Sir Joshua Reynolds，1723—1792年）是英国18世纪伟

大的学院派肖像画家。他18岁到伦敦学画，后出访意大利，深受古典主义影响，1752年他回到英国后即成为英国最负盛名的肖像画家。雷诺兹是典型的上流社会画家，英国传统的贵族气派和新兴资产阶级的绅士风度被他用意大利的古典主义风格融为一体，引起整个欧洲的注目。

他的作品具有巴洛克的气质，形象真实生动，富贵堂皇，注重心理刻画。雷诺兹是英国皇家美术院的创建者之一，并任第一任院长。他在美术院年度庆典上的演说，成为他主要的美术理论文献。雷诺兹的代表作品有《凯贝尔海军上将》《蒙哥马利三姐妹》《阿尔贝玛伯爵夫人安娜像》（1757—1759年）、《内莉·奥伯伦像》（1760—1762年）、《约翰逊博士像》（1770—1780年）、《托马斯·梅里克夫人像》(1782年）等。

雷诺兹有着过人的思考空间和精力，在意大利的十年间，他坚持每天把思考成果总结成日记形式，并附有许多关于绘画的长篇论述。他几乎对每一幅名画都做了详尽的记录，这种记录有时是以公理形式保留下来。

同时，雷诺兹临摹了大量文艺复兴时期的作品，今天在世界各地很多令收藏家掉眼镜的作品就是出自他的手笔。在观摩过程中，他对米开朗基罗和提香表现出特别的热爱，尤其花心思研究了威尼斯画派对色彩的巧妙运用。30岁时，雷诺兹回到了阔别12年的故国，立刻得到了他众多显赫的朋友的捧场，成为整个艺坛的新秀。

那时，找雷诺兹画像的人络绎不绝，有趣的是精于理论的画家也善于经营：为了招揽主顾，雷诺兹画像最初的定价十分低廉，等到大量的人涌进他的画室时，便把价格升高一倍。那些被他画艺所吸引的贵族们，不得已把大量的金镑掏了出去。不久，雷诺兹便发了大财，搬进了伦敦豪华区的别墅。

有了钱，便也无须自己动手一一绘制作品，他像鲁本斯一样雇佣助手，成立了自己的工作室；他的别墅也成为各界名流聚会的沙龙所在地，雷诺兹就是这个统辖英国文艺界流行趋势的中心人物。这之后，他不断发表文章，旅行讲学。

接下来的荣誉似乎是滚滚而来：1757年，由于在文艺理论上的突出成绩，雷诺兹被任命为英国皇家学会院长；1760年，雷诺兹组织创办了英国艺

苏珊娜小姐

术家展览协会，这个组织依照法国的成例，每两年举办一次沙龙艺术展览；1768年，他主持创办了英国皇家美术学院，在众望所归的呼声中任首席院长，这时他已经成为英国乃至欧洲首屈一指的大师；1769年，他被授予爵士，这是英国历史上第一个被授予贵族头衔的艺术家。

雷诺兹的理论是相当精辟的，无怪乎其理论日后主宰或影响英国美术学院直到今天；与之对应的是他的肖像画创作也保留了他在思想世界遨游后的神妙印痕。

雷诺兹的肖像画似乎不单单是对对象本身形态的描述和记叙（当然，他的造型精确性是值得肯定的），更重要的是要反射出画家本人如何把握情节性与人物的关系。画军官他习惯用英武坚定的气势贯穿作品，如《塔尔列顿上校》《通信官奥姆上尉》，画老妇则有一种没于时间之内的隐忧，如《阿玛贝玛尔》，而处理美女题材时习惯把魅力投入在某种微妙的思索中，例如《苏珊娜小姐》。

他的肖像画具有一种他称之为“奶油般丰美”的华贵色彩，这种风格使雷诺兹的作品不同于同时代的任何画作。

托马斯·根斯博罗可与同时代的乔舒亚·雷诺兹爵士相媲美。根斯博罗（Thomas Gainsborough，1727—1788年），1727年他生于英国萨福克郡的一个羊毛商家庭，他的母亲是一个静物画家，因此他早期接受了良好的艺术教育，后又在法国画家格霍夫洛特那里做助手并与海曼共事过一段时间。1768年根斯博罗被选为皇家艺术学院院士。根斯博罗的作品强调光和奔放的笔触，加之精致的色彩，使他成为皇家宠爱的画家。

根斯博罗善于捕捉绘画对象的特点，运用色淡而经常闪烁的色彩和松散的笔触在他的作品中营造出一种自发性和新鲜感。根斯博罗的肖像画多取材上层社会人物，他喜欢作全身肖像，同时喜欢将人物放在流动的风景前，注重表现人物的大胆目光，急剧转侧的身躯和未定的姿态。探求人物不拘形式的姿势和摆法，这标志着一种新风格——英国式的洛可可肖像画的形成。在绘画技法上，其作品充满奔放的节奏感，笔触轻灵，自然动人。根斯博罗最著名的作品有《蓝色男孩》《西登斯夫人》《晨间漫步：威廉·哈利特和他的妻子伊丽莎白》。

尽管托马斯·根斯博罗以肖像画而广为人知，但他更喜欢画风景画。许多肖像画，如《罗伯特·安德鲁斯和他的妻子》，都以大幅风景为背景。根斯博罗是最早描绘英国乡村风景的画家之一。

英国的绘画艺术在18世纪就已经取得了辉煌的成就，出现了一大批像荷加斯、雷诺兹、根斯博罗那样具有全欧洲意义的绘画大师，使英国绘画在欧洲

罗伯特·安德鲁斯和他的妻子

画坛上处于仅次于法国的重要地位。尤其是到了19世纪，英国绘画取得了长足的进步，已经跻身于世界先进艺术之国的行列。

英国19世纪的绘画艺术，较之同时期法国绘画的多变来说相对稳定和缓，从新古典主义到印象主义的整个19世纪绘画流派的交替出现在英国是不太明显的。但就其自身的发展情况来说，这段时期英国的绘画艺术还是很活跃的。在18世纪下半期到19世纪上半期出现过伟大的诗人兼画家布莱克；而风景画艺术则在19世纪上半期进入黄金时期，出现了像康斯太勃尔，透纳和波宁顿等那样的优秀的风景画家；随后又出现了所谓理想主义的“拉斐尔前派”和“古典主义”的绘画运动等等。正是这些画家的努力，使19世纪的英国绘画艺术在欧洲画坛上光芒四射，并对欧洲特别是法国的绘画产生了重大影响。

威廉·布莱克（W.Blake 1757—1827年）是英国浪漫主义绘画的代表人物，也是文学史上著名的诗人。威廉·布莱克同西班牙的戈雅差不多是同一时代的人，也像戈雅那样蔑视被同时代人奉为正宗的传统艺术。他既不遵循前人的教条和陈规，也不一味地完全沉湎于自己的幻想之中，作画不拘泥于外形的相似，而是自由地描绘自己的心理感受。他的作品带有浓厚的神秘色彩和宗教情绪。

作为诗人，中国读者最熟悉的布莱克的作品恐怕是长诗《天真的预言》的开篇：

To see a World in a Grain of Sand　一粒沙里看出世界，
And a Heaven in a Wild Flower　一朵野花里见天国。
Hold Infinity in the palm of your hand　在你掌里盛住无限，
And Eternity in an hour　一时间里便是永远。

（周作人1919年首译）

威廉·布莱克的一生极其简单，也没有什么大书特写之处，只有一些一直延续的简单事实和紧迫的艺术创作活动。1757年，他出生于伦敦一个贫寒的袜商家庭。由于个性过于独特，不喜欢正统学校的压抑气氛拒绝入学，因而没有受过正规教育。

布莱克：《牛顿》（Newton，1795年）

布莱克从小就喜欢绘画和诗歌。11岁起就进入绘画学校学习了三年并表现出非凡的艺术才能。其父有意让他师从一位著名的画家继续深造，但他为了家庭及弟妹的前途而主动放弃了这次机会，去雕版印刷作坊当了一名学徒。

布莱克一生清贫，他的一生便是一方面与妻子相依为命靠绘画和雕版的劳酬清贫为生，一方面继续从事12岁就开始的诗歌创作并配上自己的插图出版。直到1827年8月去世前的几天，他仍然在工作，“叫人用最后的几个先令去买炭笔”，画完最后一幅画把它放下，说道“我已经尽力而为了。”

约翰·康斯太勃尔（John Constable，1776—1837年）是19世纪英国最伟大的风景画家，欧洲风景画的真正奠基者。他不愧为艺术上勇敢而机智的创新者，为艺术，尤其是风景画艺术，开辟了一个新世界。康斯太勃尔的艺术，在英国鲜为人知，却得到法国公众的重视。画家对大自然的深刻感受和满怀激情，朴素、清新、富有独创精神的表现技法，娴熟而完美的油画技巧，都使法国画家为之倾倒。

干草车

因此，评论家不无讽刺意味地说：“是法国人发现了一位英国绘画大师。”《干草车》是康斯太勃尔最著名的代表作。画面描绘了一辆运干草的马车，涉过一条浅溪，往林木深处的田野走去。沾满露珠的树叶，闪烁着白色的反光；木栅围着的农舍，亲切朴素。这一切是如此自然、真实，没有一点矫揉造作。正如著名诗人和画家布莱克所说：“这可不是对自然的写生，这是灵感！”康斯太勃尔对自己的创作是这样解释的：“我生来就是为了描绘更幸福的大地——我的古老的英格兰”。正是出于对祖国的爱，他才能创作出像《干草车》这样充满感情的作品。

理查德·帕克斯·波宁顿（Richard Parkes Bonington，1801—1828年），英国画家。以水彩风景画和历史画著名。生于诺丁汉附近城镇，1817年后侨居法国。1825年重回英国。师从格罗，并与德拉克洛瓦结为挚友。其写意手法画的风景画，格调清新，对法国浪漫主义风景画和英国风景画的发展都起了推动作用。

波宁顿是英国水彩画19世纪繁荣时期的一位年轻有为的画家。他仅仅活了27个年头，在自己的祖国总共展出过9幅作品，但却得到了极高的评价，同时在英法两国一流艺术家的行列中取得了光荣的一席。

其代表作《崖下》，画于1828年，所画之地是靠近策姆里其斯镇一个沿海崖下，这里历来是潮汐灾害著称之地。波宁顿这幅作品画幅不大，但充分发挥了水彩画能够迅速抓住瞬息即变的生动形象的能力，洗练简洁，微妙动人。遗憾的是他作完这幅画后不久死于过于劳累所致的肺病，年仅27岁。这位才华横溢的优秀青年画家不仅给青年画家深深的启迪，所有水彩画家都

崖 下

佩服他的艺术成就，和中国宋代早逝的青年画家王希孟的《千里江山图》一样，为自己国家的绘画史上留下了宝贵的遗产。

英国印象派画家亨利·约翰·耶德金（Henry John Yeendking，1855—1924年）是英国重要的维多利亚流派画家和风景画家，作品表现出了真实的田园生活，非常富有诗情画意，他的画风受到法国写实主义和印象派的影响，以描绘乡村风光见长，几乎从不描绘重工业化的城市，他笔下的农村女孩都被塑造成非常美丽的形象。亨利·约翰·耶德金先后被选为英国皇家学会的艺术家和皇家学会水彩画家，他也是英国皇家油画学会成员。他的作品曾在欧洲和美洲的各大博物馆参加展览。

约瑟夫·玛罗德·威廉·特纳（Joseph Mallord William Turner，1775—1851），是英国最为著名，技艺最为精湛的艺术家之一，19世纪上半叶英国学院派画家的代表，在西方艺术史上无可置疑地位于最杰出的风景画家之列。特纳晚年尤其自19世纪40年代起即致力于绘画形式与色彩的探索，人们从他后期那些大胆的习作中找到了印象主义和现代抽象绘画的发端。一些印象派画家直接承认他们受到特纳的影响，比如莫奈的名作《日出印象》就是模仿特纳的类似作品。

伦敦文化艺术氛围浓厚，有多家美术馆值得一去。英国泰特是世界首屈一指的美术馆群，创办于1897年的泰特不列颠美术馆也是泰特四座美术馆中最早的展馆，此外还有伦敦泰特现代美术馆、默西塞德郡泰特利物浦美术馆、康沃尔泰特圣艾夫斯美术馆。泰特的使命

特纳馆藏作品

特纳馆藏作品

是促进公众对英国艺术及国际现当代艺术的理解和欣赏。泰特约有73000件珍贵艺术收藏品，从16世纪直至今日，所涉及的艺术家来自英国和世界各地。泰特从属于拥有着35个合作机构的英国视觉艺术领军组织（Plus Tate），致力于鼓励包容性的文化氛围和具有冒险精神的艺术。

泰特不列颠美术馆以收藏和展示文艺复兴时期至今的英国绘画和各国现代艺术著称，也涉及当代艺术作品。泰特不列颠美术馆的展览，是对英国艺术编年史式的伟大呈现。美术馆拥有特纳（J.M.W. Turner）作品最丰富的馆藏，也藏有如约翰·艾佛雷特·米莱（John Everett Millais）的《奥菲莉亚》在内的世界级拉斐尔前派的艺术作品。泰特不列颠美术馆每两年举办一次的“特纳奖”是世界上最受瞩目的艺术奖项之一。

英国国家美术馆，又译为国家艺廊，位于英国伦敦市中心特拉法加广场，是一个以绘画收藏为主的国家级美术馆。作为世界上排得上号的几大美术馆之一的英国国家美术馆在馆藏方面绝对的不容置疑。收藏时间上囊括了从13世纪到20世纪的作品，超过2300件藏品，各式的绘画风格都有。我们所知道的从达·芬奇（Leonardo da Vinci）、拉斐尔（Raphael），到威尼斯画派、英国山水画派、法国写实派、前期印象派，直到塞尚（Paul Cézanne）、凡·高（Vincent Willem van Gogh）都可以在这里找到。其中最火的是莫奈（Claude Monet）和凡·高的作品。美术馆免费参观，但如果需要讲解器则需要收取5镑。

2020年，受到疫情影响，伦敦国家美术馆于3月18日起闭馆直到7月8日才重新开放，共闭馆111天，这在美术馆196年的历史上是史无前例的。馆长加布里尔·菲纳尔迪（Gabriele Finaldi）形容这漫长闭馆后的重启犹如“一场流放的结束”，要知道，即使在二战时期，美术馆也只关闭了2天。

二、流行音乐

记得2008年北京奥运会闭幕式的伦敦八分钟吗？其中最具有代表性的英国元素要数流行音乐和足球了。英国的流行音乐自成一派，影响了世界各地的青年人，带动了各个领域的文化产业。

如果要讲出英国流行音乐的重要人物/乐队的前十，或者列举出世界流行音乐具有革命性、代表性的人物/乐队前十，披头士（The Beatles）绝对位列其中。作为被广泛地承认为史上最伟大、最有影响力的摇滚乐队之一，披头士已经不仅仅是一支流行乐队那么简单，他们的极度流行产生了披头士狂热现象，而由他们开始的摇滚乐也被赋予了更多的内涵和精神，各种新鲜的元素和摇滚的灵魂不断融合，开创了摇滚事业的新时代。随着日后创作的成熟，国际市场的开拓，他们更是被视为当时反文化运动的理想化身。他们所取得的成就或许直至今日都没有别的乐队可与之媲美。这，就是披头士乐队，独一无二的甲壳虫乐队。

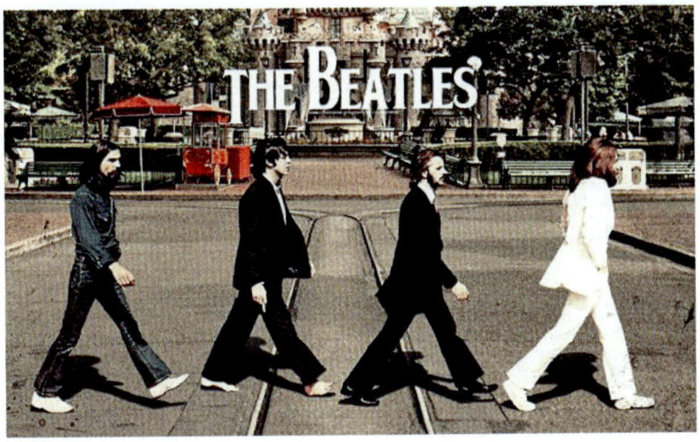

披头士

1957年3月，彼时16岁的约翰·列侬（Lennon）和几个朋友一起成立了一个噪音爵士乐队。他们首先称自己为“The Blackjacks”（黑杰克），结果新名字的兴奋劲还没过，就发现当地另一个乐队已用了此名，这几个年轻人便改称自己的乐队为“The Quarrymen”（采石工人）。

没过多久的一次教堂演出结束后，列侬在后台遇见了15岁的保罗·麦卡特尼（Paul McCartney）。不久后，麦卡特尼作为节奏吉他手加入乐队。1958年2月6日，麦卡特尼邀请同校朋友乔治·哈里森（George Harrison）来看乐队的表演。列侬顺便面试了14岁的哈里森，对其演奏能力印象深刻，但由于年龄太小的缘故，哈里森还是没能加入乐队。一个月后，在哈里森的坚持和执着下，他被招入乐队，成为主音吉他手。

到1959年1月，列侬中学里的那些成员都离开了乐队，只剩下他们三人，列侬也开始了在利物浦艺术学院的学业。这三位吉他手，至少有三次以“Johnny and the Moondogs”（约翰尼和月亮狗）之名宣传乐队，并在找得到临时鼓手时演奏摇滚乐。

列侬在艺术学院的朋友斯图尔特·萨克利夫（Stuart Sutcliffe），用卖画的钱买了一把贝斯，于1960年1月加入乐队。也正是他建议把乐队的名字换成“Beatals”，致敬巴迪·霍利和蟋蟀乐队。同年5月，乐队名称改为“The Silver Beetles”（银色甲壳虫），作为利物浦流行歌手约翰尼·吉安特的伴奏团到苏格兰进行了短暂巡演。同年6月，他们把名称改为“The Silver Beatles”（银色披头士），并在8月中旬改为“The Beatles”（披头士），就这样一个伟大的乐队正式诞生了。

披头士的第一批乐迷，大多出生于英国战后“婴儿潮”时代。当时的英国还在承受战后的创伤，百废待兴，饱受颠沛流离之苦的老一辈希望自己的孩子过上宁静祥和的生活，但新一代则认为循规蹈矩的生活太老套。他们渴望看到更具视觉刺激的表演方式。于是，年轻人将视线转向大洋彼岸的美国，包括格里高利·派克、奥黛丽·赫本、詹姆士·迪恩在内的许多美国明星都对英国产生了重要影响，其中又以“猫王”埃尔维斯·普雷斯利为甚。

但正是披头士的出现终结了“猫王”的时代，彻底埋葬了“猫王”的王朝。作为外来的音乐文化，却统治了美国的唱片市场，并影响了此后美国本土流行音乐的发展道路甚至全球流行音乐的发展，尤其对美国唱片工业冲击形成的影响，时至几十年后的今天仍能找到遗留的痕迹。

不得不说披头士作为一个音乐文化的革命者，他们的文化影响力早已超过了其艺术的本身。在披头士统治音乐市场的这几十年的时间里，该乐队早已成为流行音乐和流行文化的标志，也是时尚流行的风向标，同时也成为英国文化和英国历史的一个记号，与披头士乐队有关的任何东西全部都成为最具文化内涵的商品，披头士乐队曾经使用过的任何东西都可以被以惊人的天价来拍卖。世界多个国家的邮票和明信片等纪念品上都有他们的身影，不计其数的相关主题博物馆和纪录片，电影等相关文化资料等都记录这支乐队的点滴。或许连披头士自己都未曾想到过会有如此的成就，会成为一些人一生不可分割的一部分。

闪耀于60年代的另一支英国乐队是“滚石乐队”（The Rolling Stones）。与“甲壳虫”乐队相比，“滚石”具有更强的攻击性和叛逆色彩——他们是天生的坏小子，狂放不羁，处处透着锐利狡黠的气息，是后期“嬉皮”运动中绝对的“自我中心主义”的代表，肆无忌惮地赞美性爱、毒品、无政府主义和极端享乐主义。从某种意义上讲，“滚石”的确具有魔鬼的一面，否则他们制作的经典作品《魔鬼陛下们的要求》也不会显得如此名副其实。邪迷黑暗的《魔鬼陛下们的要求》是一张好作品，但当真论起乐队的巅峰之作，还当首推1968年的《乞丐的宴会》和1969年的《任血流淌》。滚石（The Rolling Stones）是一个在1960年代成名的英国摇滚乐乐队。一开始滚石组合了不同的美国音乐而造成了一种新的大众音乐。乐队成立开始时期他们演奏自己改编的蓝调、节奏蓝调、乡村音乐和摇滚乐。他们一开始的唱片是改编查克·贝里、罗伯特·约翰逊、杰依·霍金斯、马迪·沃特斯和汉克·威廉姆斯等的歌。虽然乐队成员米克·贾格尔和凯斯·理查兹被公认为大众乐史上最有成果的作曲家和作词家组合之一，滚石也始终没有停止从其他音乐形式获得新的灵感。在他们的音乐中吸收了雷鬼音乐、朋克摇滚和舞曲的成分。

乐队开始的吉他手（和领头）布莱恩·琼斯虽然非常受欢迎并非常有吸引力，但于1969年被迫离开了滚石，后来莫名其妙地逝世于同年。当时一般认为他的死出于事故，但也一直有人认为他被谋杀。杰格和理查兹从此开始写歌和领头表演。琼斯的歌比较接近布鲁斯，不过他也试验过西塔琴（sitar），而杰格和理查兹则扩展了滚石的作品范围。

滚石乐队的名字取自于前辈艺人穆迪·沃特斯（Muddy Waters）的一首歌曲“Rolling Stones Blues”。它是当今乐坛最伟大的乐队，音乐史上最杰出的乐队之一，流行乐史上最重要的乐队之一，摇滚史上最有影响的乐队之一，现场演出表现最棒的乐队之一。

滚石乐队于1963年在英国成立，乐队成员6人：歌手米克·贾格尔（Mick Jagger)、吉他手兼歌手基斯·理查德（Keith Richards）、吉他手兼歌手布莱恩·琼斯（Brian Jones)、贝司手比尔·怀曼（Bill Wyman）、钢琴手伊恩·斯图尔（Ian Stewart）和鼓手查理·霍茨。乐队的名字——“The Rolling Stones”来自摇滚巨匠鲍勃·迪伦（Bob Dylan)的 一句著名的歌词“就像一块滚动的石头”（Like a Rolling Stone)，这块硕大的“滚石”在摇滚界滚了整整30个春秋。

乐队从1962年底开始在伦敦的Marquee Club表演，自此他们开始了不凡的音乐生涯。早期的The Rolling Stones的作品走的是民谣节奏和布鲁斯路线。1965年，乐队发表的第一首上榜歌曲《满足》奠定了乐队基本的音乐风格。不仅如此，这首名作在当时的西方社会取得了很大的反响，它引导了摇滚乐的创作演变为具有社会意义的一种文化表现形式。60年代末，The Rolling Stones发行的几张出色专辑《乞丐的宴会》《魔鬼陛下的乞求》以及后来的《让它流血》等都取得了很大的成功，并成为摇滚史上的经典杰作。滚石乐队本身也建立了自己富有个性与时代感召力的形象。鼎盛时期的滚石乐队能精确、生动地演绎布鲁斯音乐，另外他们表现的成熟、丰富的硬摇滚（Hard Rock）曲风能使人激动不已，他们形成的夸张、豪放的音乐表现特征也使他们成为经典摇滚（Classic Rock）的奠基者之一。The Rolling Stones与The Beatles、奇想（The Kinks）还有谁人（The Who）等乐队一起开创了60年代英国新摇滚文化的新纪元。进入70年代以后，“滚石”推出了《小偷小摸》和《街头流亡者》这样优秀的唱片。滚石乐队在各地的演唱会使无数歌迷领略到了摇滚乐无穷的魅力与巨大快乐，“滚石”确实影响了后来许多出色乐队的创作和成长。80至90年代，“滚石”依然活跃于音乐舞台，他们1988年发行的专辑《钢轮》引起了很大的轰动。1994年的专辑 *Vooddo Lounge* 与1997年的专辑《巴比伦之桥》均取得了乐评界的好评并在销量上也取得了不俗的成绩。

经过60年代的鼎盛时期，进入70年代后，“滚石”的叛逆形象有所降低，虽有《敲你》这样的佳作问世，但已无法再现当年的盛事。70年代崛起的是艺术摇滚、前卫摇滚和迷幻摇滚，以David Bowie, Yes 和Pink Floyd 为代表，同时也出现了朋克音乐硬摇滚。80年代产生了Post Punk, New Wave，Indie rock和Alternative Rock等独具特色的音乐类型，代表有The Smiths这样光彩夺目的巨星。

但是到了80年代末90年代初期，英国经济萧条，政府对文化艺术采取相对消极的态度，导致英国的流行音乐呈现低迷的状况，美国的流行音乐席卷英国，其中最著名的是涅槃乐队。于是，英国的年轻人急需自己的乐队来表达自己的声音和态度。在这样的背景下，诞生了一个辉煌的时代，也就是英式摇滚（Britpop）的时代。

英式摇滚象征着英国的高雅风范，是为了对抗同时期美国Grunge音乐风潮。Grunge其实就是邋遢摇滚，是重金属加朋克的产物，也吸收了一些其他元素。Grunge的乐队通常来自社会底层，演奏技巧粗糙并且乐器简陋，这些乐队也没有什么崇高的音乐理想，很多时候都是为了发泄情绪而作。为了抵御这种风潮，英国的乐队们开始重拾英国吉他流行乐，并撰写关于英国主题的歌词来反抗。相比Grunge的粗糙野性，英式摇滚更加讲究旋律优雅、歌词干净流畅。新兴的英国乐团如Suede和Blur首先发声，许多乐团包括Oasis、Pulp、Supergrass、Sleeper和Elastica，纷纷加入响应。这些乐团引领英国另类摇滚成为主流，并且成为工党政治文化活动“酷英国”的骨架。

关于Britpop的起源有两种说法，一种认为起源于一支叫做“石玫瑰”（The Stone Roses）的乐队。1989年，他们的第一张专辑的出版，使英国“独立摇滚”（Indie-Rock）现象进入了新的时代。“石玫瑰”也顺理成章地成了曼彻斯特独立摇滚界的领袖，这张专辑在音乐上很明显地受到了60年代美国民歌摇滚乐队“飞鸟”（The Byrds）的影响，同时也受到了80年代刚刚形成潮流趋势的Acid House舞曲音乐影响。他们把吉他流行乐与“独立摇滚”相融合并且进一步刺激了跳舞文化的发展，很快被传媒赋予了“新迷幻音乐”的称号。

还有一种说法是起源于山羊皮乐队（Suede）。Suede是一支相当具有影响力的英国摇滚乐队，成立于1989年。乐队的成长经历了整个90年代英国Britpop的发展历程，也是其中的代表乐队之一，在当时与Oasis及Blur并称Britpop三巨头。乐队的主唱 Brett Anderson 在1967年9月29日出生于离伦敦不远的一个小镇上，父亲是出租车司机，母亲则是一位不太成功的艺术家。Brett Anderson 本名 Brett Lewis Anderson ，是乐队的灵魂人物，兼作词作曲，极具才华。Suede 在1993年推出的同名专辑，获得了巨大成功，入围多个排行榜。直到2003年，乐队共出版了7张专辑，随后乐队便宣布解散。

Oasis（绿洲乐队），90 年代英伦摇滚的巅峰，具有现代披头士之称，是一支老牌的英国国家级乐队。在摇滚乐历史上，他们代表了一个阶级——工人阶级，是20世纪90年代最具自我色彩的乐队。

Oasis 1991年成立于曼彻斯特。乐团旧名“The Rain”，由连恩·盖勒格（主唱／铃鼓）、保罗·亚瑟斯（吉他）、保罗·麦克盖根（贝斯吉他）与东尼·麦卡罗（鼓手／打击）组成，连恩的哥哥诺尔·盖勒格（主奏吉他／演唱）也随后入团。截至2009年6月，Oasis在全球范围内共坐拥超过七千万的专辑销售量。他们囊括8次英国冠军单曲、7张英国冠军专辑、15座NME音乐奖、9座Q音乐奖、4座MTV欧洲音乐大奖、6座全英音乐奖（包括2007年的杰出贡献奖），以及BBC电台听众票选三十年最佳英国专辑。

Blur（模糊乐队）于1989年成立于Colchester。乐队由主唱Damon Albarn、吉他手兼歌手Graham Coxon、贝斯兼合音Alex James以及鼓手兼合音Dave Rowntree组成。该乐队成为20世纪晚期英国Britpop运动中最杰出的代表之一。

Blur最初受到瞩目是通过他们的处女专辑 *Leisure*。*Leisure*包含了如Madchester和shoegazing在内的英伦另类摇滚元素。到了20世纪末期，Blur的歌曲在形式上有所改变，在英格兰一些使用吉他的乐队，如The Kinks，The Beatles，XTC的影响下，Blur发行了*Modern life is rubbish*、*Parklife*、*The great* *escape* 这三张专辑。因此，乐队的成功极大程度地推广了Britpop这种曲风。

到了20世纪末，Blur发行了他们第5张专辑*Blur*。乐队此时正在尝试一些新的东西，因为他们受到了美国独立摇滚和lo-fi风格的乐队如Pavement，R.E.M的影响，并且，他们正希望通过单曲 *song 2* 来打开美国的市场，Blur在最后一张由完整阵容发行的专辑13中，更多地尝试在音乐中加入电子元素。

乐队专辑

2002年5月，成员之一的Coxon在 *Think Tank* 刚开始录制不久后离开了乐队，那是他们的第7张也是最近的一张专辑。尽管少了Coxon，但Blur专辑的录制和巡演还是没有中断，可再没有什么演出，因为每个成员都在忙着自己的计划。2007年9月的下旬，5年后乐队第一次与Coxon重新聚在一起，在那次聚会的几天之后，乐队在他们的官方网站上宣布了这么一条消息：我们四个人的关系都还很好，只是现在不打算做新的音乐。

2008年12月，Blur宣布重组，他们的音乐变得更加有爆发力，表演更加细腻和充满探索感。2010年1月，关于Blur的纪录片*No Distance Left to Run*上映，*No Distance Left to Run*在第53届格莱美被提名为最佳长篇音乐录像带。2012年8月Blur为伦敦夏季奥运会闭幕式进行压轴演出。

90年代后期，电子音乐的兴起以及部分主流Britpop乐队的离去与没落，象征着Britpop的没落。虽然此后cold play，muse，radio head等新型Brit pop乐队大红大紫，但他们真正吸引人的地方早已不再是原来Britpop的精髓，由此他们也时常被冠以“后英伦摇滚”之名。

第三节 科 技

世界上最伟大的发明是什么？英国著名杂志《焦点》邀请国内100名最具权威的专家和1000名读者，评选世界上最伟大的100项发明。榜上有名的有电脑、飞机、电灯、印刷、轮子、收音机等等，但在它们之上，排名第一的居然是抽水马桶！

公共卫生设施可以追溯到古罗马时期，当时古罗马有着世界上最发达的城市排水系统，得益于此古罗马有着较多的公厕来完成人们每日必做之事。古罗马人还把公厕开发成了休闲娱乐场所，不但安装了大理石座位，还装饰了精美的众神壁画和大理石雕像。古罗马衰落之后，欧洲的卫生状况一度很糟糕，一直到文艺复兴时期约翰·哈林顿的出现。他是一位擅长创作讽刺诗歌的英格兰诗人，因发表《埃里阿斯的变形记》而在英宫廷名声大噪。可惜造化弄人，一次他因为传播一则所谓有伤风化的故事而惨遭流放，在流放地凯尔斯顿，失意的诗人搞起了发明创造。于是，世界上第一只抽水马桶光荣诞生了，在一定程度上，这只马桶已经具有了现代马桶的雏形。约翰·哈林顿对自己的发明相当满意，为其取名为“埃杰克斯”（古希腊盲眼诗人荷马创作的《荷马史诗》中的一位英雄），还写了一本名叫《夜壶的蜕变》的书。

1595年，结束流放生涯的约翰·哈林顿终于得以大展宏图，将自己亲手设计的抽水马桶安装在英国女王伊丽莎白一世的豪华卧室里，虽然获此殊荣，但当时的英国公众对此并不感冒。不难想象，16世纪的伦敦是一个没有任何排污主管道，也没有自来水的城市，抽水马桶固然好，但对于大多数人而言是不切实际的“奢侈品”，人们还是更倾心于传统的“人力坐便器”。

1775年，英国钟表师亚历山大·卡明斯继续了哈林顿的事业，在原有基础上改进了马桶的储水器，他发明的阀门装置使水箱在无水情况下能自动关闭阀门，再使水自动充满。18世纪后期，英国发明家约瑟夫·布拉梅再次改进了抽水马桶的设计，如马桶下方防止污水管逸出臭味的U形管道等。然而，由于地下排污设施跟不上，随意排放污水导致河水污染，引发霍乱夺走了许多人的生命。英政府在巨大的舆论压力下被迫开始颁布法令，大规模改造伦敦的城市排水系统。有了这一系列的法令和改革，伦敦成为世界上第一座建造污水下水道的近代城市，并被世界各大城市效仿。

一、17世纪

英国对现代世界的先导作用是无可否定的，现代社会的许多特征都是从英国开始的。诸多事实表明，英国是近代科学的策源地。而牛顿就是17世纪的英国科学界升起的一颗耀眼巨星。牛顿（Isaac Newton，1643—1727年），伟大的物理学家、天文学家和数学家，经典力学体系的奠基人。

牛顿1643年1月4日诞生于英格兰东部小镇乌尔斯索普一个自耕农家庭。出生前八九个月其父死于肺炎。3岁时母亲改嫁，他由外祖母抚养。11岁时继父去世，母亲又带3个弟妹回家务农。在不幸的家庭生活中，牛顿自小瘦弱，孤僻而倔强。小学时成绩较差，“除设计机械外没显出才华”。

牛顿自小热爱自然，喜欢动脑动手。8岁时积攒零钱买了锤、锯来做手工，他特别喜欢刻制日晷，利用圆盘上小棍的投影显示时刻。他观察自然最生动的例子是15岁时做的第一次实验：为了计算风力和风速，他选择狂风时做顺风跳跃和逆风跳跃，再量出两次跳跃的距离差。牛顿在格兰瑟姆中学读书时，曾寄住在格兰瑟姆镇克拉克药店，这里更培养了他的科学实验习惯，因为当时的药店就是一所化学实验室。1661年6月牛顿考入剑桥大学三一学院。作为领取补助金的“减费生”，他必须担负侍候某些富家子弟的任务。三一学院的巴罗（Isaac Barrow，1630—1677年）教授是当时改革教育方式主持自然科学新讲座（卢卡斯讲座）的第一任教授，被称为“欧洲最优秀的学者”，对牛顿特别垂青，引导他读了许多前人的优秀著作。1664年牛顿经考试被选为巴罗的助手，1665年大学毕业。

在1665—1666年，伦敦流行鼠疫的两年间，牛顿回到家乡。牛顿才华横溢的这两年，作出了多项发明。1667年重返剑桥大学，1668年7月获硕士学位。1669年巴罗推荐26岁的牛顿继任卢卡斯讲座教授，1672年成为皇家学会会员，1699年就任造币局局长，1701年他辞去剑桥大学工作，1703年成为皇家学会终身会长。因改革币制有功，1705年被封为爵士。1727年逝世于肯辛顿，遗体葬于威斯敏斯特教堂。

牛顿的伟大成就与他的刻苦和勤奋是分不开的。他很少在两三点前睡觉，有时一直工作到五六点。春天和秋天经常五六个星期住在实验室，直到完成实验。他有一种长期坚持不懈集中精力透彻解决某一问题的习惯。他回答人们关于他洞察事物有何诀窍时说："不断地沉思。"

牛顿的成就，恩格斯在《英国状况·十八世纪》中概括得最为完整："牛顿由于发现了万有引力定律而创立了科学的天文学，由于进行了光的分解而创立了科学的光学，由于创立了二项式定理和无限理论而创立了科学的数学，由于认识了力的本性而创立了科学的力学。"

牛顿科学巨著《自然哲学的数学原理》（1687年）的出版，标志着经典力学体系的建立。牛顿经典力学包括惯性定律、加速度定律、作用力反作用力定律和万有引力构成近代力学体系的基础，成为整个近代物理学的重要支柱；对自然界的力学现象做出了系统的合理说明，完成了人类对自然界认识史上的第一次理论大综合。

然而牛顿的时空观是绝对的，它虽然不能正确揭示作为物质存在形式的空间和时间的统一性，不能正确揭示物质和运动的统一性，但它正确反映了当速度远低于光速时的经典理论，它是在当时实验条件下的科学总结，是人类认识自然的一个里程碑。

数学方面，牛顿将古希腊以来求解无穷小问题的种种特殊方法统一为两类算法：正流数术（微分）和反流数术（积分）。1684年莱布尼茨从对曲线的切线研究中引入了和将拉长的"S"作为微积分符号，从此牛顿创立的微积分学在大陆各国迅速推广。 微积分的出现，成了数学发展中除几何与代数以外的另一重要分支——数学分析（牛顿称之为"借助于无限多项方程的分析”），并进一步发展为微分几何、微分方程、变分法等等，这些又反过来促进了理论物理学的发展。

牛顿的《光学》（1704年）集中反映了他的光学成就，该书副标题是“关于光的反射、折射、拐折和颜色的论文”。第一篇是几何光学和颜色理论（棱镜光谱实验）。在实验中，牛顿细致地注意到阳光不是像过去人们所说的五色而是在红、黄、绿、蓝、紫色之间还有橙、靛青等中间色共七色。在研究这个问题的过程中，他发现经过仔细研磨后的金属反射镜面作为物镜可放大30—40倍。1671年他将此镜送皇家学会保存，至今的巨型天文望远镜仍用牛顿式的基本结构。牛顿磨制及抛光精密光学镜面的方法，至今仍是不少工厂光学加工的主要手段。

《光学》第二篇描述了光照射到叠放的凸透镜和平面玻璃上的“牛顿环”现象的各种实验。除产生环的原因他没有涉及外，他作了现代实验所能想到的一切实验，并作了精确测量。《光学》第三篇是《拐折》（他认为光线被吸收），即衍射、双折射实验和他的31个疑问。这些衍射实验包括头发丝、刀片、尖劈形单缝形成的单色窄光束“光带”（今称衍射图样）等10多个实验。他的31个疑问极具启发性，说明牛顿在实验事实和物理思想成熟前并不先作绝对的肯定。

在流体力学方面，牛顿指出流体黏性阻力与剪切速率成正比，这种阻力与液体各部分之间的分离速度成正比，符合这种规律的（如空气与水）称为牛顿流体。 在热学方面，牛顿的冷却定律为：当物体表面与周围形成温差时，单位时间单位面积上散失的热量与这一温差成正比。

牛顿在科学上的巨大成就连同他的朴素唯物主义哲学观点和一套初具规模的物理学方法论体系，给物理学及整个自然科学的发展，以及18世纪的工业革命、社会经济变革及机械唯物论思潮的发展以巨大影响。牛顿的哲学观点与他在力学上的奠基性成就是分不开的，一切自然现象他都力图用力学观点加以解释，这就形成了牛顿哲学上的自发的唯物主义，同时也导致了机械观的盛行。事实上，牛顿把一切化学、热、电等现象都看作“与吸引或排斥力有关的事物”。

这种机械观，即把一切的物质运动形式都归为机械运动的观点，把解释机械运动问题所必需的绝对时空观、原子论、由初始条件可以决定以后任何时刻运动状态的机械决定论、事物发展的因果律等等，作为整个物理学的通用思考模式。可以认为，牛顿是开始比较完整地建立物理因果关系体系的第一人，而因果关系正是经典物理学的基石。牛顿在科学方法论上的贡献正如他在物理学特别是力学中的贡献一样，不只是创立了某一种或两种新方法，而是形成了一套研究事物的方法论体系，提出了几条方法论原理。在牛顿《原理》一书中集中体现了以下几种科学方法：实验—理论—应用的方法；分析—综合方法；归纳—演绎方法；物理—数学方法。牛顿的方法论原理概括起来，可以称之为简单性原理（法则1）、因果性原理（法则2）、普遍性原理（法则3）、否证法原理（法则4，无反例证明者即成立）。

牛顿的哲学思想和方法论体系被爱因斯坦赞为“理论物理学领域中每一工作者的纲领”。这是一个指引着一代一代科学工作者前进的开放的纲领。但牛顿的哲学思想和方法论不可避免地有着明显的时代局限性和不彻底性，这是科学处于幼年时代的最高成就。但是，牛顿的历史局限性和他的历史成就一样，都是启迪后人不断前进的教材。

与牛顿同时代的科学家哈雷也是个不同凡响的人物。他是英国第二任皇家天文学家、牛津大学几何学教授、皇家制币厂副厂长。他是深海潜水钟的发明人，他发明了气象图和运算表、发表过潮汐和行星运动方面的权威文章、发现了恒星的自行、月亮运动的长期加速现象、提出了利用金星凌日的机会测算地球的年龄和地球到太阳的距离的方法。1693年，他发表的一篇关于人类寿命分析的文章，成为英国政府出售寿险的重要基础，他甚至研究过关于鸦片的效果，还发明了一种把鱼类保鲜到淡季的实用方法。此外，他还担任过科考船船长、地图绘制员等角色，还是信风系统及地球磁力线的测绘先驱。鼓励、协助并自费为牛顿出版了《自然哲学的数学原理》。

1686年，30岁的哈雷公布了世界上第一部载有海洋盛行风分布的气象图，彰显了他处理和归算大量数据的才能。哈雷在收集了那些在大洋上穿梭往来、熟悉航海的航海家的资料，并分析整理了他在圣赫勒拿岛天文台期间

（1677—1678年）观测的经验与数据，绘制的贸易风和季风的风力系统地图。这也是通常公认的世界上第一张气象地图。哈雷的本意是试图更正早期一些学者关于这一主题的研究结论，他将盛行的信风及季风的主要原因归结为伴随着地球自转过程中，太阳能对大气的加热效应导致的大气体积变化所造成的，哈雷还建立了气压与海平面以上高度的关系。

在哈雷的这张地图上，一排排简短的线条显示风的轨迹和方向，这些线的尖角指向风源。在风力往复的地区，特别是在印度洋季风多发地区，线条比其他地方更密集，哈雷用来表示风迹的符号在大多数现代天气图表表示中仍然存在。在发表于《哲学汇刊》的文章中，哈雷说道："为了帮助读者在如此困难中理解这些概念，我认为有必要制定一个方式，（让读者）一看到这些风的各种方向和轨迹，就能够比任何的口头描述都能更好地理解它。"哈雷的确做到了，他在地图上以图示化表达风力系统的方式，对新兴的信息可视化领域做出了重要贡献。

1698—1700年间，哈雷又开启了他作为船长和测绘师在大西洋上的探索活动。英国海军部为了哈雷的科考，在帝珀福特船厂（Deptford）定制了一条52英尺（约15.8米）长，18英尺（约5.5米）宽，只有89吨的三桅小帆船帕拉莫尔号（Paramore），这也可以称得上是欧洲人为了纯粹科考目的进行的第一次远航探险，科考的目的是测量地磁偏角。

地磁偏角，是地球磁场的一种自然现象，即指南针指示的北方与实际正北方的夹角（磁北与真北的夹角），据记载我国宋代科学家沈括最早发现了磁偏角现象。哈雷在十四五岁时就对这现象感兴趣了，当时还亲手测量了几次。30多年后，他终于可以在帝国的系统支持下、在大西洋之上对其进行系统的测绘，从北纬52°一直测绘到南纬52°。在经历了海上、船上的重重艰辛后，1701年，一张实用、美观、充满创造性的地图问世了——大西洋地区的磁偏角等值线地图。

二、18世纪

英国的工业革命开始于18世纪60年代。工业革命把英国从欧洲的边缘带入世界的中心，把一个不起眼的小岛变成了“日不落帝国”。同时，在乔叟与莎士比亚文学中造就的仅六七百年的现代英语，通过殖民等渠道广泛传播，最终成为一种全球性语言。

工业革命实际上就是动力革命，以前的驱动力是人力或畜力，有些会用风力、水力。但是工业革命最大的特点就是用燃料作为能源代替了人力，这也是英国的纺织业，特别是纱纺业成功的最重要因素。动力驱动能使纺纱工人的劳动生产率达到手纺工人的40倍。所以，这就是为什么英国在劳动力价格很高的情况下依然可以生产出有竞争力的产品的原因。工业革命的标志和工业革命开始的标志并不是一回事，工业革命以蒸汽机的发明和使用作为标志，而它开始的标志则是“珍妮纺纱机”的发明和使用。

1733年，英国人约翰·凯伊发明了织布飞梭，织布机效率有了很大的提升，这是科技促进生产力的又一明证。然而，相较于高效的织布机，纺纱机就拖了后腿，没有得到改进的纺车渐渐跟不上速度，棉纱供不应求，水涨船高，求购价格也随之走高。

珍妮机的出现是英国工业革命开始的标志。珍妮机的出现，使大规模的织布厂得以建立。珍妮机比旧式纺车的纺纱能力提高了8倍，但仍然要用人力。詹姆斯·哈格里夫斯（1721—1778年），英国兰开郡工人，珍妮机发明者。詹姆斯·哈格里夫斯是一位纺纱工人，同时又是一个木工，1764年里的一天，他在一次纺纱时不小心把纺纱机弄翻了，当时他的第一个反应就是赶快把纺纱机扶正。但是当他弯下腰来的时候，却突然愣住了，原来他看到那被踢倒的纺纱机还在转动，只是原先横着的纱锭现在变成直立的了。他猛然想道：如果把几个纱锭都竖着排列，用一个纺轮带动，不就可以一下子纺出更多的纱了吗？ 哈格里夫斯非常兴奋，马上试着干，经过多次试验，他在1765年成功地制造出能够同时纺出多根棉纱的纺纱机，大大提高了纺纱机的功率（大概提高了8倍），他用自己女儿的名字把这种纺纱机命名为珍妮机（Spinning Jenny)。由于当年他没能申请到专利，因此只能自己生产“珍妮机”来赚钱。珍妮机不但效率高，而且纺出的纱质量也比较好，因此哈格里夫斯的生意不错，珍妮机也渐渐流传开来了。珍妮机成为真正近代意义上的机器。后来更多的工作机被发明出来。这些工作机的应用，使人类直接参加劳动的“手”被解放出来，完成了人类在物质生产领域中的一次巨大飞跃。

1768年，哈格里夫斯获得了珍妮纺纱机的发明专利。但是珍妮纺织机有它的缺陷：纺出的纱比较细，容易断。1769年，卷轴纺纱机问世。理查德·阿克莱特采用水力为动力，代替人工，发明的这一机器不仅节省了人力，纺出的纱结实而有韧力，克服了珍妮纺织机的缺陷。

珍妮纺织机

下面来看工业革命的标志蒸汽机的发明和使用。第一次工业革命的发生有几个必要条件：首先是燃料原料，工业革命一个最大的特点就是用机器来替代人的劳动，所以必须要有铁矿业与机器制造业基础。还有一个重要的因素：由于工业革命用机器代替劳动力，所以很适合于一个劳动力工资比较高而煤矿资源价格比较低的地方，这样看来，工业革命发生在工人工资相对较高而煤资源又比较丰富的英国北部不是偶然的。

随着人口的增长，老百姓对燃煤的需求增加，政府对钢铁的需求加大，导致新技术的出现。当时欧洲与中国不同，古代中国人冬天取暖一般使用柴火，但是欧洲人全部使用燃煤。此时，英国有钱人家几乎都有壁炉，壁炉主要是使用燃煤。随着英国人口的增加，大家对燃煤的需求也开始增加。而有意思的是，恰恰是英国一个技术上的短板导致了煤炭行业技术的革新。英国壁炉制作技术较差，热效率很低。这样一来，英国的燃煤工厂就必须疯狂地开采煤矿，于是蒸汽机就出现了。英国人之所以发明蒸汽机，开始只是为了解决如何将矿井中的燃煤更快地运送出来的问题。霍布斯鲍姆说，在1769年，光在泰恩河畔纽卡斯尔这个地方，就安装了100台蒸汽机。随后，当人们意识到了蒸汽机可以提高生产效率之后，蒸汽机才被大多数企业家接纳，逐渐将它应用到其他各个领域之中，从而得到普及。瓦特发明蒸汽机就是在这样的背景之下。

1736年，瓦特生于英国造船业发达的格拉斯哥城附近的格里诺克镇。他的祖父和叔叔是机械工人，父亲是造船工人。因为家里穷，瓦特几乎没上过学，但在家庭的影响下，从小就懂得了不少机械制造的知识，培养了制造机械的兴趣。瓦特18岁那年进格拉斯哥城学习手艺，后来又去伦敦专门学习机械制造业。1757年，瓦特到格拉斯哥大学当实验员，专门制作和修理教学仪器。大学为瓦特提供了良好的学习与实践的机会。他孜孜不倦地学习，还掌握了德文和意大利文，一有机会就向大学里的教授请教，有时还和他们争论科学技术问题。

1763年，外边送到大学里的一台蒸汽机要瓦特负责修理。瓦特和另外几个人详细地研究起来。

这台蒸汽机是一个名叫纽克曼的苏格兰铁匠发明制造的，这在当时是最先进的蒸汽机了。在纽克曼之前，有许多人都对蒸汽当作动力用于生产怀着很大的兴趣。1688年，法国物理学家德尼斯·帕潘，曾用一个圆筒和活塞制造出第一台简单的蒸汽机。但是，帕潘的发明没有实际应用到工业生产上。十年后，英国人托易斯·塞维利发明了蒸汽抽水机，主要用于矿井抽水。1705年，纽克曼经过长期研究，综合帕潘和塞维利发明的优点，创造了空气蒸汽机。

经过认真研究，瓦特发现纽克曼蒸汽机有许多缺陷，主要是燃料耗费太大，机器笨拙，应用的范围有限，只能用于矿井抽水和灌溉。于是，瓦特决心造一台比它更好的蒸汽机。

一年之后，瓦特自己制造的蒸汽机开始点火了。但水沸腾起来之后，蒸汽机一动不动，水汽从里面冒了出来，屋子里搞得雾气腾腾，原来蒸汽机漏气，瓦特的第一次试验失败了。虽然瓦特相信自己的能力，然而，大学里并不支持他制造蒸汽机。当时，造一台蒸汽机需要几千英镑，而瓦特一年的工资也才不过35英镑，他只好向朋友求助。一个经营铁工厂和煤厂，名叫巴克的朋友为他提供经费，给予他很多帮助。当试验眼看就要成功的时候，巴克却突然破产，瓦特又走投无路了。

正当瓦特在自己的实验室里一筹莫展的时候，好心的巴克却在四处奔走，想法为瓦特寻找支持者。伯明翰有一个叫马太·波尔敦的铁器制造商，答应为瓦特提供经费。他将为试制蒸汽机提供一切费用，并且维持瓦特的生活，直到这个事业获利为止。条件是要用蒸汽机专利权的2/3，作为对他的补偿。瓦特同意了。他很快赶到伯明翰，在那里，经过反复实践，终于在1796年制成了有分离冷凝器的单动式蒸汽机。这种蒸汽机比纽克曼的蒸汽机有显著的优点，可节省75%的燃料。

瓦特与蒸汽机

瓦特并没有满足于已取得的成就，1782年，他又成功地制造了联协式蒸汽机。1784年，瓦特对它进行了改进，为它增加了一种自动调节蒸汽机速率的装置，使它能适用于各种机械的运动。从此之后，纺织业、采矿业、冶金业、造纸业、陶瓷业等工业部门，都先后采用蒸汽机作为动力了。

1807年，美国人富尔把瓦特的蒸汽机装在轮船上，从此，航运中的帆船时代结束了。1814年，英国人史蒂芬孙把瓦特的蒸汽机装在火车上，陆路运输的新时代开始了。19世纪三四十年代，蒸汽机在欧洲和北美被广泛采用，这就是所谓的“蒸汽时代”。

瓦特逝世于1819年，后人为了纪念他的伟大发明，把发电机和电动机的功率计算单位称为“瓦特”。现代家庭用的电灯、电暖器、电熨斗的功率都称为“瓦”，那是“瓦特”的简称，也是为了纪念他为人类作出的杰出贡献。

进入19世纪后，随着蒸汽机技术的不断完善，它成为车辆、船舶等交通工具上通用便利的动力机器，促成了以铁路建设为代表的交通运输业的繁荣。1800年后，人们开始研究用蒸汽机作为牵引动力。1814年，英国人史蒂芬孙研制出的世界上第一台蒸汽机车试运行成功。1825年，英国建成世界上第一条铁路，史蒂芬孙的火车头拖着一长列客车和货车前进，时速达25千米。此举开拓了陆地交通运输的新纪元，人类进入了所谓“铁路时代”。铁路运输的优越性一经确认，英国迅速掀起一股铁路修筑的狂热。1840年以后，欧洲大陆和美国也相继开始大力兴建铁路。

人类水上交通技术的变革，同样始自蒸汽机的使用。1807年，美国人富尔顿发明蒸汽汽船。他使用从英国进口的万能蒸汽机，驱动客轮在哈得逊河航行，揭开了蒸汽轮船时代的序幕。1811年，英国人利用这项发明也很快造出了自己的汽船。这样英国担任远洋航运的商船队力量大大加强了。远洋货轮把英国的消费商品运销到世界每个角落，又把英国所需要的各种工业原料、生活用品运回。交通运输革命从根本上改变了地球上各地区彼此隔绝的状态。它迅速地扩大了人类的活动范围并加强各地之间的交往，为世界市场的形成提供了条件。火车出现以后，英国掀起修建铁路的热潮，不到30年的时间就修建了近万千米的铁路，把各个城市都连接起来。

再来看另一个直接原因，也就是政府对钢铁需求的增加。在18世纪中期的时候，英国在海外已经拥有了广阔的殖民地。美洲、非洲、亚洲很多国家，都成了英国工厂的原材料供应商。拥有广阔的殖民地，给英国政府带来了一个巨大的难题，那就是该怎么管控这些殖民地。唯一的办法，就是靠军队来维持治安。政府就只好拼命扩张军队，尤其是海军，给士兵配备精良的枪炮武器。

制造枪炮，最重要的材料就是钢铁，政府只能从很多普通的工厂订购钢铁。军队对钢铁的需求量非常大，质量要求很高，当然，政府的订单，利益也非常丰厚。最主要的是，这些商人不能延误交货时间，否则贻误了战机，肯定要吃官司。这些商人为了提高生产效率，就必须引进最新的技术。那些钢铁制造商也不惜血本，请人发明新技术，毕竟与政府源源不断的订单相比，这些钱微乎其微。

于是，在利益的刺激下，英国人改进了制铁的方法，提高了钢铁的质量和生产效率。我们现在普遍使用的机床，其实就是当时英国兵工厂里一位工人发明的。

由此，以钢铁为代表的重工业技术开始出现，并逐渐得到普及，后来这种制铁方法又从军事工业拓展到了民用工业。

工业革命的出现，首先带来的是英国城市的变化。18世纪末，一位造访英国的外国人曾这样写道：可以看到英国城市数以百计的五六层高的厂房，每座厂房的一侧都有一个高耸的烟囱，冒着黑色的浓烟。当时，人们还没有环境保护的意识，所以英国的首都伦敦每天都被工厂的黑烟笼罩，雾霾的程度比现在的北京还要严重，很多人因此都得了呼吸道疾病。

人都是趋利避害的，当人们知道办工厂能赚钱的时候，很多人就会一股脑地开办工厂。问题是，产品越来越多，但英国毕竟只有1000多万人，再怎么刺激消费，市场也很快就达到了饱和。生产的东西没人买，很多工厂就要破产。于是，英国的企业家们把目光投向了海外殖民地。于是，英国把殖民地连抢带买获取的原材料拿到英国加工成产品后，再以高昂的价格卖出去。这一进一出，让全世界的钱都涌进了英国人的口袋。

而且，这并不是你情我愿的买卖，不买就使用武力。中国之所以爆发鸦片战争，就是中国人不想要英国制造的产品，英国人就开始贩卖鸦片赚钱。鸦片中国也不要，那就使用战争手段。

英国最先出口的是棉纺织品。据统计，到了18世纪末的时候，英国棉纺织品已经有90%用于出口。英国棉纺产品销量很好，这是因为使用了机器化的流水线生产，质量好，穿着舒适，价格又便宜，比很多殖民地、半殖民地国家手工纺织的衣服更划算。还有一个原因是英国政府的插手。随着后来工业革命的影响，法国、德国等国家也开始了机器生产，棉纺织品的技术甚至比英国还要好。但为什么他们的产品就不能打入这些国家的市场呢？

当时英国海军是全世界实力最强的海军。于是英国政府就对殖民地和一些地区，比如非洲实行了贸易垄断，要求这些地方只能购买英国的纺织品。其他国家再反对，但打不过英国的海军，也就只能放弃这些市场。随着纺织品打开了全世界各个地区的市场之后，英国生产的燃煤、钢铁等也开始售卖到全世界各个地区。据统计，到了19世纪中期的时候，世界上2/3的煤、一半的钢铁都产自英国。

英国要向全世界供应不同的产品，它就必须要让那些国家为它提供原材料。如果我们把英国看作“世界工厂”的话，那么全世界其他国家就相当于这个工厂的各个供应商。

比如，美国南部地区成为英国的棉花供应商，澳大利亚成为羊毛供应商，智利的铜、葡萄牙的酒、阿根廷的牛肉、新西兰的乳品、南非的黄金和宝石、热带国家的橡胶等都变成了这家世界工厂原材料的供应地。

就这样，英国打破了各个国家之间的壁垒，所有国家在英国武力的逼迫下，被迫打开了国门。由此，全世界开始第一次联结为一体，英国还推出了金本位制，也就是用黄金来衡量每个国家货币的价值，从而造就了世界第一次的全球化。

伴随工业全球化的还有人文全球化，也就是全世界人们的生活和工作方式开始变得相似。比如，英国想要各个国家的原材料，它就得在这些国家建工厂，建立工厂之后，就需要招收当地人来给工厂干活。进工厂干活，就得按照英国人制定的时间上下班，按月来领工资。于是，现代工厂的管理制度、薪资制度、公休制度就在那个时候，在全世界生根发芽。

此外，英国为了能将世界各地的原材料以最快的速度运送回国内，他们开始在各个国家铺设铁路，建立航运贸易。众所周知，火车的时刻表都是必须要精确到分钟的，每趟列车几点几分到达都是有明确规定的，如果延误了的话，两辆列车就有可能在铁轨上相撞。于是，欧洲人发明的24小时时间制也随之在全世界普及。

英国的工业革命前后约80年，它既是一场技术革命，使得社会生产力得到极大发展；又是一场社会变革，导致阶级结构变动、人口迅速增加，英国率先进入工业社会。工业革命影响涉及人类社会生活的各个方面，使人类社会发生了巨大的变革，对人类现代化进程的推动起到不可替代的作用。

三、19世纪

到了19世纪，经过工业革命之后，英国理论科学和实验科学经过长期培育，获取了丰硕的成果。在这些科学巨星中，有物理化学家约翰·道尔顿、物理学家和化学家迈克尔·法拉第 、物理学家詹姆斯·麦克斯韦等。

约翰·道尔顿（John Dalton，1766—1844年），英国化学家、物理学家，近代原子论的提出者。在19世纪初把原子假说引入了科学主流。他所提供的关键的学说，使化学领域自那时以来有了巨大的进展。道尔顿患有色盲症，这种病的症状引起了他的好奇心，他开始研究这个课题，最终发表了一篇关于色盲的论文。道尔顿是世界上第一个提出色盲问题的人，为了纪念他，色盲症又被称为道尔顿症。

道尔顿一生宣读和发表过116篇论文，主要著作有《化学哲学的新体系》两册。为了把自己毕生精力献给科学事业，道尔顿终身未婚，而且在生活穷困条件下，从事科学研究，英国政府只是在欧洲著名科学家的呼吁下，才给予他养老金，但是道尔顿仍把它积蓄起来，奉献给曼彻斯特大学用作学生的奖学金。道尔顿一生正如恩格斯所指出的：化学新时代是从原子论开始的，所以道尔顿应是“近代化学之父”。

迈克尔·法拉第（Michael Faraday，1791—1867年）英国物理学家、化学家，也是著名的自学成才的科学家。1831年，他作出了关于电力场的关键性突破，永远改变了人类文明。法拉第是英国著名化学家戴维的学生和助手，他的发现奠定了电磁学的基础，是麦克斯韦的先导。1831年10月17日，法拉第首次发现电磁感应现象，在电磁学方面做出了伟大贡献。

法拉第生于萨里郡纽因顿一个贫苦家庭，父亲是铁匠，有九个兄弟姊妹。由于家境贫穷，法拉第没有受到完整的教育，小学毕业后就去一家小印刷店当学徒。他酷爱读书，印刷店中有什么书他就读什么书。但法拉第更喜欢阅读物理和化学方面的书，还经常去听各种科学演讲。1812年学徒期满，他决定献身于科学事业。法拉第开始旁听著名英国化学家汉弗里·戴维爵士（Sir Humphry Davy，1778—1829年）和市立哲学协会的创始者约翰·塔特姆（John Tatum，1772—1858年）的演讲。之后有一次，法拉第将他细心抄录的300页演讲笔记拿给戴维教授过目，立刻得到戴维的鼓励，随后他在戴维的身边得到一份实验助手的工作。他一面工作，一面学习，科学视野也渐渐地开阔起来。

1820年，奥斯特发现电流的磁效应，受到科学界的关注，1821年，英国《哲学年鉴》的主编约请戴维撰写一篇文章，评述自奥斯特的发现以来电磁学实验的理论发展概况。戴维把这一工作交给了法拉第。法拉第在收集资料的过程中，对电磁现象产生了极大的热情，并开始转向电磁学的研究。他仔细地分析了电流的磁效应等现象，认为既然电能够产生磁，反过来，磁也应该能产生电。于是，他试图从静止的磁力对导线或线圈的作用中产生电流，但是失败了。经过近10年的不断实验，到1831年法拉第终于发现，一个通电线圈的磁力虽然不能在另一个线圈中引起电流，但是当通电线圈的电流刚接通或中断的时候，另一个线圈中的电流计指针有微小偏转。法拉第经过反复实验，都证实了当磁作用力发生变化时，另一个线圈中就有电流产生。他又设计了各种各样实验，比如两个线圈发生相对运动，磁作用力的变化同样也能产生电流。这样，法拉第终于用实验揭开了电磁感应定律。法拉第的这个发现扫清了探索电磁本质道路上的拦路虎，开通了在电池之外大量产生电流的新道路。

1831年是法拉第作出重大发现的一年。他发现的电磁感应现象，奠定了日后电气工业发展的基础。同时他也发现了抗磁性、法拉第电解定律。他还发明了一种电磁旋转机器，为电动机的雏形。

法拉第是一位优秀的实验家，能够用清楚简单的语言传达思想，但其数学能力只限于最简单的代数，对其他更高阶的数学（如微积分）并不熟悉。詹姆斯·麦克斯韦综合了法拉第与其他学者的研究，归纳为麦克斯韦方程式，成为现代电磁理论的基石。为了纪念法拉第，在国际单位制里，电容的单位是

“法拉”。此外，一摩尔的电子所含的电量（约96485库仑）也称为“法拉第常数”，让世人缅怀他在电学上无与伦比的贡献。

法拉第对化学也作出了贡献。他发明了使气体液化的方法，发现了多种化学物质，其中包括苯，更主要的是他在电化学方面（对电流所产生的化学效应的研究）所作出的贡献。经过多次精心试验，法拉第总结了两个电解定律，这两个定律均以他的名字命名，构成了电化学的基础。他将化学中的许多重要术语给予了通俗的名称，如阳极、阴极、电极、离子等。

爱因斯坦在他书房墙壁上，悬挂着三帧相片：法拉第、麦克斯韦和牛顿。

法拉第连连取得科学成就后，不断受到各界赏识和各种不同的诱惑：丰厚的高工资、英国贵族院要授予他贵族封号、皇家学院聘请他为学会主席，但是法拉第一概予以谢绝了。为了纪念法拉第，英格兰20英镑的背面印制了他的肖像。

詹姆斯·克拉克·麦克斯韦（James Clerk Maxwell，1831—1879年），伟大的英国物理学家，他因列出了表达电磁基本定律的四元方程组而闻名于世。麦克斯韦于1831年11月13日生于苏格兰的爱丁堡，自幼聪颖，父亲是个知识渊博的律师，从小受到良好的教育。10岁时进入爱丁堡中学学习，14岁就在爱丁

英镑背面的法拉第肖像

堡皇家学会会刊上发表了一篇关于二次曲线作图问题的论文，显露出出众的才华。1847年进入爱丁堡大学学习数学和物理。1850年转入剑桥大学三一学院数学系学习，1854年以第二名的成绩获史密斯奖学金，毕业留校任职两年。1856年在苏格兰阿伯丁的马里沙尔学院任自然哲学教授。1860年到伦敦国王学院任自然哲学和天文学教授。1861年被选为伦敦皇家学会会员。1865年春辞去教职回到家乡系统地总结他的关于电磁学的研究成果，完成了电磁场理论的经典巨著《论电和磁》，并于1873年出版。1871年受聘为剑桥大学新设立的卡文迪什实验室物理学教授，负责筹建著名的卡文迪什实验室，1874年建成后担任这个实验室的第一任主任，直到1879年11月5日在剑桥逝世。

在麦克斯韦以前的许多年间，人们就对电和磁这两个领域进行了广泛的研究，人们都知道这两者是密切相关的。适用于特定场合的各种电磁定律已被发现，但是在麦克斯韦之前却没有形成完整、统一的学说。麦克斯韦用列出的简短四元方程组，就可以准确地描绘出电磁场的特性及其相互作用的关系。麦克斯韦的主要贡献是建立了麦克斯韦方程组，创立了经典电动力学，并且预言了电磁波的存在，提出了光的电磁说。麦克斯韦是电磁学理论的集大成者。他出生于电磁学理论奠基人法拉第提出电磁感应定理的1831年，后来又与法拉第结成忘年之交，共同构筑了电磁学理论的科学体系。物理学历史上认为牛顿的经典力学打开了机械时代的大门，而麦克斯韦电磁学理论则为电器时代奠定了基石。1931年，爱因斯坦在麦克斯韦百年诞辰的纪念会上，评价其建树“是牛顿以来，物理学最深刻和最富有成果的工作”。

麦克斯韦大约于1855年开始研究电磁学，在潜心研究了法拉第关于电磁学方面的新理论和思想之后，坚信法拉第的新理论包含着真理。于是他抱着给法拉第的理论“提供数学方法基础”的愿望，决心把法拉第的天才思想以清晰准确的数学形式表示出来。他在前人成就的基础上，对整个电磁现象作了系统、全面的研究，凭借他高深的数学造诣和丰富的想象力接连发表了电磁场理论的三篇论文：《论法拉第的力线》（1855年12月至1856年2月）；《论物理的力线》（1861至1862年）；《电磁场的动力学理论》（1864年12月8日）。他对前人和自己的工作进行了综合概括，将电磁场理论用简洁、对称、完美的数学形式表示出来，这些数学形式经后人整理和改写，成为经典电动力学主要基础的麦克斯韦方程组。1865年他预言了电磁波的存在，电磁波只可能是横波，并计算了电磁波的传播速度等于光速，同时得出结论：光是电磁波的一种形式，揭示了光现象和电磁现象之间的联系。1888年德国物理学家赫兹用实验验证了电磁波的存在。

麦克斯韦于1873年出版了科学著作《电磁理论》，这本书系统、全面、完美地阐述了电磁场理论。这一理论成为经典物理学的重要支柱之一。在热力学与统计物理学方面麦克斯韦也作出了重要贡献，他是气体动理论的创始人之一。1859年他首次用统计规律得出麦克斯韦速度分布律，从而找到了由微观两求统计平均值的更确切的途径。1866年他给出了分子按速度的分布函数的新推导方法，这种方法是以分析正向和反向碰撞为基础的。他引入了弛豫时间的概念，发展了一般形式的输运理论，并把它应用于扩散、热传导和气体内摩擦过程。1867年引入了“统计力学”这个术语。麦克斯韦是运用数学工具分析物理问题和精确地表述科学思想的大师，他非常重视实验，由他负责建立起来的卡文迪什实验室，在他和以后几位主任的领导下，发展成为举世闻名的学术中心之一。

18至19世纪，英国的医学方面成就虽然不能与物理学相比，但也处于世界领先地位，出现了如爱德华·詹纳、约瑟夫·李斯特等杰出的人物。

爱德华·詹纳（Edward Jenner，1749—1823年），英国医生、医学家、科学家。因研究、推广牛痘疫苗，预防天花而闻名，被称为“免疫学之父”，并且为后人的研究打开了通道，促使巴斯德、科赫等人针对其他疾病寻求治疗和免疫的方法。

18世纪，天花成为当时英国人死亡的主要疾病。詹纳从伦敦回到家乡后，发现他所在地区的奶场女工和农民当中流传着一种公认的说法：牛痘是牛患的一种轻度病，但也可以传染给人，人若传染上牛痘，就再也不会得天花病（牛痘本身对人来说没有危险，虽然其症状与极轻度的天花病有点相似）。詹纳意识到如果农民的说法是正确的话，那么给人种牛痘就是使之获得天花免疫的一种安全的方法。他对这个问题进行了仔细的调查研究，也相信农民的说法确实正确，因此他决定直接对它加以检验。他因此潜心研究，应用各种动物做试验，先后用20年的时间到牧场挤奶女工中调查。

1780年，詹纳发现牛乳头上所生的疱疹都能传染给人，但只有一种疱疹的脓浆可以预防天花。他把引起牛疱疹的物质称为“病毒”。1790年，詹纳将天花痘皮给患过牛痘的人接种，以观察患过牛痘者是否不再患天花，果然得到证实。他将这套程序称为“种牛痘”，以区别人痘接种。牛痘接种使科学预防疾病跨出了第一步，他在1798年发表的《种牛痘的原因与效果的探讨》一书中，公布了23个因种痘而再不得天花的病例。

詹纳将他的实验结果写成文章，最初并不被出身于学府的医生们所重视。但是天花毕竟在导致着成千上万的人死亡，于是，从欧洲到美洲，人们开始悄悄地实验着詹纳最终确定的牛痘疫苗接种法：将减毒的天花病毒接种给牛犊，再取含有病毒的痘疱制成活疫苗，此疫苗被接种进人体的皮肤后，局部发生痘疮即可对天花病毒产生免疫。到了1925年，美国人人都要领取一个纽扣大小的证章，上面写着：我已接种。而在俄国，第一个接受牛痘疫苗接种的孩子被起名为瓦辛诺夫（即牛痘），并由国家供他上学。至此，天花造成的大规模死亡停止了。

詹纳无私地把他的接种方法奉献给世界，无意从中取利。他于1823年初在他的家乡伯克利逝世，终年73岁。

如果说詹纳的牛痘免疫得益于前人经验，外科防腐技术的发明人约瑟夫·李斯特则受到了法国微生物学家巴斯德一篇文章的启发。约瑟夫·李斯特于1827年4月5日生于英国尤普顿。其父为皇家学会会员，业余光学家。早在念小学时，他就立下了一个伟大的志向——当一名医生。1844年他进入伦敦大学学院，1847年获文学士学位，1852年获医学硕士学位。1853年赴爱丁堡大学任外科教授J. 赛姆的助手。1861年他成为格拉斯哥皇家医院的外科医生，一直干了8年。也就是在这个时期他发明了外科防腐技术。在格拉斯哥皇家医院，李斯特主持新外区病房工作。他深为这里出现的术后高死亡率而感到惊恐不安。严重的感染如坏疽等是一种常见的术后并发症。李斯特尽力使病房保持十分清洁，但是这并不能足以避免高死亡率的发生。许多医生坚持认为医院周围的

“瘴气”（有毒蒸汽）是引起这些感染的原因，但是这一解释并不能使李斯特感到满意。

随后在1865年，李斯特读到了法国微生物学家路易·巴斯德的一篇论文，豁然开朗，认识了疾病细菌学说。这给李斯特提供了关键的思想。如果感染是由细菌造成的，那么防止术后感染的最好办法是在细菌进入暴露的伤口之前就将其消灭。李斯特用石炭酸做灭菌剂，建立了一套新的灭菌法。他不仅在每项手术前认真洗手，而且还确保要使用的器皿和敷料都经过彻底的卫生处理。实际上他在一个时期里甚至向手术室空中喷洒石炭酸，结果术后死亡率有了戏剧性的下降。从1861年到1865年期间，男性急诊病房中的术后死亡率为45%，到1889年减少到15%。

继牛顿的学说之后，英国科学界的又一巨大成就是达尔文的进化论。查尔斯·达尔文（1809—1882年）是英国博物学家，自然选择进化论的创立者。恩格斯将“进化论”列为“19世纪自然科学的三大发现”之一（其他两个是细胞学说和能量守恒转化定律），对人类有杰出的贡献。

1809年2月12日，达尔文出生在英国的什鲁斯伯里。祖父和父亲都是当地的名医，家里希望他将来继承祖业，16岁时便被父亲送到爱丁堡大学学医。

但达尔文从小就热爱大自然，尤其喜欢打猎、采集矿物和动植物标本。进到医学院后，他仍然经常到野外采集动植物标本。父亲认为他不务正业，于1828年又送他到剑桥大学，改学神学，希望他将来成为一个牧师。达尔文却仍然把大部分时间用在听自然科学讲座、阅读大量的自然科学书籍上。

1831年，达尔文从剑桥大学毕业。他放弃了待遇丰厚的牧师职业，依然热衷于自己的自然科学研究。这年12月，英国政府组织了“贝格尔号”军舰的环球考察，达尔文经人推荐，以“博物学家”的身份，自费搭船，开始了漫长而又艰苦的环球考察活动。达尔文每到一地总要进行认真的考察研究，采访当地的居民，有时请他们当向导，跋山涉水，采集矿物和动植物标本，挖掘生物化石，发现了许多没有记载的新物种。

在历时五年的环球考察中，达尔文积累了大量的资料。回国之后，他一面整理这些资料，一面又深入实践，同时，查阅大量书籍，为他的生物进化理论寻找根据。1842年，他第一次写出《物种起源》的简要提纲。1859年11月，达尔文经过20多年研究而写成的科学巨著《物种起源》终于出版了。在这部书里，达尔文旗帜鲜明地提出了“进化论”的思想，说明物种是在不断地变化之中，是由低级到高级、由简单到复杂的演变过程。《物种起源》是达尔文进化论的代表作，标志着进化论的正式确立。

这部著作的问世，第一次把生物学建立在完全科学的基础上，以全新的生物进化思想，推翻了“神创论”和物种不变的理论。《物种起源》的出版，在欧洲乃至整个世界都引起轰动。它沉重地打击了神权统治的根基，从反动教会到封建御用文人都狂怒了。他们群起攻之，诬蔑达尔文的学说“亵渎圣灵”，触犯“君权神授天理”，有失人类尊严。

与此相反，以赫胥黎为代表的进步学者，积极宣传和捍卫达尔文主义，指出“进化论”轰开了人们的思想禁锢，启发和教育人们从宗教迷信的束缚下解放出来。此后，达尔文的学说得到认可，其中的一句话“物竞天择，适者生存”被广泛地应用。达尔文的“进化论”不仅是生物学界的革命，也影响了人类学、社会学、哲学、政治学和经济学等多个学科。

四、20世纪

20世纪科技发明层出不穷，而英国取得的诸多科技成就很大程度上改变了现代人的生活。下面提到的每一项发明都具有划时代的意义。比如青霉素在第二次世界大战期间成功地挽救了成千上万病人的生命，而且使人的平均寿命延长了15年。克隆羊说明了人类即将有可能用自然途径以外的方法制造生命。克隆羊在生物科技上无疑是史无前例的一大步，但它牵涉到人类道德观念的层面。而万维网的发明使得人类以史无前例的方式大规模地互通互联，所以互联网是人类历史上影响最深远、最广泛的传播媒介。

医学方面取得了许多重大突破，弗莱明由于发现了青霉素被誉为“抗生素之父”；亨斯菲尔德发明了CT被誉为“CT之父”；罗伯特·爱德华兹被誉为“试管婴儿之父”等。

1928年夏天，一个偶然的机会，细菌学教授亚历山大·弗莱明（1881—

1955年）发现青霉菌可以杀死金色葡萄球菌，他还发现，青绿色霉花还能杀灭白喉菌、炭疽菌、链球菌和肺炎球菌等——青霉菌具有高强而广泛的杀菌作用被类似的实验证实了。1928年9月15日，弗莱明在圣玛丽医学院公布了他的发现。他还于1929年2月13日向伦敦医学俱乐部提交了有关论文《青霉素——它的实际应用》，被刊登在《新英格兰医学杂志》上。

接着，弗莱明制取了少量青霉素结晶，先后到两家学院，请医生临床试用于人体，但遭到拒绝。青霉素遭拒的另一个重要原因是提取困难。

在这种既不能销也不能产的情况下，青霉素从此销声匿迹，弗莱明也只好在1931年暂时放弃了继续研究。直到两位科学家——出生在德国的英国生化学家钱恩和出生在澳大利亚的英国病理学家弗洛里，于1938年偶然读到弗莱明发表在《新英格兰医学杂志》上的论文，并在1941年成功分离出青霉素之后，青霉素才于1944年在美国投入量产。与原子弹、雷达并称“第二次世界大战期间的三大发明”的青霉素，最终成为具有惊人疗效的药物，不但在第二次世界大战期间成功地挽救了成千上万病人的生命，而且使人的平均寿命延长了15年。于是，弗莱明和钱恩、弗洛里共享1945年诺贝尔生理学或医学奖。

CT机，全称为计算机X线断层摄影机，1973年由英国电子工程师亨斯菲尔德制造。它是利用精确准直的X线束、γ射线、超声波等，与灵敏度极高的探测器一同围绕人体的某一部位做一个接一个的断面扫描，具有扫描时间快、图像清晰等特点，可用于多种疾病的检查。CT机现在已经广泛地应用于临床医学领域，为世界医疗界做出了巨大的贡献。

1978年7月25日，随着世界上第一位“试管婴儿”在英国的诞生，这项技术被称为“医学史上的一大奇迹”，开创了生殖医学领域的新纪元。“试管婴儿之父”罗伯特·爱德华兹也因此荣获2010年诺贝尔生理学或医学奖。

罗伯特·爱德华兹（Robert G. Edwards），剑桥大学教授，英国生理学家，被誉为“试管婴儿之父”。1948年毕业于北威尔士大学农业和动物学专业；1955年获得爱丁堡大学动物基因研究生学位；1956年至1978年从事生殖生理学研究，并成功使世界第一例试管婴儿诞生；1983年至1984年创立欧洲人类生殖和胚胎学研究会，并创办《人类生殖》杂志；2001年，由于在人类不育症治疗领域的突出成就，获得美国阿尔伯特·拉斯克医学研究奖。后又因创立了体外受精技术独享2010年诺贝尔生理学或医学奖。

罗伯特·爱德华兹1925年出生于英格兰曼彻斯特。二战中服完兵役后，他进入威尔士大学和爱丁堡大学学习生物学，1955年获得博士学位，论文内容为小鼠胚胎发育。1958年他成为英国国立医学研究所研究人员，开始了对人类受精过程的研究。从1963年开始，爱德华兹相继在剑桥大学和Bourn Hall诊所（世界首个试管受精中心）工作。Bourn Hall由爱德华兹和Patrick Steptoe所建立，爱德华兹担任其研究主任多年。爱德华兹同时还是受精研究领域多本顶尖期刊的编辑。爱德华兹目前是剑桥大学名誉退休教授。

他的贡献使治疗不育症成为可能，包括全球超过10%的夫妇在内的人类因此获益匪浅。

在生命科学方面，1996年7月5日，英国罗斯林研究所的生物遗传学家伊恩·维尔穆特成功地通过体细胞克隆法培育出了一只羊。克隆羊“多莉”的诞生震惊了世界，它是世界上首只成年体细胞克隆动物。克隆是英语Clone的音译，指人工诱导的无性繁殖。动物克隆试验的成功在细胞工程方面具有划时代的意义。

多莉标本

克隆羊“多莉”于1997年2月23日被介绍给公众，它是罗斯林研究所与英国PPL医疗公司共同培育的。

“多莉”的“基因母亲”是一头普通白绵羊。科学家取这头绵羊的乳腺细胞，将其细胞核移植到一个剔除了细胞核的苏格兰黑脸羊的卵子中，使之融合、分裂、发育成胚胎，然后移植到第三头羊的体内。它的诞生被视为“20世纪末最重要的科学成就”之一，它引发了全世界科学家研究克隆技术的热潮，也导致了大量技术和伦理方面的争论。科学家当时一共培育了277个胚胎，最后只有“多莉”成功出生。体细胞克隆技术的低成功率，一直到现在也没有明显改善。

克隆羊“多莉”1998年4月产下第一个羊宝宝“邦尼”，从而证明了克隆动物也能生育。1999年又产下了三个。2003年2月，兽医检查发现“多莉”患有严重的进行性肺病，于是研究人员对它实施了安乐死。绵羊通常能活12年左右，而多莉只活了6年，它的早夭再次引起了人们对克隆动物是否会早衰的担忧。如今“多莉”的尸体被制成标本，存放在苏格兰国家博物馆。

克隆技术的成功，意味着人类摘取了生物学上的禁果，篡夺了“上帝”的专利，人类掌握自己的命运已经不再是一个空想。也带来了一些问题，许许多多的人们反对把克隆技术扩展到人类身上，因为那是“不道德、不合法且毫无道理的”。

著名生命科学家、DNA双螺旋结构的发现者之一弗朗西斯·克里克（1916—2004年）被誉为“分子生物学之父”。他曾在伦敦大学学习物理，二战的爆发使他被迫中断攻读博士的学习，来到英国海军部研究制造水雷。二战后，他对“生物与非生物的区别”产生了浓厚兴趣，但那时他在生物学、有机化学以及晶体学方面都没有什么基础，在此后的几年里他花了大量的时间自学这些知识，完成了从物理学家到生物学家的转变。这是他的第一次学科领域转换。

1947年，克里克进入剑桥大学的斯坦格威斯实验室参与研究工作。随后又加入剑桥大学卡文迪许实验室。他的学术生涯的一个重要转折是1951年与美国科学家詹姆斯·沃森的相遇。由于有着一致的研究兴趣，两人可说是一拍即合。尽管他们都在做着蛋白质晶体结构的研究工作，但两人都对“基因到底是什么”感兴趣，他们深信一旦解读了DNA的结构，对搞清遗传的真相将很有帮助。

1952年，美国化学家鲍林发表了关于DNA三链模型的研究报告，这种模型被称为α螺旋。沃森与威尔金斯、富兰克林等讨论了鲍林的模型。威尔金斯出示了富兰克林在一年前拍下的DNA的X射线衍射照片，沃森看出了DNA的内部是一种螺旋形的结构，他立即产生了一种新概念：DNA不是三链结构而应该是双链结构。

他们继续循着这个思路深入探讨，先在理论上得出一个共识：DNA是一种双链螺旋结构。随后沃森和克里克立即行动，在实验室中联手开始搭建DNA双螺旋模型，终于在1953年3月7日，将他们想象中的DNA模型搭建成功了。

1953年4月25日，克里克和沃森合作在顶级的《自然》杂志上发表了一篇名为“核酸的分子结构——DNA的一种可能结构”的论文。他们的论文被誉为是“生物学的一个标志，开创了新的时代”。在此基础上，克里克进一步分析了DNA在生命活动中的功能和定位，提出了著名的中心法则，由此奠定了整个分子遗传学的基础。克里克还和弗农·英格冉姆（Vernon-Ingram）一道，发现了遗传物质在决定蛋白质特性上的作用，因此被誉为“分子生物学之父”。

由于沃森、克里克和威尔金斯在DNA分子研究方面的卓越贡献，1962年，他们三人分享了诺贝尔生理学或医学奖。

在计算机科学方面，有人工智能之父阿兰·图灵和万维网之父蒂姆·伯纳斯·李为代表。阿兰·图灵（Alan Turing）于1912年出生于英国，小时候性格腼腆胆小，成绩平平，但是19岁到英国剑桥皇家学院学习时对数学的兴趣一发不可收拾。他在24岁时提出了图灵机理论，31岁参与了Colossus（二战时，英国破解德国通信密码的计算机）的研制，33岁时构思了仿真系统，35岁提出自动程序设计概念，38岁设计了“图灵测试”，在后来还创造了一门新学科——非线性力学。虽然图灵去世时只有42岁，但在其短暂而离奇的生涯中的那些科技成就，已让后人享用不尽。人们仰望着这位伟大的英国科学家，把“计算机之父”“人工智能之父”“破译之父”等头衔都加冕在了他身上。为了纪念这位伟大的科学家，美国计算机协会（ACM）于1966年设立图灵奖，专门奖励那些对计算机事业作出重要贡献的个人 。

接下来这一位科学家因“发明万维网、第一个浏览器和使万维网得以扩展的基本协议和算法”而获得2016年度的图灵奖。他就是蒂姆·伯纳斯·李，万维网的发明者，南安普顿大学与麻省理工学院教授。

2012年伦敦奥运会开幕式上，他一人独自坐在电脑前，用一句“This is for everyone”完美诠释了他将万维网无私贡献给世界人民的初衷，他的发明，是献给生活在地球上每一个人的。同时，他也用自己的发明，将这个世界彻底连为一体。

1955年，蒂姆出生于伦敦西南部的一个“书香门第”。他的父母都是数学家，同时也是英国计算机界的名人。或许是在这样的家庭中耳濡目染，也或许是受遗传基因等因素的影响，蒂姆从小就对计算机有着浓厚的兴趣。

1972年，蒂姆进入顶尖学府——牛津大学攻读物理专业。蒂姆说，之所以选择物理专业，是因为他觉得物理学不仅很有意思，而且是数学和电子学之间的一种“恰如其分的折中”。事实也证明，蒂姆的这个选择为他后来发明万维网打下了良好的基础。

1980年，一个偶然的机会，蒂姆来到位于瑞士日内瓦的欧洲核子研究中心（CERN）从事软件工程师的工作。工作过程中，他要频繁地与世界各地的科学家们沟通联系，和他们交换、分析数不清的报告和数据，经常不得不重复回答一些问题，繁琐的过程实在令人烦恼。他希望能够有一种工具，让大家能够不管身处何地，都能够通过计算机网络去简单快捷地访问其他人的数据。

于是蒂姆开始在业余时间编写一个软件程序，利用一系列的链接（即超文本）首先将自己计算机上的重要文档的存储地址都“串”起来，这样就可以像从一本书的目录检索到其中内容那样，通过很简单的操作找到想要的重要文档。他将这个程序命名为“探询”（ENQUIRE)，即儿时喜爱的那本百科全书的名字。这个没有发布过的程序就是后来万维网的雏形。

1984年，蒂姆以正式成员的身份加入GERN。在这里他完成了自己的伟大发明。1989年3月，蒂姆向CERN递交了一份立项建议书，建议采用超文本技术（Hypertext）把CERN内部的各个实验室连接起来，在系统建成后，将可能扩展到全世界。经过一系列波折之后终于得到了上司的批准。于是蒂姆得到了一笔经费，购买了一台NEXT计算机，与罗伯特·卡里奥共同开发试验系统。1991年8月6日，世界上第一个WWW网站www.info.cern.ch正式成立。1993年4月30日，CERN宣布开放万维网给所有人使用。

蒂姆的这一发明，彻底改变了全球信息化的传统模式，打破了信息存取的壁垒，带来了一个信息交流的全新时代，同时，也使互联网由少数精英使用的信息传输渠道，变成了供全世界人使用的“知识百科全书”。正如《时代》周刊所说：很难用语言来形容他的发明在信息全球化的发展中有多大的意义，这就像古印刷术一样，谁又能说得清楚它为全世界带来了怎样的影响。

有人说，蒂姆是一个极具浪漫主义情怀的科学家。在这个金钱至上的时代，作为一个轻易就可以用自己的发明获得财富的发明者，他却放弃了这个暴富的绝好机会，将万维网无偿向全世界开放。他的奉献比他的发明本身更让人感动，因为这个举动不仅为互联网的全球化普及翻开了里程碑式的篇章，更让全世界人民免费享受到了这项伟大发明为生活带来的美妙乐趣。

虽然并不追名逐利，但做出如此巨大贡献的蒂姆，恐怕很难不让人关注。1999年，《时代》周刊杂志将其列入20世纪最有影响的100名英国人之一。2002年他与劳伦斯·罗伯茨、鲍伯·卡恩和文顿·瑟夫分享阿斯图里亚斯亲王奖。2004年，蒂姆以其“改变人类文明进步”的创新发明，无可争议地被授予第一届“千年技术奖”，同时获得高达100万欧元的奖金。至于这些钱怎么用，当年获奖后的蒂姆给出了一个朴实的答案：“尽管我们还没有认真考虑过如何使用，不过我想我们绝不会将其拿来挥霍。我们会用它去做一些老套、乏味的事，比如孩子的教育等。另外，我们需要一个新厨房也已经很长时间了。”

第四节　教　育

英国是世界上知名的教育强国，云集了世界上最著名最古老的学府，每年吸引众多留学生前往英国留学。总体来说，英国教育分为三个阶段：义务教育（Compulsory Education)，延续教育（Further Education）和高等教育（Higher Education)。具体来说，英国教育体系可以分为五个阶段：

一、英国教育体系的五个阶段

（一）第一阶段：3—5岁的幼儿园教育

从内容上看，更注重培养孩子的能力，要求幼儿能独立阅读一系列熟悉的单词和句子，并且能用钢笔写出可识别的字母等。

英国政府将幼儿工作者这一概念进一步社会化：

首先，把母亲的关心与陪伴作为幼儿教育的一项政策性要求；其次，注重“照顾人员”的加入，如校外志愿者、创造者、辅导人员等；再次，重视家长的参与，认为家长是学前教育阶段非常重要的角色。幼儿教育的目标之一就是培养幼儿的个性与能力，为他们日后走向社会打基础。因此，几乎所有的教育内容都与孩子的活动紧密相连。

（二）第二阶段：5—11岁的小学教育

英国的义务教育分为两个阶段：小学教育（5—11岁）、中学教育（11—16岁）。学生从5岁开始接受义务教育，所有的家长必须把孩子送到学校读书，享受免费的国家福利。学校甚至还提供免费午餐。自2015年起，英国政府方面将烹饪课程增加到4—5岁儿童的必修课程中，以达到从小控制孩子的饮食，进而控制英国的肥胖率的目的。

学校对于课程设置拥有高度自由的权力。但英文、数学、科学和信息通信技术都是各小学的核心课程。实行教师包班教学，即一个班上的英文、数学、科学、美术、体育、历史、地理等课程都由一个教师教学，这个班的名字就由这个老师的名字命名。每个班都配有一个助教。但信息与通信技术、音乐和外语则由专职教师上课。

重视教学实践、培养学生的动手能力是小学教育的显著特色。英国小学的教室里总是摆满了琳琅满目、各式各样的教具和玩具。学生在课堂上的主题活动相当一部分就是在教师的指导下操作这些教具、玩具。

自然科学课程的教学伴随有大量的演示实验和分组实验；英文、历史、地理、社会、外语等课程的教学则借助现代化视听教学手段。学校还常结合教学内容举行各种参观、见习、实习等活动。例如，讲科学课会带学生到自然博物馆参观，栽种植物并观察植物生长的全过程。

在费用方面，小学阶段属于英国义务教育的范围，学生可以就近选择进入离家较近的免费的公立学校。条件较好的家庭会送孩子进入私立学校学习，私立学校没有地理位置的限制，会接收3—18岁的学生。相较私立学校的精英教育理念，由于公立学校是为了满足英国公民的教育需求，因此公立学校相较私立学校规模会更大，招收的学生也更多。

而且，只要拥有合法的英国居住身份，无论哪国人，在申请入小学的时候，孩子跟英国孩子完全平等。只要家长和孩子取得英国的合法居住签证（大于6个月），孩子就能在英国免费接受公立教育，包括幼儿园3岁以后的免费30个小时幼托。

（三）第三阶段：11—16岁的中学教育

小学教育一般持续到11岁，然后进入中学。英国的中学不分初、高中，从中一（Form 1）到中五（Form 5）共五年时间。顺序是先完成三年的GCSE（General Certificate Secondary Education）课程，然后完成两年的A level(General Certificate of Education Advanced Level ）课程。

通常学生在小学毕业之后，有一个统一入学考试（Common Entrance Examination)，作为申请中学的依据。统一入学考试的试卷由报考的中学来阅卷，因此每一个中学对于入学的标准与需求也就略有差异，符合地方自治的多元性。考试分为三个年龄组别：11、12以及13岁，每个年龄组别所考的科目不同。通常11岁及12岁组所考的科目比13岁组少，13岁组别主要有七科可以报考：英语、数学、历史、地理、宗教、法语及科学。至于哪些科目为必考项目，则随申请学校而定。而在16岁完成中学教育时，则需通过考试才可以取得《中学教育普通证书》。毕业之后可以选择就业，或进一步继续就读进阶中学（A Level School)。

中学教育开设的学科相当广泛，如商务、法律、媒体、政治等。学生可以广泛地接触各类学科。随着年龄的增长及年级的上升，学生会逐渐发现自己感兴趣的学科以及自己不擅长的课程。在下一个学年他们可以放弃一个自己不感兴趣的或不擅长的学科，以便将更多的时间和精力放到保留下来的学科中。

在这种金字塔式的选课方式中，学生充分展示出了自己的兴趣和爱好，学习有了主动性，也为以后大学的学习以及从事的职业奠定了基础、明确了方向。

（四）第四阶段：16—18岁中学高级班（或大学预备班）

这一阶段为中学至大学的过渡期，主要是学术方向和职业方向学习。普通教育高级证书即A-Level，是学业路线的重要内容。A-Level总共有100多个科目，学制两年，专业分科极为细致。不等同于我们的高中学习课程，A-Level更倾向于大学的基础课，相当于我们大学本科课程的头两年。大多数中学开设的A-Level课程科目相当广泛，大的板块有科学、文学、心理学、社会学、数学、历史学、地理学、生物学、物理学、经济学、商学、计算机科学、法律、音乐、语言等等。每个学校的课程开设又在这些大的基础板块上进行细分。

选科对学生来说非常重要，一般秉持专业目标原则和擅长原则来选科。

第一年称为AS水准。学生通常选择自己最擅长且最有兴趣的3—4门课程，通过考试后获得AS证书。第二年称为A2水准。学生可选择AS水准中优秀的3门课程继续学习，通过考试后获得A-Level证书。

英国的职业路线教育与学业路线有一定的对应性，学生可以根据自己的学业情况选择进入学业路线的不同阶段。这种方式给学生提供了更多的选择机会，使不同类型的学生能够充分发挥自己的优势和潜能。普通国家职业资格考试（GNVQ）是一种广泛的职业教育课程，与学业路线中的GCSE和A-Level相平行，在学业深度和难度上也不亚于这类课程。

GNVQ的选课比较简单，每门课程就是一个专业。学生可以根据自己的需要和兴趣爱好安排课程，选择学分制或模块式的学习方式，甚至可以在学习的过程中穿插工作，在学习和工作同时进行的过程中最终选择自己最喜欢的事业。

（五）第五阶段：大学教育

一般从18岁开始，读本科需要3—4年（医科为5年），可取得学士学位。硕士通常为1—2年，博士为3—5年。

高等教育是英国教育体系中的高级阶段，它包括：英国国家高等教育文凭；本科；研究生；博士生。

高等教育通常都是由大学提供，但许多学院也提供本科和专科课程。

专科课程，Level 4—5。

HND是职业教育体系中的最高阶段，学制一般为2年。毕业后，如果取得比较好的成绩，可以选择直接进入本科第3年的课程，最后拿到所插读大学的本科毕业证书。

本科课程，Level 4—6。

英国大学本科一般为3年，但有些大学的某些特殊专业要求读4年及以上，如医学专业。进入英国大学本科的路线有多条。最常见的是凭着三门A-Level的成绩进入本科；取得GNVQ Advanced文凭也有资格报读绝大多数大学本科课程。

硕士预科课程，Level 7。

只给研究生毕业证书，而没有相应的学位证书。专门针对想读硕士学位但又一时达不到入学要求的学生设计，比如留学生。留学生如果没有在英国学习过一段时间或是语言不过关，会很难完成英国1年的研究生课程。有一些学院为此专门设置研究生预备课程，帮助留学生顺利进入研究生课程并成功取得学位。

硕士课程，Level 7。

英国硕士课程一般为1年，部分带实习的课程是2年，分为研究型和授课型硕士两种。授课型硕士以课堂授课为主，多为实用性高的专业，比如翻译或工程专业等；而研究型硕士以搞科研为主，有指定导师指导课业，课堂授课少。

博士课程，Level 8。

博士课程一般为3—4年。传统的博士课程着重于纯理论的研究，需要至少3年才能完成。修业时间可能会因为学生的研究领域及资料收集的困难程度而增加。

课程的研究阶段通常为先就研究领域的新想法做文献探讨，继而开始研究、分析结果并详细描写结果。英国的博士课程之所以著名，是因为其研究必须是具有独创性的，也就是说能被授予英国的博士学位表示学生将成为该领域的世界级专家。

二、英国公学

英国的公学被称为“教育的活化石”，这是因为它具有悠久的历史，且又保留了许多传统，直到今天。历史上最早出现的公学是14世纪时创立的温彻斯特公学，其次就是大名鼎鼎的伊顿公学。英国社会，似乎很喜欢一种两两对立的感觉：有牛津，就有剑桥；有保守党，就有工党；有曼联，就有利物浦。于是哈罗公学也不能独美于英国的贵族中学领域，伊顿公学便和哈罗公学构成贵族学校界的泰山北斗，长期竞争。

英国的公学，很容易在字面上让人迷惑，以为这是专门由政府出资开办，以低廉的价格提供给一般市民子弟受教育的机会，如同国立大学一样。实际上公学和政府无关，只是表示学校可以公开招生，而不只限于特定宗教、种族或地区的学生。

当然，如同哈罗公学的历史一样，早期的公学也是开放给穷人的孩子就读，因为富家子弟多有私人教师专门辅导。不过时至今日，历史悠久的英国公学培养出来的学生大多是英国各领域的精英，而且学费昂贵，普通人是无法负担的。

发展到后期以后，公学已经突破了所谓私人办学的桎梏，而成为一种“社会等级”制造者。比如一般私立学校会被称为“独立学校”，哈罗公学后来创办的约翰·利昂学校，就不是公学，而是一所独立学校。“公学”并没有特定的标准，但是它们一般都有历史悠久，课程设置注重人文教育而非科学，设立在英国中学中已经很少见的古典与宗教课程，注重体育活动，学费昂贵，而且很少提供奖学金等特点。

公学是贵族化了的文法中学，是专门为名门贵族服务的私立学校。“保持自己的个性”是公学和它的每一个学生笃守的信条。因此，公学从古到今始终保持着一些显示自己“高傲”地位的特征。

公学选拔学生的标准极为严格，从不允许滥竽充数。尽管社会地位和财富是进入公学的首要条件，但达官显贵家中才智平庸的子女也会被拒之门外。所以，公学的水平不是一般中学所能比的，它的大多数毕业生都能直升“牛桥”（牛津大学和剑桥大学的专称）。

公学很重视绅士品格的培养。为了尽快让学生养成典雅的绅士风度，学校实行寄宿制。尽管学生都来自社会上层家庭，公学为养成他们吃苦耐劳，坚韧不拔的性格，所提供的住宿和饮食都非常简陋。为了避免家庭对这种训练的干扰，公学长期以来不让家长参观学生的食宿情况。在学校内部则实行学生自治和导师制相结合的管理形式。宗教信仰对于学生来说是“第一义”的，必须首先遵守，社会生活与人际关系的各种礼仪也是不可忽视的。

公学课程中一直把神学、文法和古典名著学习放在重要地位。但是，由于工业革命和科学技术的飞速发展，也迫使公学接受了新兴学科。

英国公学在1861年大概可分为十个主要派别，它们包括：查特豪斯公学、伊顿公学、哈罗公学、麦钱特泰勒斯公学、拉格比公学、圣保罗公学、圣保罗女子中学、舒兹伯利中学、威斯敏斯特公学、温彻斯特公学。至1902年，英国政府年鉴列出102所较有名气的公学，并把这些学校分成五个等级，可见当时阶级的分明。公学学生多数会选择在19岁左右进入大学。现时公学在英国成为精英教育，在整个英国教育制度占有崇高的地位。各所公学各自有自己的管理方式，培养的学生都很出众。

不同的公学都拥有自己特殊的传统，包括特殊的体育活动（如橄榄球运动其实最早就是拉格比公学的一项体育活动）和方言等。此外他们也有特别的制服，如伊顿公学和基督公学的制服就是与众不同的，而基督公学的蓝袍校服更有超过400年的历史。

公学的学生大多住校，而且一般从11岁就进入学校学习，7年后毕业。要进入这些公学除了需要能够负担昂贵的学费外，学生也必须在学术方面表现优异。此外拥有良好的社会关系也是很重要的：公学一般会优先录取那些父母或亲属曾经就读过这些学校的学生。

三、哈罗公学

在英国首都伦敦，偶然可以看到这么一群年轻的男生，他们身穿雪白的衬衣，外着天蓝色的西装外套，英俊潇洒，自信十足。更引人注目的是人人头上那顶带着深蓝丝带的英式硬草帽（有时候会是黑礼服配英式高礼帽及手杖），这群孩子必定来自著名的哈罗公学。

哈罗公学拥有自己的校歌，这在公学林立的英国绝对是新鲜事儿。这首名为《四十年来》的校歌在平时场合是不容易听到的，只有当学生家长、皇室和前政府官员以及往届校友来访时才会被作为保留节目演出。

维多利亚时代的英国先贤恐怕很难预料到，他们曾经创造的工业文明的各种品牌，已经一个又一个落入德国、中国乃至印度人之手。但是作为英帝国黄金时代象征的一个软标志——教育，倒是依旧声名显赫，吸引各种精英学子、王子皇孙、富家贵胄慕名而来，为英国带来滚滚财源。除了牛津、剑桥一类的传统大学，很多人也把目光早早瞄向了如哈罗公学一类的贵族中学。因为一旦能够成功入读这类顶级学校，不但意味着获得了进入牛津、剑桥等名校的敲门砖，也意味着自己的子女能够接受最正统全面的英式贵族教育，有望成为正宗的“英伦贵族”。

哈罗公学，是这类贵族学校中的佼佼者，英国贵族教育体系中的明珠。即使面临数万英镑一年的高昂学费，世界各地那些腰缠万贯的家长，依然想尽办法让自己的儿子（女儿是不行的，因为哈罗是男校）戴上那顶哈罗草帽。对他们来说，或许只要哈罗公学愿意接受，金钱不是问题。赋予哈罗公学神秘光环的，不仅有辉煌的历史与传统，也有大英帝国依旧耀眼的软实力残光。

然而哈罗公学的创始人，既不是声名显赫的公爵，也不是名留青史的主教。1572年，一名哈罗本地的富农约翰·利昂从英格兰女王伊丽莎白一世那里获准在当地建立一所面向本地农民孩子的学校。作为代价，他出钱支付了两名学生未来去牛津和两名学生去剑桥学习的费用，并修筑了连接伦敦和埃德加的公路。

尽管来读书的都是本地教区的孩子，利昂还是制定了严格的规则，其中要求学校的校长必须由一位至少有20英镑年收入、硕士学历的人士担任，副校长的要求则是15英镑年收入和学士学历。除了每周四外，学生没有玩乐的时间。出席教堂礼拜是必须的，过了一年级以后，就不允许再说英语了。当时哈罗公学的教学语言是拉丁语。违反规定的学生，将接受“适度疼痛”的体罚。为了良好贯彻各种校规，哈罗公学初始设立了三个校监，其中两个负责管教和惩罚学生，另外一个则负责监督其他两位校监。

学生进入哈罗读书是免费的，利昂资助本地的教育。家长只需要给学生准备墨水、纸张、笔、书本、蜡烛以及弓箭。在哈罗的早期历史里，射箭是必须和唯一的运动。这也体现了哈罗的英国本土色彩，在冷兵器时代，英格兰以精良的弓箭手闻名，弓术是这个国家最重要的战争记忆。利昂还有规定，哈罗可以在收取合适学费并且不影响本教区学生教育的情况下，接受外来的学生。

利昂一生都贡献给了哈罗的教育，在他死后，留下两种财产——哈罗公学和那条大道。为了纪念他，哈罗的学生直到今天都要在每年11月沿着历史上那条大路跑上10千米。也因为利昂最初资助学生前往牛津和剑桥，哈罗从建校开始就和这两所后来世界最知名的学府结下了不解之缘。“入哈罗，读牛剑”成为公学的最大卖点，为不少海外富豪追捧。

哈罗的崛起开始于18世纪早期。由于当时另一所著名的伊顿公学被怀疑和托利党人（即贵族派，现英国保守党的前身）联系过多，得势的辉格党（改革派，现英国自由党的前身）权贵们转为支持哈罗。许多贵族争先恐后捐资赞助，哈罗学费因此水涨船高。一个外来富家学生需要支付一年10英镑的学费，这在当时和一个大学学者的年收入相当了。一名1775年入学的男生甚至为他7年半的学习总共支付了202英镑，这在当时是惊人的巨款。也正是从这个时代开始，哈罗的教育理念开始变化，成了一所面向富人和权贵子弟的学校。

正因为如此，18世纪当地居民还举行过集会，抗议哈罗越来越昂贵的学费和越来越多的外来学生。本地学生和外来学生的比率已经变成了1比2。不过本地居民希望找回利昂原初理念的斗争还是失败了，哈罗越来越成为一所平民难以企及的贵族学校。

哈罗的高门槛在校长那里也有体现，比如后来成为坎特伯雷大主教的隆里博士，以及著名诗人华兹华斯的侄子克里斯托弗·华兹华斯博士（Dr. Christopher Wordsworth）都担任过哈罗的校长。在1805年到1829年乔治·布尔特任校长期间，哈罗进行了多项改革，比如英语得到了宽容对待，希腊语也取得了和拉丁语平等的地位。科学、法语和意大利语课程也被引入。布尔特还鼓励学生关心政治，允许他们中断课程去参与一些政治事件，比如庆祝在西班牙对拿破仑的胜利，枪械射击和火炮操控课程也被引入。

哈罗毕业生被称为“哈罗仔”（Harrovians），这些闪亮的名字中包含7位英国前首相，如著名首相丘吉尔。不过实际上，丘吉尔本人在哈罗的生涯并不开心，甚至可以说，对这位从小有些离经叛道，有一个美国富家大小姐母亲的名门子弟来说，哈罗公学的几年岁月还颇为黑暗。而丘吉尔本人，恰恰是哈罗公学引以为豪的毕业生之一。正是校友录当中那一排排闪亮的名字，构筑了哈罗公学的赫赫声威，也引得无数望子成龙的家长，希望自己的儿子能够同样拜将封相，衣锦还乡。

在哈罗读书期间，丘吉尔的成绩很差，特别是数学、拉丁文等，基本都是全校垫底。由于他生性顽皮叛逆，不时受到哈罗校规的“特别照顾”。不过他的英语和历史成绩却非常的好，还是全校的击剑冠军。

除了丘吉尔以外，哈罗人里的政治家还有现代保守党的奠基人罗伯特·皮尔及斯坦利·鲍德温等。提到罗伯特·皮尔，就不能不提及他在哈罗的校友——英国著名诗人乔治·拜伦。和丘吉尔不太一样，拜伦出身于一个贫穷而破落的贵族家庭。但是由于这个家族本身还是相当久远和显赫的，所以拜伦13岁时顺利进入了与之地位相称的哈罗公学。

时任哈罗公学校长的约瑟夫·德鲁里在他的书房里第一次与这位天资聪颖、外表俊美但腿有残疾的贵族少年见面。校长回忆，“交给我的是一匹在山里野惯了的小马驹。不过从他的眼睛里，我看到他是有思想的”。

从此，哈罗周边的历史古迹旁，学校的林荫道上，经常留下这位年轻人的足迹。和许多毕业于哈罗的名人相似，拜伦有点偏才，他在哈罗的学习被评价为“懒惰而博学”，上课不太用功，却能在关键时刻轻松大笔一挥，写下三四十句美妙的拉丁文六韵诗。

也是在哈罗期间，拜伦对政治产生了浓厚的兴趣。在学校期间，他曾在一封信里写道：“一个演说家远远胜过一个诗人。而另外，即使我暂时从事诗的写作，那也是暂时的，因为我还未成年。”在拜伦于哈罗期间长期阅读的书目中，政治学、历史学占据了很大的比例，包括大量唯物主义哲学和启蒙学派的著作。

充满幻想的拜伦常常独自一人，臂下夹着这些书籍来到哈罗山顶的教堂，四周是一片墓地。拜伦就坐在大榆树下面的一块墓石上读书、冥想。在和风习习、树叶簌簌中，他的思绪往远方飘扬。

哈罗公学的兴盛，和维多利亚时代英帝国的全盛是不可分的，没有英国的强大，哈罗公学的毕业生们也不可能产生显赫的世界影响。

1905年，哈罗迎来了一位年轻羞涩，但精干坚强的印度婆罗门子弟，他就是后来成为印度国父的贾瓦哈拉尔·尼赫鲁。和另外一些同学及前辈一样，尼赫鲁也不喜欢哈罗的生活，包括令人生厌的各种课程。而且，由于出身于印度尊贵的婆罗门贵族家庭，哈罗的生活对尼赫鲁也显得有些艰苦。比如他没有随身仆人伺候，冬天必须洗冷水澡，这让尼赫鲁很不习惯。

除了尼赫鲁外，约旦国王侯赛因、伊拉克国王费萨尔二世等中东王室成员，也是哈罗的毕业生。作为大英帝国最好的中学哈罗公学，对世界各地那些新兴的前殖民地和半殖民地国家中有贵族情结的家庭来说，无疑闪烁着特殊的光芒。

英帝国已经解体近半个世纪以后，哈罗的国际化之路仍没有终止，哈罗公学在泰国曼谷有一所国际学校，在坦桑尼亚支持一所当地的学校。2005年，哈罗公学在北京开设一所2年制高中，提供英国的大学预科课程。2010年4月，哈罗公学宣布在香港开设分校，是全球第四个分校。位于新界屯门区，近香港黄金海岸，于2012年启校。

四、伊顿公学

伊顿公学历史比哈罗公学还悠久，1440年由英格兰国王亨利六世创办，最早为70名贫穷学生提供免费教育，作为进入剑桥大学国王学院的预备学校，到17世纪逐渐成为一所名校。

和哈罗公学一样，伊顿公学也只招男学生。人数1480人，多于哈罗的800人。某种程度上，伊顿公学比哈罗公学更得到英国传统人士的青睐。最主要原因是其历史更加悠久，而且如上文所说，伊顿公学和英国王室贵族关系密切。公学所在地就在著名的温莎堡旁边，从温莎堡上，历代英国国王都可以俯瞰这所贵族学校。从象征意义上来说，伊顿的学生，是在英王的关怀下成长起来的。也正因为如此，王室成员一般会选择伊顿而非哈罗，比如威廉王子和哈里王子都是伊顿公学的学生。

伊顿的校友录和哈罗相比同样群星灿烂，甚至略胜一筹。也有一个专门的英语单词用于形容他们，那就是“伊顿佬”（Old Etonians）。包括前任首相戴维·卡梅伦在内，历史上有 19位英国首相曾经穿过伊顿校服，这本来是英国国王乔治三世去世时人们为悼念他而穿的丧服，后来成为学校的校服，凸显了伊顿的保王色彩。著名的伊顿人还包括雪莱、乔治·奥威尔、亨利·菲尔丁、凯恩斯和威灵顿公爵等人。而且由于伊顿的历史要比哈罗早，所以哈罗公学早年有不少老师和校长都是“伊顿佬”。

著名作家奥威尔就有一段轶事。他曾经想体验监狱生活，于是故意装醉汉攻击一个警察，结果警察一听他的伊顿口音就知道这是一个上流社会出身的小伙子，于是礼貌地劝走了他。

在伊顿公学长长的校友名单中，还有一个虚构板块。因为很多著名的英语文学里，有虚构的伊顿公学校友。比如著名的童话《彼得·潘》里的海盗胡克船长（Captain Hook），又如阿加莎·克里斯蒂小说中波罗探长的好朋友阿瑟·哈斯汀船长（Captain Arthur Hastings），都是伊顿公学毕业的。

伊顿公学的王室情结还发展到招收外国学生上面，在伊顿读书的外国学生也主要来自王室家族，包括泰国国王拉玛七世。在伊顿和哈罗长期的较劲中，伊顿人会攻击哈罗不时对暴发户家庭敞开大门。

与牛津和剑桥一样，哈罗和伊顿也长期叫板。而且类似于著名的牛津剑桥赛艇对抗赛，哈罗和伊顿之间会定期举行年度的板球对抗赛。这个时候就成为两所学校男孩子们一年最重要的盛会，甚至不少女校师生也会来观摩。取得比赛胜利的那一方在接下来一年里都会扬眉吐气，而失败的一方则会卧薪尝胆，以图报仇。

公学有各种各样的优点，对那些向往古代贵族生活的新兴资产阶级来说都非常诱人，不过可能很多人并不知道，曾经的公学制度里也有不少糟粕和黑暗的一面，比如严酷的体罚教育以及学长制度。

学长制度起源于哈罗，曾长期流行于英国的公学当中。主要指新入校的学生必须服侍高年级的学生，被他们视作“奴仆”。在英国中世纪，“绅士”一词是指负责伺候骑士的仆人，所以相应地，公学里学生也被认为应该完成这种角色转换。伺候的具体内容因学校而定，有些学校里，低年级的学生需要为学长洗衣服、刷靴子和做饭，有些学校只需要倒茶和在足球及板球比赛中帮学长准备工具和跑腿。根据有些学生的回忆录，伊顿的学长制度里甚至包括在大冬天用身体给学长暖拖鞋。奥威尔就是在伊顿时不堪各种欺辱，滋生了左翼思想，这恐怕是很多要培养绅士老爷的传统教育家所始料未及的。

另外，在许多公学里，学长制度甚至包含不少性侵害和虐待的意味。尽管同性恋在这些学校里被视为大罪，但是通过性虐待的方式折磨低年级学生，是不少维多利亚时代英国贵族青年的癖好。事实上，这种癖好从希腊罗马时期开始就从来没有中断过。

除了学长制外，体罚也是公学的重要象征。体罚的方式五花八门，从不给吃饭到用棍子打。后来还发展出鞭笞制，这又是哈罗的首创，丘吉尔等名人的屁股在哈罗期间都没有少挨过鞭子。当然无论是学长制还是体罚制，都已经在近年废除。这些制度的产生都反映了英国传统的教育观念，即等级制度和尚武制度，特别是后者。大英帝国的基础是建立在军事胜利上的，所以英国教育实际上高度强调男性的阳刚之气。

五、温彻斯特公学

温彻斯特公学是英国第一所免费收受穷苦学生的大学预备学校，开创了英国公学教育的历史。而今天的温彻斯特公学虽然已经发展成为一所贵族寄宿制学校，但依然保持了自己悠久的传统与文化。

温彻斯特公学由温彻斯特主教（Bishop of Winchester）威廉·威克姆（William of Wykeham）于1384年创建。威克姆在创办温彻斯特公学的同时也建立了牛津大学新学院，让公学毕业生能够进入大学深造。温彻斯特公学的创立是英国公共教育以及之后蓬勃发展的公学制度的开端，这个体系日后被亨利六世模仿，建立了伊顿公学和剑桥大学国王学院。

作为一名优秀的建筑师，威廉·威克姆亲自主持设计了学校的部分建筑，如今，其中大部分依然在使用中。学校创建之初一共只有70名学生和2名教员，这些学生被称为“学者”，且全部享受免费教育。之后学校进一步的发展，也开始招收自费生，开始时只有大约10名。到了维多利亚时期学生数目大增，学校相继建造了用于容纳这些学生的10座寄宿楼。今天该校大约有700名自费生，但是依然保持了70个“学者”的名额，只不过今天即使是“学者”也要支付部分高昂的学费，而不再享受全免学费的待遇。

温彻斯特公学至今保留着与牛津大学新学院的特殊关系：学校主管机构（Governing Body）的11名成员中，3名由新学院指派，其中包括新学院的院长。

在600多年的历史中，温彻斯特公学培养了众多杰出人士，包括了坎特伯雷大主教亨利·齐契利（Henry Chichele）、英国探险家乔治·马洛里（George Mallory）、历史学家阿诺尔德·约瑟·汤因比（Arnold Joseph Toynbee）等人。

六、英国的高等教育

英国的高等教育有着悠久的历史，不到25万平方千米的国土面积上，就分布着百余所高等学府，除了剑桥、牛津、伦敦大学学院、帝国理工等世界顶级学府外，还有很多排名世界百强的大学。在这些高等学府中不断孕育着著名的文学家、思想家、科学家、艺术家、诺贝尔奖获得者等，一直以来都是英国人的骄傲。

为什么英国大学能够成为人才的摇篮，英国的高等教育为何受到全球的青睐？这跟英国教育的理念不无关系。

1. 更重视获取知识方法的培养，而不是简单的知识输送。

英国很多大学的教育工作者们都秉承着这样的教育理念——与其教授学生知识，不如让学生掌握自己获得知识的方法。这个理念和中国古人所言的

牛津博德利图书馆

“授之以鱼，不如授之以渔”不谋而合。

伦敦大学学院所有新生入学后的第一课并不是在课堂上，而是在图书馆进行的。在报到时图书馆就给每位学生办好了图书卡并预约了授课时间。

英国的大学都十分重视图书馆的建设和使用，甚至很多大学的各学院也会有自己独立的图书馆，图书馆的藏书量和资源量也是学校排名的重要指标。

牛津大学到底有多少图书馆，牛津“土著”恐怕也没几个说得上来，据其官网说明，共有百余个，是英国最大的图书馆体系。

牛津大学有两套建制，一是传统的学院制，一是现代大学的系科制。每个传统学院都有自己的图书馆，计40余个。第二类图书馆总称“博德利图书馆群”，亦有近40个专业图书馆，涵盖了现代学科划分的所有专业，它们的所有书架首尾相连长达120英里（约193千米）。第三类是牛津大学公共图书馆，它也包含了一些著名的博物馆，如自然历史博物馆、科学史博物馆等，中国研究中心图书馆亦属此类。在图书馆中，最为著名的便是博德利图书馆。该馆位于大学城中心，是牛津大学最主要的公共图书馆，也是仅次于大英图书馆的第二大英国图书馆。

2. 培养科学的思维模式和研究方法。

学生在进行研究时，任何凭空设想毫无根据和佐证的论断都是不能被接受的。正确的方法是要针对一个问题，首先提出假设，然后根据这个假设确定好研究方法和模型，用数据分析来证明或者推翻这个假设，从而得出科学的结论。

用事实说话，用数据证明。

在整个学习的过程中，提倡进行批判性思考，任何创造性的思考都会得到肯定和鼓励。因为英国的学者们清醒地认识到，对前人的尊重不等于盲从，只有对前人研究成果进行批判性地思考，提出新观点解决新问题，才是不断追求真理的方法。

3. 课堂教学提倡自主学习、独立思考、调查实践。

课堂教学一般分为两大部分，即讲座课环节和讨论课环节。学生们会分小组轮流担任课题讨论的主持人，陈述观点，给出案例，提出问题。学生们准备讨论的过程本身就是一个自主学习的过程。学生首先需要自己查阅大量的书籍资料，梳理前期研究成果，然后和本小组的同学进行交流和讨论。

与教师主导的授课式教学模式不同，在这种启发式的讨论模式中，学生们不仅仅提高了自主学习的能力，还通过互相交流培养了团队精神和协作能力。

如同我们国内有“211大学”“985院校”“双一流大学”一样，英国大学也有很多院校联盟和集团。

G5超级精英大学是英国最高研究水平和学术水平的代表，泛指英国最顶尖的五所高等学府，包括：牛津大学、剑桥大学、帝国理工学院、伦敦大学学院、伦敦政治经济学院。

罗素集团大学成立于1994年，由19所英国研究型的大学组成，被称为英国的“常春藤联盟”，是全世界产生诺贝尔奖得主最多的大学联盟，有近300名诺贝尔奖得主出自该集团大学。罗素集团大学的成员有伦敦国王学院、伦敦经济政治学院、伦敦大学学院、谢菲尔德大学、布里斯托大学、剑桥大学、曼彻斯特大学、爱丁堡大学、格拉斯哥大学、伯明翰大学、利兹大学、利物浦大学、卡迪夫大学、诺丁汉大学、牛津大学、南安普敦大学、华威大学、英国纽卡斯尔大学、贝尔法斯特女王大学、杜伦大学、埃克塞特大学、伦敦大学玛丽皇后学院和约克大学。

红砖大学指在英国工业革命和大英帝国时期的维多利亚时代，创立于英国英格兰的六大重要工业城市，并于第一次世界大战前得到皇家特许的布里斯托大学、谢菲尔德大学、伯明翰大学、利兹大学、曼彻斯特大学和利物浦大学这六所英国著名大学，是除剑桥大学和牛津大学以外英国最顶尖、最著名的老牌名校。

此外，还有N8大学联盟、白玫瑰联盟、平板玻璃大学等联盟。

第五节　体　育

英国人热爱体育，运动类别众多，历史也很悠久，曾于1908年、1948年以及2012在伦敦举办过三届奥林匹克运动会。足球是英国最盛行的体育活动之一，有广泛的群众基础，水平较高。英格兰仅职业足球队就有90多个，有着“足球之乡”的美誉。除足球外，深为人们喜爱的还有拳击、板球、高尔夫球、网球和赛马等项目。登山、探险、摩托车、游泳、划艇、乒乓球、篮球、羽毛球、滑冰等项目开展也较好。游泳、田径、花样滑冰、赛艇等项目，在奥运会上多次获金牌。

英国也是许多运动项目的发源地。板球、高尔夫球等球类运动均起源于英国，甚至连我们中国人非常熟悉的乒乓球也是如此。

一、乒乓球

乒乓球作为中国的“国球”，可能很多人都认为是在中国诞生的，其实并不是这样的。乒乓球的起源地是英国，后来才慢慢流传到中国，中国只是把乒乓球给发扬光大了。

19世纪末，欧洲盛行网球运动，但由于受到场地和天气的限制，英国有些大学生便把网球移到室内，以餐桌为球台、书作球网，用羊皮纸做球拍，在餐桌上打来打去。1890年，几位驻守印度的英国海军军官偶然发觉在一张不大的台子上玩网球颇为刺激。后来他们改用实心橡胶代替弹性不大的实心球，随后改为空心的赛璐珞球，并用木板代替了网拍，在桌子上进行这种新颖的“网球赛”。这就是Table tennis得名的由来。

二、羽毛球

传说日本早在14—15世纪时，已出现了一种两个人用木制球拍，将插上羽毛的樱桃核当作球来回对击的游戏。这种运动很快传到了欧洲和亚洲其他国家。但因这种球不坚固耐用，飞行速度又太快，所以虽风行一时却很快就又销声匿迹了。此后，又有类似羽毛球的游戏方式相继在印度和俄国出现，印度称此游戏方式为“普那”，它是用绒线缠成球形，上插羽毛，用木拍对击。俄国称其为“伏朗”，球和我们现在的毽子非常相似。

由此可见，羽毛球运动的起源与类似“毽子板”的游戏有着密切的联系。由于国家、民族、文化以及语言的差异，对原始羽毛球运动名称的称呼就有所不同。所以，目前世界上对于这项运动究竟始于何时何地仍众说纷纭。但可以说，现代羽毛球运动诞生在英国。1873年，在英国格拉斯哥郡的伯明顿镇（Badminton）有一位叫鲍弗特的公爵在他的领地开游园会，有几个从印度回来的退役军官就向大家介绍了一种隔网用拍子来回击打毽球的游戏，人们对此产生了很大的兴趣。因这项活动极富趣味性，很快就在上层社会社交场上风行开来。“伯明顿”即成为英文羽毛球的名字。1893年，英国14个羽毛球俱乐部组成羽毛球协会。原来鲍弗特公爵的庄园现在也改名为“羽毛球馆”以示纪念，并陈列着19世纪中叶最初的羽毛球拍和球。那时的活动场地是葫芦形，两头宽中间窄，窄处挂网，直至1901年才改作长方形。

从羽毛球的发展历程，我们也可以看到英国与羽毛球的渊源。1877年，英国的巴斯羽毛球俱乐部成立，第一本关于羽毛球比赛规则的书在英国出版；1893年，在英国成立了世界上第一个羽毛球协会；1899年，该协会举办了第一届“全英羽毛球锦标赛”，每年举办一次，沿袭至今；20世纪初，羽毛球运动从斯堪的纳维亚传到英联邦各国，再传到亚洲、美洲、大洋洲，最后传到非洲；1934年，成立了国际羽毛球联合会，总部设在伦敦；1939年国际羽毛球联合会通过了各会员国共同遵守的《羽毛球竞赛规则》；连羽毛球的汤姆斯杯和尤伯杯，都是以英国著名羽毛球运动员乔治·汤姆斯和贝蒂· 尤伯的名字命名的。

三、足　球

英国是现代足球运动的发源地，也是足球强国。英格兰2018年和2022年世界杯申办形象大使贝克汉姆于2009年12月3日在接受媒体采访时说：“足球渗透在我们的文化里，存在于我们的DNA之中。从我们降生到这个世界上，足球就和我们在一起，永远不分离。”从贝克汉姆这段话中，我们可以感受到足球与英国文化的紧密关系。

史料记载，中世纪时在英国就出现了类似今天这种足球活动。到19世纪初，足球运动在英国已经相当普及。1862年，英格兰第一个足球俱乐部在诺丁汉郡成立，从此，英格兰各足球俱乐部陆续成立。到1870年，英格兰有39个足球俱乐部，到1881年，英格兰有128个足球组织。今天，共有160个职业足球俱乐部，其中40个俱乐部的历史在100年以上。由于需要对足球比赛形成一个统一的观点，1863年10月26日，有关人士在伦敦女王大街的弗雷马森酒店聚会，讨论并同意成立足球协会，会上除宣布足协正式成立外，还制定和通过了一部较为统一的足球竞赛规则，它是现代足球竞赛规则的雏形，它的成立标志着现代足球的诞生。

随着英格兰足协地位的日益巩固，在全国的影响也越来越大，因而在1871年7月20日出现了举行挑战杯赛的建议。这个建议是足协秘书长查尔斯·阿尔科克提出来的，他希望通过组织挑战杯赛，吸引协会所有会员都来参赛，促进彼此间的交流。1871年10月16日，这一提议获批准。1871年创立的足协挑战杯赛是第一个全英格兰的比赛。该比赛采用连续淘汰制，比赛双方在预先抽签决定的一方场地进行一场比赛定胜负。

令英格兰人引以为荣的不单是他们创办了首个足球协会，而且第一场国际比赛也是由他们组织的，那是在1872年11月30日进行的英格兰代表队和苏格兰代表队的比赛。从1872年至2000年共举行了119届，由于足总杯赛不单由甲级队参加，凡英格兰所有球队均可参加，因此频频爆冷，许多强队被弱队战胜，所以被称为“爆冷的温床”。英格兰足协的成立带动了欧洲和拉美一些国家足球运动的蓬勃发展，各国陆续成立了足球协会，于是推动了国际足联和欧洲足联的成立。于是，英格兰也就被称作为“现代足球运动的鼻祖”。

1882年12月6日英联邦的四个足协的代表在曼彻斯特，通过了统一的足球竞赛规则。后来几年里，又对规则进行了多次的修改。1881年前后，开始了职业足球的倾向，英格兰足协于1885年6月20日承认职业足球的合法地位。但在职业化问题上，英足协曾和国际足联发生过尖锐的矛盾冲突。英联邦的四个足协分别从1920年至1924年、1928年至1946年两次退出国际足联，不参加国际足联的任何活动。直到1958年，双方才达成共识。同年，英格兰成立了职业足球运动员协会。

今天，英格兰足球仍在不断的发展壮大当中。为了扩大足球的影响，英格兰足协在1888年3月22日作出决定，创办全国性的甲级联赛。首届联赛参赛队共12支。最后，普雷斯顿队夺取了首届联赛的冠军，并在第二年成功卫冕。1892年，英格兰足协开始举行乙级联赛；1920年，出现了丙级联赛；1958年，又增加了丁级联赛。至此，英格兰足球联赛初具规模，分甲、乙、丙、丁四个级别，实行升降级制度。英格兰足球联赛是世界上诞生最早，也是赛制最完善的全国性统一联赛，后来，世界各国广泛采用、借鉴这一联赛体制。1992年，英格兰足球协会为适应日益发展的足球运动，在甲级联赛基础上创办了超级联赛，原乙、丙、丁级联赛相应提升一级。首届超级联赛冠军被实力强劲的曼联队夺得。

现在，联赛的升降级制度大致为：比赛队伍共有20队，以双循环得分制作赛（双循环：2队球队分别以主场及做客身份对赛2次。得分计算：每场赛事胜方得3分，负方无分，和局2队各得1分）。最后以积分多寡排名次序，若积分相同则以得失球差及总入球数等来区别排名。

另外，超级联赛榜尾3队为降班队伍；由英格兰冠军联赛3队球队升上超级联赛竞逐；英冠冠军及亚军直接升上超级联赛，余下第三名至第六名的4队球队会采取两回合主客场淘汰制的英格兰冠军联赛升班附加赛，由第三名对第六名，第四名对第五名，经抽签决定哪队首先作主场，最后2支胜方队伍会在中立球场进行一场比赛，胜方可获升级。

四、高尔夫

高尔夫运动发源于苏格兰的圣安德鲁斯。这个苏格兰最古老的城市位于苏格兰东北部，东临北海，是苏格兰境内风景最美的海滨城镇之一。这里有苏格兰历史最悠久的圣安德鲁斯大学，还有圣安德鲁大教堂（St. Andrews Cathedral）遗址等景观，当然，现在这里最被人津津乐道的则是圣安德鲁斯高尔夫球老球场。早在1400年前这里的人们就已经开始在海岸草地上玩高尔夫了。时下最流行的运动，被称之为“贵族运动”的高尔夫就是发源于此并向外传播的。如今的圣安德鲁斯仍然拥有欧洲最大的高尔夫球场。

从1457年至今，高尔夫运动已从面积不大的苏格兰流传到了世界各地，美国的第一个高尔夫俱乐部也命名为圣安德鲁斯（St. Andrew’s Golf Club，缩写为St. Andrew’s)，就连现代高尔夫比赛的规则也是在圣安德鲁斯国家古典高尔夫俱乐部制定的规则之上进行修改补充的。

五、板球

板球，又称木球，板球被誉为“贵族运动”，亨利八世称板球为“国王的运动”，是英国的国球，也是英国的三大运动（足球、英式橄榄球、板球）之一。板球还被视为中产阶级的运动。是一项“绅士的游戏”，也是崇尚体育精神和“公平比赛”的体育运动。板球是锻炼手眼的协调能力，集上肢动作控制能力、技巧与力量为一体的综合性运动。比赛项目为团体赛。

板球起源于英国，盛行于澳大利亚、新西兰、巴基斯坦、印度、孟加拉、尼泊尔等国家。板球的雏形可以追溯到12世纪。1300年左右的英格兰便有爱德华一世之子爱德华王子进行一种叫做“creag”运动的文字记载。13世纪，英王爱德华一世就曾在英格兰东南部的肯特参加过类似板球的运动。近20

板球赛场

年来，澳大利亚是板球运动的霸主。英格兰的实力正在回升，目前正在采取措施普及板球运动。英国华裔马术骑手华天的弟弟华明就是板球的爱好者。不过，英国各板球俱乐部如今还在沿袭着一个延续了几百年的“陋习”——不欢迎女士。

六、马术运动

马术，也称为骑术，是指骑乘、驾驭和训练马翻越障碍等相关技能。它是一种竞技性体育运动，也是最优美而吸引人的运动项目之一。赛马的历史可追溯至公元前1500年。

早在《荷马史诗》中就有战车竞跑场景的描写。古罗马人以马代步，以赛马作为乐趣。对于古罗马人而言，赛马早已是一项日常娱乐活动。随后到了公元前680年，在第25届古代奥林匹克运动会上“最早”出现了马术比赛项目，系为“四驾战车竞技”和“二驾战车竞技”。经过几十年的变革之后，它们才变为“骑手驾驭”的形式。到了1174年，在英国伦敦开始出现赛马活动。随着时间的推移，阿拉伯马逐渐并迅速传入到欧洲大陆，现代意义上的马术在当时欧洲大陆的王室及贵族阶级中特别流行，赛马运动也随之兴盛。

中世纪欧洲贵族们追求古代骑士精神，赛马自然就被他们鼎力炫耀。甚至，当时的国王查尔斯二世也亲自参加赛马活动。可以说，现代马术起源于16世纪的英国。

在英国，马术也是代表一个人身份地位的运动。马术深得英国皇室的喜爱，因此，有不少的皇室成员曾经在大型马术比赛中获得优秀成绩。安妮公主（伊丽莎白女王的女儿）在波切里举行的欧洲全能马术锦标赛上获得了个人冠军。18世纪开始，现代马术运动慢慢普及于整个欧洲大陆。随后，很多英国殖民地也开始开展赛马运动。

到了18世纪末，马术运动成为一项独立的体育运动项目。这项历史悠久的优美运动在1900年法国巴黎夏季奥运会正式列入比赛项目之一。当时有赛马、越宽障碍和越高障碍的三个比赛项目。1912年，在第五届斯德哥尔摩奥运会上赛马项目又增加了五个项目，包括个人和团体赛马、个人和团体军官式骑术以及盛装舞步个人骑术。现在，奥运会马术比赛项目中包括了三日赛、盛装舞步和障碍赛三个比赛项目（同样也分为个人和团体赛）。

七、赛艇运动

赛艇这项运动起源于英国，17世纪的英国，在泰晤士河岸工作的船工们，为了娱乐经常举行划船比赛，第一次较为正规的赛艇比赛是在1715年，是为庆祝英王加冕而举办的，直到1775年，英国才首次出现了赛艇俱乐部。

较为系统性的赛艇规则是由英国在1775年制定的，第一次国际性的赛艇比赛是在1892年举办的第一届欧洲赛艇锦标赛。在历史上的第一届奥林匹克运动会上，赛艇这项运动就已经成为奥运会的正式比赛项目。

由于赛艇这项运动必须要在天然水域中进行，往往在不同的比赛环境下，会受到不同自然因素的干扰，因此为保证比赛结果的公平公正，赛艇这项比赛是没有世界纪录的。如今的赛艇运动既有男子项目，也有女子项目。

第五章　宗　教

第一节　宗教的历史

一、基督教的传播

根据早期罗马神学家——迦太基人特土良的记载：208年，不列颠岛上哈罗德城墙以北区域出现基督徒。这一记载有一定的合理性，因为这和罗马帝国西北边界的其他地方（瑞士和比利时）于200年出现“第一名基督徒”的时间是差不多的。由于早期基督教主要是在城镇传播，罗马帝国的欧洲部分领土城镇人口比例极低，所以早期基督教主要是在小亚细亚和北非等城镇人口比例较高的发达地区进行传播。在欧洲，尤其是包括不列颠岛在内的阿尔卑斯山以北城镇人口比例极低。而且，当时大多数处于秘密传播下的基督教教义和习惯，和《尼西亚信经》（381年产生）后形成的公教和正教，以及近代欧洲出现的基督新教有很大的不同。后者往往把《尼西亚信经》之前的早期基督教信仰视为“异端”。

那么基督教是如何开始在不列颠传播的呢？话说在585年的一天，一位名叫格列高利的贵族传教士在罗马街头闲逛，他无意间发现了几个正在被出售的战争奴隶。这几个小伙子金发碧眼，长得非常帅气。格列高利于是走上前去问，你们是什么人啊。当格列高利得知这些人是盎格鲁人，而且是异教徒的时候非常震惊地说："你们有天使的脸庞，在天堂里，你们应该是天使的子孙吧。"

格列高利于是在内心定下了一个计划，就是未来一定要把基督教传播到不列颠群岛。不久，格列高利当上了教皇，他立即派好朋友奥古斯丁带领40名传教士来到不列颠传教。不列颠群岛居民大规模接受并信仰基督教，是在5世纪开始直到8世纪最终完成的，大体上遵循以下的先后次序：地理上是以爱尔兰岛为初始点，向东北方向进入苏格兰，再向东南方向影响英格兰地区；民族上是凯尔特民族的爱尔兰人和苏格兰人在先，作为入侵者后裔，后来成为不列颠岛民族大多数的日耳曼人（盎格鲁-撒克逊人）在后。

民间自发地接受是在432年，年轻的苏格兰人圣帕克里特受罗马教廷指派，到爱尔兰去传教，到圣帕克里特去世的时候，爱尔兰已经全面成为罗马天主教信仰区域。

而后，以爱尔兰为基地，基督教开始在英伦三岛逐步传播。在6世纪中后叶（563年），爱尔兰传教士哥伦布航海抵达苏格兰并创立修道院，苏格兰人开始全面信奉基督教。他集教士和隐修士于一身，在离苏格兰西岸不远的艾欧纳岛建立了许多茅舍修道院。诺森伯里亚的奥斯瓦尔德曾在这里避难，633年，他成为诺森伯里亚国王时（633—641年），麦西亚的异教国王彭达已将基督教使团从诺森伯里亚驱走，奥斯瓦尔德只好向艾欧纳岛的修道院求助。艾欧纳岛修道院派艾丹到诺森伯里亚的林第斯法恩岛，创建了英格兰北部的第一个基督教修道院。这里很快成为基督徒讲经布道和研习学术的中心，诺森伯里亚也成为北英格兰基督教的发源地。

因此，在英格兰南部的盎格鲁-撒克逊人皈依罗马基督教之时，凯尔特人基督教和修道院制度已在英格兰北部占据主导地位。两股基督教势力主要有三个方面的不同：第一，罗马基督教继承了罗马帝国中央集权观、私有制和教阶制度，管理权集中于主教，划分组织严密的主教管辖区；凯尔特基督教徒则由男修道院院长管理，所谓修道生活，实际上是在深山孤岛上的集体隐居，他们没有私有土地，没有主教制和教阶制度，主持人是云游四方的传教士，他们对其他教士只有极小而又模糊的权力（这些特点可以从一部叫作《凯尔经的秘密》的爱尔兰动画片中得到极为生动的反映）。第二，罗马基督教徒蓄圆顶短发；凯尔特基督教徒则模仿德鲁伊教徒蓄络腮长胡。第三，双方都同意把复活节定在春分后的第一个满月日，但凯尔特基督教徒把它确定于3月25日，罗马基督教徒则定在3月21日。

英格兰的日耳曼人由于当时长期处于著名的七国混战时代，文化发展相对缓慢，到了7世纪后期，英格兰人普遍性地接受洗礼，信奉基督教。596年罗马教宗格列高利一世派遣奥古斯丁及其传教士在坎特伯雷（泰晤士河出口一带）定居，并向附近居民施洗，肯特王国各阶层逐步信奉基督教。598年，肯特国王埃塞尔伯特皈依基督，建立坎特伯雷大教堂。601年，奥古斯丁成为第一任大主教，663年前后，基督教永久性征服了英格兰东南部。奥古斯丁作为先行者，得以封圣，得到圣奥古斯丁的称号，坎特伯雷大教堂也在英格兰宗教界占据了非常重要的一席。631年，英格兰七国时代的七国之一，东盎格鲁王国国王率全部臣民自上而下信奉基督教；诺森伯兰（635年）、麦西亚（655年）、威塞克斯（676年）、苏塞克斯（681年）也先后如此。

而包括伦敦在内的埃塞克斯则经过一些波折：大约在604年，埃塞克斯国王塞伯特在他的叔父——肯特国王埃塞尔伯特的影响下，接受了基督教，但他一死去，继起的国王就驱逐了伦敦主教梅利图斯，王国很快又恢复了日耳曼人的奥丁神的信仰，不过在653年，国王西格伯特又向诺森布里亚国王奥斯维提出派遣传教士到本国传教的请求，奥斯维向埃塞克斯派遣了塞德，塞德使埃塞克斯再次信奉了基督教，并在王国境内建立了教堂。

7世纪中期—9世纪，不列颠岛的各族基督教传教士开始向盎格鲁-撒克逊人的老家——德意志和荷兰传播基督教信仰。10世纪不列颠人又对维京入侵者传播基督教信仰并让后者把传教士带到了斯堪的纳维亚地区。这样，英伦三岛就成中世纪欧洲向其他日耳曼民族传播基督教信仰的一个长期性的基地。

麦西亚异教国王彭达死后，艾丹的后继者用凯尔特基督教征服了麦西亚。但在诺森伯里亚，奥斯怀（641—671年）继奥斯瓦尔德为王之后，娶了肯特王国信奉罗马基督教的公主为妻，王后要遵守复活节的四旬斋，带来了急需解决的问题：复活节究竟定在哪一天？664年，奥斯怀在惠特比召集两派教士开会，会上诺森伯里亚人怀尔弗莱德陈述了罗马基督徒确定复活节的情况，指出3月21日是整个基督教世界遵循的日子。奥斯怀考虑到王国统一的需要，宣布支持罗马派，并把复活节定在3月21日，这就是著名的"惠特比裁决"，使英格兰避免了因基督教教会传统不同而分裂的可能，宗教的统一也为以后几个世纪中英格兰走向政治统一创造了前提。宗教方面的统一由诺森伯里亚国王完成，使诺森伯里亚不仅成为此时英格兰的政治中心，而且也很快成为当时西北欧的学术和文化中心。

此后，英格兰教会在组织上的统一工作由坎特伯雷大主教，小亚细亚人提奥多完成。提奥多669年被罗马教皇任命为英格兰大主教时已经67岁，但他励精图治，于672年在赫特福德召开宗教会议，颁布了在英格兰进行主教制管理的教规，当他85岁去世时，已完成了英格兰教会组织上的统一工作，还为英格兰建立了宗教会议制度。到690年，14个主教区已遍布英格兰。

除了上述主观因素以外，基督教在英格兰的传播和统一还有两个客观因素：第一，盎格鲁-撒克逊人信奉崇拜山水万物并混有巫术成分的泛灵论多神教，这种原始宗教无法回答生老病死等人类普遍要面对的问题，也没有与农业社会的伦理道德相关的制度体系。基督教关于天堂、地狱和人之永生的说教，为走向农业社会的盎格鲁-撒克逊人提供了极为重要的精神慰藉和价值信念。第二，基督教反对暴力，保护稳定的婚姻生活和遗产继承权，早已进入定居农业社会的英格兰也需要这样一种与王权政治相符的管理体系和秩序观念。因此罗马基督教成为英国人自然而然的选择。

基督教是一种具有成文经典——《圣经》的宗教，随着宗教的传播，人民识字的能力增长，在基督教文明的熏陶下，人民的语言、艺术、法律、教育等方面也得到发展。盎格鲁-撒克逊时代初期，组织程度最高的社会共同体是以大教堂和礼拜堂为中心的群众性宗教团体。手工业者、商人、扈从和无业游民都因宗教原因，蜂拥至建有大教堂的地方，在罗马人撤出不列颠后，以这些教堂为中心的聚居地成为中世纪英格兰城市的起源地之一。

中世纪大部分时间，和欧洲其他地区一样，《圣经》在英国都是使用拉丁文抄阅。14世纪的英法百年战争和黑死病后，民族国家思潮抬头，教廷的力量开始在欧洲北半部退缩，属于拉丁语族的法语在英格兰高层的优势地位亦逐步衰退。作为北方文艺复兴的重镇，牛津的大学教授们于1380年前后翻译新旧约全书为英语，这是第一次出现《圣经》的英语版本。此后，尤其是到了16世纪的大航海时代，英语版本的《圣经》译本越来越多。这一进程逐步加快了英国和罗马教廷方面的鸿沟。

威廉·廷代尔（William Tyndale，1494—1536年），是16世纪著名的基督教学者和宗教改革先驱，被认为是第一位清教徒，英国宗教改革家和《圣经》译者。在廷代尔的时代，罗马天主教教廷只允许拉丁文《圣经》，不容许私自翻译，并且只有神职人员可以拥有和诠释《圣经》。廷代尔却主张应该让普通老百姓都可透过读《圣经》来认识神，决心把《圣经》译成英文，于是被诬陷为异端。

二、宗教改革

英国宗教改革是发生在16世纪英格兰的一系列事件，旨在使英国教会脱离教皇和罗马教廷的控制，以英王亨利八世与罗马教廷的决裂为开端。表面上看，亨利八世的宗教改革带有强烈的君主个性色彩，是因为教皇拒绝批准亨利与凯瑟琳的离婚要求引起的，但实际上这场运动是有着深厚的社会和历史背景的。

从国际来看，以教皇为首的罗马天主教廷，是一个体系严整、权力显赫的国际性宗教组织。教皇被视为上帝在人间的最高代表，国王只是上帝的仆从。教廷有权力向天主教世界的各国君主发号施令，各国君主向教皇俯首称臣，交纳捐税。如有违抗便会被剥夺教籍，甚至被重兵讨伐，夺去王冠。所以，中世纪教权强大时，很多君主国家还不是真正意义上的主权国家。

从国内来看，都铎王朝统治初期，英国教会由罗马教廷所控制，当时的英国教会掌握着英国1/3左右的地产，所拥有的财富约占全国总财富的1/5左右，总收入远远超过王室。罗马教会不仅从英国赚取大量钱财，而且还干预英国的宗教事务。许多中高级教士都能担任政府要职。教会可以自设法庭，并按照教会法审理案件。那时的学校也几乎全由教会经办。宗教势力无孔不入。此外，各级教区虽然也做善事，但是僧侣的通奸、酗酒、欺诈等现象层出不穷。

随着人文主义和宗教改革思想的传播，英国社会各阶层的反教会情绪日益高涨。新兴资产阶级和新贵族要求夺取教会的土地和其他财产，而逐渐强大起来的专制王朝则力图把教会作为专制王权的统治工具，在这样的背景下，英王亨利八世进行了一场自上而下的宗教改革运动。

16世纪中叶，在玛丽一世统治期间，天主教曾短暂地在英国卷土重来。但后继者伊丽莎白一世上台后，迅速恢复了英国国教，并颁布一系列法令措施来巩固宗教改革的成果。

在这场宗教改革运动中，天主教会被剥夺的财产很大一部分落入了新兴资产阶级的手里，进而促进了资本主义的发展；此外，宗教改革否定了罗马天主教会的绝对权威，解放了人们的思想，也为资本主义的兴起和发展奠定了基础。

1534年《至尊法案》的颁布，正式宣布了脱离罗马教廷的英国圣公会的成立，但仍基本沿用罗马天主教的教义、礼仪和教阶制度，严厉镇压英国境内保守的旧教徒和激进的清教徒，形成了圣公会信徒在英格兰占人口主流的大致长期局面。在经过亨利八世之幼子、少年早熟但短寿的爱德华六世向路德宗的靠拢，亨利八世之长女、西班牙腓力二世之妻玛丽女王对天主教的复辟；次女伊丽莎白一世再次恢复了圣公会的主导地位，1563年颁布的《公祷书》和《三十九条信纲》确定了其教义。

三、清教运动

清教徒（puritans）是16世纪下半叶从英国国教内部分离出来的宗教派别。16世纪上半叶，英王亨利八世与罗马教皇决裂，进行宗教改革，建立以英王为首领的国教会（圣公会），但保留了天主教的主教制、重要教义和仪式。16世纪60年代，许多人主张清洗圣公会内部的天主教残余影响，因此得名清教徒。他们接受加尔文教教义，要求废除主教制和偶像崇拜，减少宗教节日，提倡勤俭节忍，反对奢华纵欲。因其要求在圣公会内未能实现，自70年代起，脱离圣公会，建立独立教会，选举长老管理宗教事务。清教教义反映了教会改革推动政治变革的愿望。

17世纪上半叶，信奉清教的资产阶级和新贵族与国王的冲突愈演愈烈，导致英国革命，亦称清教徒革命。内战期间，议会废除主教制度。斯图亚特王朝复辟后，清教徒受到迫害。为了逃避迫害，1620年9月，“五月花号”轮船载着102名清教徒及其家属离开英国驶向北美大陆，经过两个多月的艰苦航行，在马萨诸塞州的普利茅斯登陆上岸，从此定居下来。人们认为美国的自治精神就是来自这批清教徒，他们从《圣经》中学习了圣约传统，即每个人都跟上帝订立圣约，建立一种伙伴关系。这种圣约关系扩展到世俗事务、世俗政治当中，表现为人与人之间都是平等自由的，是一种契约关系。

1688年光荣革命后，议会通过《宽容法》，允许不信奉国教的新教徒建立自己的教会。但对清教徒担任公职仍有所限制，到1828年政权才对清教徒完全开放。因此可以说英国的清教属于新教。

四、牛津运动

19世纪中期由英国牛津大学部分教授发动的宗教复兴运动。运动领导者纽曼、凯布勒、皮由兹等人发表了一系列书册或论文，为这些主张作了理论说明或论证，故被称为书册派，反对他们的英国政界和国教会人士则斥之为罗马主义派（纽曼后来确实皈依了罗马天主教会）。该运动主张恢复教会昔日的权威和早期的传统，保留罗马天主教的礼仪。该运动对英国教会的保守倾向影响甚大。

（一）早期：宗教改革册页

1833年6月，基布尔做了一场题为“举国叛教”的布道，揭开了运动的序幕。紧接着，纽曼发表了一系列宣传文章，后称《时论册集》（*Tracts for the Times*）。基布尔和蒲赛又在其中加入了《神圣大公教会牧师丛册》，宣传回归教会初创时代的信仰和习俗，所谓的“册页派”就此形成。“册页派”宣扬英国国教奉行罗马天主教和福音教派之间的中庸之道。在回击各种批判、倡导恢复宗教改革以来在英国国教中被放弃的各种仪式的过程中，纽曼成为公认的领袖。以后，纽曼和曼宁逐渐偏向罗马教会（1841年）。但是牛津运动的主流反对这种转向，在蒲赛的领导下，保持对国教的忠诚，并超越了运动起初的学术气质而成为教会改革乃至社会改革的利器。

（二）后期：宗教实践改革

牛津运动为了恢复对《圣经》教诲的虔诚，力图发展宗教社团的生活。从1845年开始成立了多个姊妹会。这些社团成为慈善活动和社会活动的中心。不过男性团体相对较少。牛津运动强调崇拜活动的过程，尤其在后期对教堂仪式做了许多改变，比如教堂的装饰、布道时的声调、礼服的穿着，并重视圣歌的歌唱。每一项恢复仪式活动的努力都引发轩然大波，有时甚至引发骚乱，其中1860年伦敦东区圣乔治教堂发生严重暴力事件。因为牛津运动关注教堂的布道形式，尤其是在1857—1871年间，其成员就被称作“礼仪派”；同时，因为其支持者试图使国教承认天主教的古老礼拜仪式和教条教义，牛津运动也被叫做盎格鲁天主教运动。1850—1890年间，“礼仪派”追求的教会改革引起了许多社会骚动和司法诉讼。1874年，英国议会通过了《公共礼拜章程法》，明确表示要“打击礼仪主义”。而神职人员则竭力抵抗以保全在宗教事务中的权威。所有的盎格鲁天主教徒都不承认枢密院司法委员会这样的世俗法庭对宗教事务的效力。迟至1887年仍有神职人员否认拒绝议会的权威而坐牢，但此后这样的抵抗被认为有理而得到尊重。牛津运动末期，其追随者日益强调基督徒在社会生活中的责任，重视社会问题，并在1889年建立了基督教社会联盟。

五、当今英国的宗教信仰状况

当今英国每个人都享有宗教自由，因此，在英国各地区形成了多种不同的宗教信仰共同发展的局面。英国有两个官方的教会：即英格兰教会（英国圣公教会）和苏格兰教会（长老教派），除此之外，各种不同的宗教和数不清的教派在英国都可以找到自己的代表。绝大多数英国人都信奉基督教，另外还有部分居民信奉天主教、伊斯兰教、犹太教和佛教。如今去教堂做礼拜的信徒人数并不多，每周大约只有110万人。穆斯林是英国国内最大的非基督教团体（超过150万人），此外，印度教、锡克教和犹太教也拥有大量的信徒。

但总体来说，近年来，人们恪守宗教信仰的程度出现下降。据英国媒体公布的一项调查结果，2016年，有超过53%的人自称“没有宗教信仰”。在18岁至25岁年龄段，自称“没有宗教信仰”的人数比例高达71%。该项调查是英国国家社会研究中心通过对近3000人的抽样调查获得的，调查称，这是英国有史以来首次出现过半的人口不信仰宗教。

各种迹象表明，自20世纪80年代以来，英国信仰特定宗教的人数呈明显的下降之势。1983年，根据“英国社会态度调查”提供的数据，只有31%的受访者表示“没有宗教信仰”。而最近的调查结果显示，25岁至34岁年龄段表示没有归属于特定宗教的人数几乎占到2/3；在75岁及以上年龄的人群中，有高达75%的人表示“有宗教信仰”。

该项调查称，那些出生于宗教家庭如印度教、耆那教、伊斯兰教、基督新教等的信徒，成年后不再信仰宗教的人数比例达到40%。其中，英国国教圣公会的信徒不再信仰宗教的比例上升最快。2003年，30%的英国人自认为是英国国教徒；到2016年，这个比例下降到15%。相形之下，天主教徒的比例30多年来基本保持稳定，维持在10%左右。为了满足社交的需求和实现某种程度的社区归属感，那些脱离原来所信仰宗教的年轻人，会选择参加一些世俗性的聚会活动，如每两周举办一次的星期日聚会。

就在上述调查数据公布后不久，苏格兰人文主义者协会也发布了该协会对苏格兰信仰人数的最新调查报告。根据该报告，在苏格兰，有高达72.4%的人宣称他们“没有宗教信仰”，只有23.6%的人自称“有宗教信仰”。而在2011年，这两个数字分别为56%和35%。短短的几年时间，无宗教信仰的人数占比上升了16.4个百分点，有宗教信仰的人的比例下降了11.4个百分点。

第二节　英国的教堂

一、教堂的类别

英国悠长而多元化的宗教历史的另一个产物就是遍布各地令人叹为观止的教堂、寺院和修道院建筑。英国的桂冠诗人约翰·贝杰曼爵士曾经说过这样一句话："我们的教堂就是我们的历史，它是用木头、玻璃、铁和岩石写成的。"

在英国，教堂通常被分为Church（教堂）、Cathedral（大教堂）、Priory（小修道院）和Abbey（大修道院）。在一般情况下，Church是指传教用的小教堂，英国当地的居民通常会到这种教堂去做礼拜或举行婚礼以及葬礼。而Cathedral则是指那些规模宏大的教堂，而这种教堂多是用来举行一些重要的宗教活动的。教堂的规模大小可以作为区分城市和小镇的标尺。举例来讲，如果一个地区里有Church而没有Cathedral，这个地区就会被称为Town（城镇）。反之，如果一个地区有Cathedral的话则通常会被人称作City（城市），而并非按照该地区的发展程度或者人口而定。即便是该城镇拥有再多的人口或再大的面积，只要没有Cathedral就无法被归为城市的级别。Priory和Abbey是修道士或修女集中的教堂。从8世纪开始，修道院就已经成为学术研究以及和平主义艺术研究的重要中心。Priory（小修道院）和Abbey（大修道院）除了教堂规模不同之外几乎没有任何的区别。小修道院最初是作为大修道院的分支，后来仍继续成为相关大修道院的附属。据史料记载，大小修道院之间的差别实际上在文艺复兴时期就已经消失了。

二、教堂的建筑风格

11世纪至12世纪，统治英国的诺曼人在此兴建了大量罗马风格的各式建筑，罗马式建筑因其结实的质量、厚重的墙体、半圆形的拱券、坚固的墩柱、拱形的穹顶、巨大的塔楼以及富于装饰的连拱饰而知名，显得雄浑而庄重。每座建筑有明确、清晰的形式，并且常常采用规则对称的平面，所以看起来较为质朴。在英国，留存至今的罗马式建筑多为规模较小的教堂和城堡，著名的伦敦塔就是其中的典型代表。

诺曼人以罗马式的风格建造教堂，这种风格起源于9世纪的伦巴第，当时的工匠们重新发现了建造拱顶和拱门的建筑技术。这些教堂的平面图是基于建造（古罗马）的长方形廊柱大厅或法院大堂的基础上。早期基督教的廊柱大厅是长形建筑物，教堂的中殿宽而高，两侧是侧廊，侧廊的终端是半圆形的后殿。后殿是安置圣坛和主教座位的地方（主教的座位所在地也就是教堂）。

受到东方的影响，教堂的构造增加了耳堂的部分，耳堂位于中殿和后殿之间。后来，拱顶建在东端，教堂门开在西端。受到克吕尼运动的影响，礼拜仪式的要求开始由基督教长方形教堂向中世纪大教堂转变。

由于需要执行隆重而壮观的宗教仪式，教堂面积更大，更加富丽堂皇。人们出于对神的崇拜，开始建造许多祭坛和小教堂。修道士对于执行日常宗教事务的要求使得教堂东翼的扩大，以及在耳堂边上修建歌坛（唱诗班的席位）。

由于所有俗人不允许坐在歌坛（唱诗班的席位）上，于是中殿里修建另一个祭坛。这些教堂的主要要点有：巨型的柱子、大而重的圆柱形支柱、半圆的拱门、厚重的石壁、圆而小的窗户、西面顶部以及中殿与耳堂交叉处的塔楼。以上特点集中地体现于杜汉姆大教堂。

达勒姆教堂是所有北部罗马式教堂中最具代表性的建筑，集宏伟、力量、活力、坚固及简朴的意蕴于一体。罗马式教堂的建造者面临的最大问题便是如何在宽而高耸的中殿上建造石制的顶部。达勒姆教堂的建造走出了这一困境。他们设计了木制的顶部，但是易引发火灾。石制拱形技艺随着罗马帝国的崩溃而消失，之后缓慢地恢复生机。法国的西南部，泥瓦匠通过建造一连串的半球状的顶部解决了在中殿上盖以拱顶的问题。

温彻斯特大教堂是英格兰最大的教堂之一，位于汉普郡的温彻斯特，也是全欧洲拥有最长中殿的教堂，长约160米。

温彻斯特大教堂的地位丝毫不亚于伦敦的威斯敏斯特修道院（西敏寺），近千年来，英国王室不少婚丧嫁娶的重大活动都在此举行，包括：国王哈塔坎努特（King Harthacanute）的葬礼（1042年）、威廉二世（William II）的葬礼（1100年）、亨利二世之子幼王亨利（Henry the Young King）和王后玛格丽特（Marguerite）的加冕礼（1172年）、“狮心王”理查一世（Richard I）第二次加冕（1194年）、亨利四世（Henry IV）的婚礼（1403年）、女王玛丽一世

温彻斯特大教堂

（Queen Mary I）与西班牙国王菲利普二世（Philip II）的婚礼（1554年）。著有《傲慢与偏见》《理智与情感》等旷世名作的英国女作家简·奥斯汀长眠于此，电影《达·芬奇密码》也曾在此取景，这些都吸引了许多游客慕名而来。

哥特式教堂在英国盛行的时间大约是在1180年到1520年间。同欧洲其他国家相比，英国哥特式建筑是通过它棱角分明的拱顶、拱壁、大窗户以及尖顶来定义的。其发展时期主要分为三个阶段：早期英国风格（1180—1275

年）、装饰风格（1275—1380年）、垂直时期（1380—1520年）。让我们依循着历史痕迹，来到这些神秘高耸之所，感受哥特式建筑向上升腾的力量。

（一）威斯敏斯特大教堂

坐落在泰晤士河北岸的威斯敏斯特大教堂是英国早期哥特式建筑的代表作。它结构宏伟，装饰辉煌，外观是以拉丁风格建造的十字形，双塔耸立，非常壮观。教堂四周高处的窗户都是用彩色玻璃装饰而成，它们使以灰色为主调的教堂在庄严中增加了几分典雅和华丽的情调。威斯敏斯特大教堂的柱廊恢弘凝重，拱门镂刻优美，屏饰装潢精致，玻璃色彩绚丽。教堂全系石造，由圣殿、翼廊、钟楼等堂组成。

威斯敏斯特修道院始建于1045年，经过20年的时间修建而成。200年后再次重建，成为英国历史上规模最为宏大的教堂之一。最初，该修道院是由红衣大主教和其他神职人员掌管，直到16世纪初英王亨利八世与罗马教廷决裂，西敏寺也从此被国王控制。1579年伊丽莎白一世将西敏寺改建为一所学校并由王室直接管理。从那时开始，管理西敏寺的就不再是主教，而变成了校长。一千多年来，威斯敏斯特修道院已经成为英国王室的象征，是历代国王举行加冕典礼、王室成员举行婚礼的大礼堂。威廉王子与凯特王妃的婚礼便于2011年在此举行。

除此之外，这里也是王侯将相和杰出人士的长眠之地，伊丽莎白一世女王等20多位君主都埋葬于此，是个名副其实的皇家墓地。那些对英国做出过杰出贡献的著名政治家、科学家、军事家、文学家也都在西敏寺里占有自己的一席或一碑之地，牛顿、达尔文、布朗宁、丘吉尔的墓葬都陈列于其中。其间以“诗人角”最为著名。“诗人角”不仅仅有诗人，还有那些著名的作家和音乐家。莎士比亚、米尔顿等人的雕像或平空凝坐，或俯首沉吟，儒雅倜傥，气度非凡。奥斯汀和夏洛特三姐妹的壁碑则分列左右，狄更斯、哈代等大作家的名字也可在其中找到。如今，西敏寺内的棺椁已经多到“墓满为患，无处可放”的地步，导致那些后来者不得不见缝插针，将棺木竖立而葬。

欣赏过一座又一座的石像，细读着一块接一块的灵碑，从他们的故事中

威斯敏斯特大教堂

了解当时的历史，再将之穿织起来，渐渐地，一幅千百年来英国的文明画卷便被生动地勾勒出来。从诺曼底王朝到斯图亚特王朝，从光荣革命到殖民扩张，多少往事都浓缩于这些石刻雕像之中。行走其间有一种时空穿梭之感。

（二）索尔兹伯里教堂

索尔兹伯里大教堂（Salisbury Cathedral）为英格兰早期哥特风格的杰出建筑，是英国最漂亮的教堂之一。位于英格兰威尔特郡索尔兹伯里，处在英国最大的中世纪教堂建筑群内，建于1220年至1258年，仅用了38年的时间就修建完成。四周被历史著名的优美建筑和八英亩草坪所环绕，优雅地耸立于教堂周围宁静建筑之间的大片草坪上。

索尔兹伯里又称新塞勒姆，自然是旧塞勒姆的新区。诺曼人曾在山丘上建设过旧塞勒姆，但山上水源缺乏，正巧人们又准备修建大教堂，却苦于再没有足够的空地，于是在1220年，为了避开建筑过密的旧塞勒姆，人们把大教堂址选在了3千米以外的新塞勒姆。除了大教堂，举世闻名的“英国巨石阵”也坐落在索尔兹伯里。

教堂有着装饰性的拱顶和飞扶壁，散发着古朴典雅的气息。13世纪后期给大教堂加上了宏伟的尖顶，123米的高度使其成为英国最高的尖塔。索尔兹伯里教堂是当时少有的“一气呵成”的新建教堂（除中央高塔以外），现存的建筑如实地反映了建造时的原貌，具有很高的研究价值。

大教堂除了以英格兰最高的尖塔教堂为誉，还保存有欧洲最古老的工作钟，听说直至今天这个古老的钟仍在勤劳地为城市中的人们服务。教堂内展有四部《英国大宪章》中原稿的一部。许多虔诚的教徒到这个离天堂最近的教堂中祈愿祷告，也许这个祈祷真的灵验了，这座城市在750年的历史中一直保持着和平和安宁。

（三）约克大教堂

约克大教堂（York Minster）位于英国北部约克市，是英格兰教会约克教区的座堂，也是欧洲北部最大的哥特式教堂之一。教堂东面一整片的彩色玻璃，这是全世界最大的中世纪彩色玻璃窗，它由100多个图景组合而成，充分展露中世纪时期玻璃染色、切割、组合的绝妙工艺。约克大教堂，是英国装饰风格哥特建筑的杰出代表，也是欧洲现存最大的中世纪时期的教堂。主要用石材建造的教堂气势恢宏、工艺精美，历经数百年依然坚实，给人以历史的深邃和庄严，尤其是那些雕刻令人赞叹不已。约克大教堂中殿西端大门上的心形玻璃花窗很美，号称“约克郡之心”。

《哈利·波特》中霍格沃茨的大厅就是在约克大教堂中殿取的景，站在空旷的大厅望向屋顶，似乎感受到猫头鹰在飞翔……

（四）国王学院礼拜堂

14世纪后半叶起，“垂直风格”的新特征出现在英国哥特建筑中。“垂直风格”在花窗上更加侧重垂直方向的表现效果，花格趋于简练，而在拱顶上则追求更加细致复杂的造型。

1446年亨利六世捐资修建国王学院礼拜堂，历经6位国王之后于1547年建成，是哥特建筑垂直时期的典型代表。礼拜堂的扇形拱顶天花板以22座扶壁支撑，它的桁架（承重结构）像一张蜘蛛网，柔弱地撒开在窗户、墙壁和屋顶上方，连成一个高高的长房间。房间里光线充裕，一片亮堂。礼拜堂中分隔前厅和诗席班的屏隔是都铎式木工的绝佳典范。西门上的皇冠与都铎蔷薇的纹章细节精美繁复；墙壁上的16世纪彩色玻璃窗描绘着智慧的圣经故事。

国王学院礼拜堂

国王学院拜堂天花板

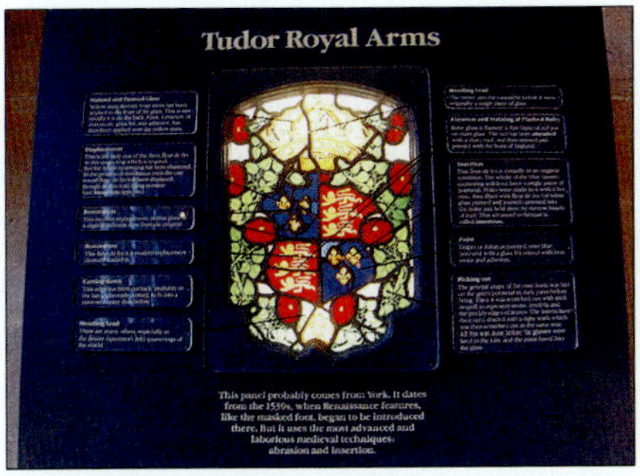

国王学院拜堂彩色玻璃窗

（五）圣乔治礼拜堂

圣乔治礼拜堂（St George's Chapel）是英国温莎城堡的皇家礼拜场所，位于英国君主主要的行政官邸之一温莎城堡的下区（Lower Ward ），始建于1475年，是一座当时盛行的哥特式垂直建筑。自18世纪以来，英国历代君主死后有不少都埋葬在这里，2018年哈里王子的婚礼也在此举行。

如今，圣乔治教堂内厅还是嘉德骑士勋章获得者每年朝觐女王的庆典场所，每一位嘉德骑士在厅内都有固定的席位，席位后面的墙壁上悬挂着这位骑士的盔甲、佩剑和旗帜。嘉德骑士勋章是英国最高荣衔，爱德华三世在14世纪创设，只有极少数人能够获得这枚勋章，其中包括英国国君和最多25名在世成员。

每年女王都要与所有嘉德骑士团成员一起在圣乔治教堂出席典礼。在英国，这些仪式感很强的东西都很好地传承了下来，让人感受到这个国家文化传统的内核。

圣乔治礼拜堂外景

（六）巴斯教堂

巴斯教堂（Bath Abbey）位于英格兰靠近威尔士的城市巴斯，以其雄伟的彩色玻璃窗及扇形天花板闻名。那些玻璃彩窗如一位饱学之士，通过56块玻璃的56个情景将耶稣的一生娓娓道来，其中包括从耶稣诞生到33岁被钉在十字架上其间的许多故事。

巴斯教堂

（七）圣保罗大教堂

圣保罗大教堂（St.Paul’s Cathedral）是一座巴洛克式风格的建筑，和温彻斯特大教堂不同的是，圣保罗大教堂是一座圆顶教堂，壮观的圆顶也让它被称为“世界上第二大圆顶教堂”。圣保罗大教堂的建筑非常宏伟而典雅，内部装饰也非常金碧辉煌，有彩色玻璃，四壁上还挂着耶稣、圣母的巨幅壁画。处处透着优雅气息的圣保罗大教堂，也被誉为是古典主义建筑的纪念

圣保罗大教堂

碑。圣保罗大教堂举办过许多重要的典礼，比如威灵顿公爵、丘吉尔首相和撒切尔夫人的葬礼，1981年还见证了查尔斯王子和戴安娜的世纪婚礼大典。除此之外，还有一个有别于其他的教堂的最主要的区别——圣保罗大教堂是由雷恩爵士一个人设计的，并不是像其他的教堂是由多位设计师接力而成的。

穹顶设计灵感源于罗马万神殿。穹顶中央一个大圆孔既缓解了压力又便于采光。雷恩爵士也将顶点制成圆洞，让光线从窗户进入教堂。由于建造时资金紧张，也不能超越梵蒂冈圣彼得大教堂的华丽，穹顶就采用了单色仿木雕的立体画法，由英国巴洛克艺术家詹姆斯·桑希尔（James Thornhill，1676—1734年）于1715—1719年创作，8个拱门间的绘画描绘了圣保罗的8个生活场景，如圣保罗感悟跟随基督、圣保罗在以弗所传教等。

（八）坎特伯雷大教堂

坎特伯雷是英国基督教的摇篮。坎特伯雷大教堂曾吸引无以计数的教徒来此朝圣。大教堂的主体部分主要建于1100年与1400年间，部分建筑甚至可以追溯到602年。坎特伯雷大教堂的正式名称是坎特伯雷基督座堂和大主教教堂（Cathedral and Metropolitical Church of Christ at Canterbury），是英国圣公会首席主教坎特伯雷大主教的主教座堂。这座宏伟的大教堂及其教区，是催生英国基督教文明的摇篮，也是英国基督教兴起和发展的见证，因此被称为“天堂之门”。

坎特伯雷位于英国东南部，属于有“英格兰花园”之称的肯特郡，是座人口不到四万的古城。597年，传教士奥古斯丁受教皇的委派，从罗马赴英国传教。他在四十名修士的伴随下，来到作为撒克逊人的肯特王国都城的坎特伯雷。当时的国王是个异教徒，但王后原是法兰克公主，信仰基督教。在王后的帮助下，奥古斯丁在这里站稳了脚跟，成为第一位坎特伯雷大主教，并把基督教传播到整个英格兰。因此在英格兰，坎特伯雷被人们形象地比喻为“基督教信仰的摇篮”。

坎特伯雷大教堂影响力的第二次提升，来自坎特伯雷大主教托马斯·贝克特的流血牺牲。1162年，国王亨利二世任命自己的好友托马斯·贝克特为该国最高级别的神职领袖。亨利二世本来想着 借着好友作为最高神职领袖， 镇压

坎特伯雷大教堂

地位逐渐上升的宗教势力，就会更加轻松。然而事与愿违，托马斯·贝克特并没有如亨利二世所预料的那样帮助他镇压宗教势力，反而处处与自己作对，无论国王说什么做什么，这位大主教总是对着干。1170年，亨利二世终于被这位昔日好友激怒，向手下四位骑士暗下杀令，11月29日，托马斯·贝克特被谋害。马斯·贝克特遇害之后，亨利二世遭到来自教廷的追责，最终迫于形势，不得不亲自到坎特伯雷进行“赎罪”。

1534年，风流的英王亨利八世想要离婚再娶，可是罗马教宗拒绝宣布他与凯瑟琳的婚姻无效，国王便颁布《至尊法》宣布英国国王是英国圣公会的首脑，英国所有教区由坎特伯雷大主教管理，从此脱离罗马天主教，自立国教。后来国教和天主教在英伦大地上血火交锋多次，最终奠定了统治地位，坎特伯雷大主教也就成为国教的“教宗”。

被称为“神之府邸”“天堂之门”的坎特伯雷大教堂，以其美丽打动着人们的心。坎特伯雷教堂建于324年，是世界上最宏大最壮丽的天主教堂，造型非常传统而神圣，整栋建筑呈现出一个十字架的结构，建于坎特伯雷穴的正上方，长约156米，最宽处有50米左右， 中塔楼高达78米。1452年，尼古拉五世下令重建，1506年由意大利最优秀的建筑师坎特伯雷、德拉·波尔塔和卡洛·马泰尔相继主持设计和施工，终于在1626年建成了现在的模样。

第六章　英国文明与中国

第一节　早期中英交往

说到早期的中英交往，鸦片战争是绕不开的话题。清朝末年，清政府实行闭关锁国政策，逐步落后于世界大潮。正当清王朝日趋衰落的时候，英、法、美各国的资本主义却在迅速发展。18世纪60年代起英国开始了工业革命，到19世纪三四十年代，大机器工业逐渐代替了工场手工业。随着英国产品的发展，工业产量急剧上升，“不断扩大产品销路的需要，驱使资产阶级奔走于全球各地”，努力寻找新的资源及产品生存空间。在外贸中，中国一直处于贸易顺差地位。为了扭转对华贸易逆差，英国开始向中国走私毒品鸦片，获取暴利，以此打开中国的大门。这就是第一次鸦片战争。英国经常称其为第一次中英战争或“通商战争”。鸦片战争是1840年至1842年英国对中国发动的一场侵略战争，也是中国近代史的开端。

1840年（清道光二十年），英国政府以林则徐的虎门销烟等为借口，决定派出远征军侵华。1840年6月，英军舰船47艘、陆军4000人在海军少将乔治·义律（George Elliot)、驻华商务监督义律（Charles Elliot）率领下，陆续抵达广东珠江口外，封锁海口，鸦片战争开始。

鸦片战争以中国失败并赔款割地告终。中英双方签订了中国历史上第一个不平等条约《南京条约》。中国开始向外国割地、赔款、商定关税，严重危害中国主权，开始沦为半殖民地半封建社会，丧失独立自主的地位，并促进了小农经济的解体。同时，鸦片战争也揭开了近代中国人民反抗外来侵略的历史新篇章。

第二次鸦片战争是1856年10月至1860年10月，英、法两国在美、俄支持下联合发动的侵华战争。其目的是英、法为了进一步打开中国市场，扩大在华侵略利益。因为英法分别以亚罗号事件及马神甫事件为借口发动战争，所以被英国人称为“亚罗号战争”（The Arrow War），又称“英法联军之役”（Anglo-French expedition to China）或“第二次中英战争”（Second Anglo-Chinese War）。同时因为这场战争可以看作是第一次鸦片战争（即鸦片战争，相对于第二次而言）的延续，所以也称“第二次鸦片战争”。

1860年，英法联军攻入北京，清帝逃往承德，英法联军闯入圆明园并掠夺珠宝，将其焚毁。战争中沙俄出兵后以“调停有功”自居，并胁迫清政府割让150多万平方千米的领土，从而成为最大的赢家。战争以清政府被迫签订《北京条约》结束。

第二次鸦片战争迫使清政府先后签订《天津条约》《北京条约》、中俄《瑷珲条约》等和约，列强侵略更加深入。中国因此而丧失了东北及西北共150多万平方千米的领土，战争结束后清政府得以集中力量镇压了太平天国，维持统治。外国侵略势力扩大到沿海各省和长江中下游地区。中国社会的半殖民地化程度进一步加深。

但是从另一方面来说，英国也因此强行把中国拖入现代世界体系，从此，一代又一代的中国人开始不断寻求现代文明的密码。马克思在《中国革命和欧洲革命》中说：“英国的大炮破坏了中国皇帝的权威，迫使天朝帝国与地上的世界接触。与外界完全隔绝曾是保存旧中国的首要条件，而当这种隔绝状态在英国的努力之下被暴力所打破的时候，接踵而至的必然是解体的过程。”

鸦片战争打破了中国的闭关锁国状态，结束了中国的封建社会，使中国的封建自然经济逐步解体，为中国资本主义的产生和发展创造了条件。

一、香港问题由来

1840年英国发动鸦片战争，清政府惨败。1842年8月29日，清政府代表耆英、伊里布与英国代表璞鼎查签订了中国近代历史上第一个丧权辱国的不平等条约——《南京条约》，条约规定：中国割让香港给英国；赔偿英国2100万银元；开放广州、福州、厦门、宁波、上海五处为通商口岸；协定关税，中国海关进出口货物的税率，无权自行确定，必须与英国共同议定。1843年，中英又相继签订了《五口通商章程》和《虎门条约》，作为《南京条约》的补充。1856年英法联军发动第二次鸦片战争。1860年10月，英法联军进犯北京，火烧圆明园。清政府又被迫于10月24日签订《北京条约》。就这样，英国占领了九龙半岛今界限街以南的土地，以及位于九龙半岛西部的一个大岛屿昂船洲。这使英国所取得的香港这一侵华基地得以进一步巩固与加强。

英国侵占九龙半岛南部后，不久又图谋占领整个九龙半岛及其附近岛屿和水域。1898年6月9日，清政府总理与英国驻华公使在北京签订了《展拓香港界址专条》。根据该约，清政府把位于深圳河以南，九龙半岛界限街以北的土地，以及附近岛屿，租给英国，租期99年。这块租给英国的土地后来被称为香港新界。至此，英国通过刺刀、洋枪与大炮的野蛮征服，实现了对中国香港地区领土的占领。

此后，中国经历了晚清时期、民国时期和新中国时期。无论是清政府还是民国时期的北京政府和国民政府，都曾为收复香港进行过努力。但是，所有这些努力都失败了。

1982年9月，英国政府与中华人民共和国政府开始就香港前途问题展开谈判。1984年12月19日正式签署了《中英联合声明》，决定从1997年7月1日起，中国在香港成立特别行政区，开始对香港岛、界限街以南的九龙半岛、新界等土地重新行使主权和治权。1997年7月1日零点整，中华人民共和国国旗和香港特别行政区区旗在香港升起，经历了百年沧桑的香港回到祖国的怀抱，中国政府开始对香港恢复行使主权。

香港回归是“一国两制”伟大构想和“港人治港”方针的成功实践。收复香港的百余年历史，再一次向我们证明了落后必挨打、弱国无外交这个颠扑不破的真理，证明只有社会主义才能最终实现中华民族几代人为之奋斗的夙愿。

二、清朝末年到中国的英国人

清朝末年，英国人用鸦片打开了中国的大门，随即有大量的英国人涌入中国，这期间有很多传教士，当时很多中国人都受到传教士的影响。这些传教士虽然主要目的是传教，但是在当时确实给中国带来了一定的好处。他们给中国人带来了新思想、新教育；建立了很多医院，是中国西医的发端。

傅兰雅（John Fryer，1839—1928年）曾任上海江南制造局翻译馆译员达28年。江南制造局翻译馆是清末官办的西书翻译和出版机构，建成于1868年6月，位于上海江南制造局内。傅兰雅是最重要的翻译者和负责人之一，是在华外国人中翻译西方书籍最多的一人。传教士们称他为“传科学之教的教士”。1885他年在上海创办了格致书室，这是中国近代最早的科技书店，在中国近代西学东渐史和图书出版发行史上，具有重要地位。

伟烈亚力（Alexander Wylie，1815—1887年），英国汉学家，伦敦传道会传教士。1846年来华致力传道、传播西学，并向西方介绍中国文化。咸丰二年（1852年），数学家李善兰（1811—1882年）与英国人伟烈亚力、艾约瑟等人共花费10余年时间翻译西方科技著作。因不懂外语，所以他翻译西方科学著作的方式主要是由伟烈亚力、艾约瑟等人将英文原著口译成汉语，再由李善兰对这些进行理解之后的整理加工。1857年他与伟烈亚力合译了《几何原本》后九卷，前六卷平面几何部分是由意大利人利玛窦和明代数学家徐光启（1562—1633年）合译成中文，并定名为《几何原本》。

李提摩太（1845—1919年），字菩岳，英国大英浸信会传教士。1870年12月抵达上海，随后去山东烟台、青州等地传教，并同时学习佛教、儒家和伊斯兰教著作。1886年，李提摩太来到北京，发表了《七国新学备要》，介绍西方各国的教育情况，并建议清朝政府每年拿出100万两白银作为教育改革的经费。1891—1916年负责上海广学会的工作。广学会1891年到1915年这段时间是中国最大的最重要的新式出版社之一，出版范围包括书籍、小册子、活页、杂志。同时广学会也有一点宣教的工作，不过基本上是一个出版社与文学机构，是在中国历史影响最大的出版社，出版过两千种书籍和小册子。他主持翻译了一些著名书籍，这些著作对中国社会的影响都很大。主要译著有：《在华四十五年》《七国新学备要》《天下五大洲各大国》《百年一觉》《欧洲八大帝王传》《泰西新史揽要》《新政策》等20多种。在戊戌变法运动中，他与梁启超、康有为建立了较好的个人关系。李提摩太以西方文化吸引知识分子和上层人士。他和许多政府官员，如李鸿章、张之洞都有较深的交往，因而对中国的维新运动有很大影响。

柏格理（Samuel Pollard，1864—1915年），英国传教士，1887年来华，在云南的昭通、昆明等地传教多年，收效甚微。1905年，柏格理的工作重心开始往苗族地区转移，他穷尽余生精力和心血，在贵州威宁石门坎创建宗教、教育中心，成该地为当时“西南苗族最高文化区”。至1915年柏格理去世之前，在他创建的光华学校里，学生已经超过了200名，各地还建有17所分校。

上海仁济医院被称为是“中国西医的摇篮”。1844年2月，英国传教医师威廉·洛克哈特（William Lockhart）在大东门外的一栋小小民宅内开办了“雒氏诊所”，这是仁济医院的前身，上海第一家、中国第二家西医院在这里悄然开张。直到1905年之前，仁济医院一直免费施医舍药，被当时的百姓感激地称为“施医院”。1894年，仁济开出40张床位的女病房，伦敦教会派来了受过良好专业训练的海莉（Miss Halley）担任医院的总护士长。同年，她以女病房为基地开始招收中国妇女进行护士职业培训。1896年，医院开办高级看护学校，正式将西方的医疗护理模式整套移到中国，对中国的护理教育产生了深远的影响。

除了传教士，还有大量的探险家、旅行家涌入中国。其中大英博物馆所藏敦煌文物多为20世纪初英国人斯坦因（Marc Aurel Stein）的“哄骗”获得，他两次来到敦煌，获取藏经洞文物共计万余件。目前在大英博物馆网站搜索斯坦因可获得14731条条目，斯坦因在中亚和中国新疆、敦煌等处获取的文物在大英博物馆均以“MAS”编号。1900年（光绪二十六年）5月26日，云游寄居在敦煌莫高窟的道士王圆箓，在清理洞窟（敦煌研究院编第16号洞窟）的积沙时，沙出壁裂，发现一个隐藏的附室。开启的时候，这个小洞窟内密密匝匝地堆满了成捆的经卷、文书、文物，从地面垒到屋顶，见者惊为奇观，闻者传为神物。这就是后来举世闻名的敦煌藏经洞，现在编号为莫高窟第17号洞窟。

敦煌藏经洞于宋、西夏之际（11世纪初）被妥善地封闭掩藏起来，随后沉寂了近千年之久才重现于世。由于缺乏明确的记载，无法确知藏经洞封闭的原因。敦煌藏经洞为我们留下了丰硕的历史宝藏，也留下了众多难解的谜题。

藏经洞发现后，消息不胫而走。当时正是中国近代史上最黑暗的时期，敦煌遗书连同中国大地的众多珍宝，正是在这混乱时期频繁遭到列强探险家的巧取和掠夺。

然而，从另一种视角来看，敦煌藏经洞文物在世界的流散，也是一种在复杂的历史现象中被动的文明传播和交流过程。一百多年来，在相当大的程度上，这些流散于世界各地的珍贵文物推动和促进着知识的研讨传播、文化艺术的沟通发展，以及世界各种文明智慧的交流和提升。藏经洞在封闭和开启、充盈和空虚之间，传承了千年时光中多民族、多地区精神求索和变迁的史料证据，浓缩了中华民族辉煌、屈辱和复兴的历史。

此外，还有一些英国官员也曾对中国产生过较大影响。比如威妥玛（Sir Thomas Francis Wade，1818—1895），在中国任外交官（官至驻华公使）43年之久。在此之前，他主要在上海海关工作并负责对来自英国本土的海关人员进行汉语培训。他先后在1859年著《寻津录》，1867年撰写了汉语教科书《语言自迩集》，成功发展了用拉丁字母书写汉字地名的方法，一般称作“威妥玛拼音”或“威妥玛式”（Wade System），成为中国地名、人名及事物名称外译之译音标准，影响较大。1958年实施汉语拼音方案后逐渐废止。

末代皇帝溥仪的老师庄士敦于1874年出生于苏格兰爱丁堡，先后毕业于爱丁堡大学、牛津大学，主修现代历史、英国文学和法理学。先后在香港、威海等地担任政府要职。1918年，清逊帝溥仪的老师徐世昌因要出任民国大总统而辞去“帝师”之职。经李鸿章的次子李经迈推荐，徐世昌代向英国使馆交涉，聘请融贯中西的庄士敦担任溥仪的新老师。1919年2月，庄士敦处理好威海事宜后赶赴京城，开启了自己的“帝师”生涯。这一年溥仪14岁，庄士敦45岁。庄士敦带着先进的西方思想与现代科学步入紫禁城，为这个古老皇宫带来了新气象。依据溥仪自传《我的前半生》中回忆，年少的小皇帝对这位“苏格兰老夫子”以及其带来的西方事物充满好奇和崇敬。庄士敦则对这位特殊的学生竭诚尽忠，倾其所知相授。在皇宫中，庄士敦教授溥仪英文，为他讲解西方的历史、生活和风俗，并为他起了个英文名“亨利”。久而久之，庄士敦与溥仪之间淡去隔阂，信任倍增。1922年，溥仪在大婚之日赏赐庄士敦“一品顶戴”，这是清朝官员的极高荣誉。庄士敦兴奋异常，他恭敬地戴上官帽、身披大臣朝服（尽管此时清朝已终结多年），在北京的居住地拍了张照片寄送给英国的众多亲友。此后的岁月里，庄士敦向溥仪传授西方的君主立宪思想，并提议溥仪到欧洲留学。他由衷期盼溥仪复辟后能成为优秀的国家元首，并拥有英国绅士般的非凡气度。庄士敦的到来让自幼封闭宫中的溥仪大开眼界。在这位“洋夫子”的引导下，溥仪戴上了眼镜，剪掉了辫子，在宫里装上电话，骑起自行车。在庄士敦的介绍下，溥仪会见了一些外国使节，还和胡适通电话。很快又改革宫内的财务制度，把一千多人的宦官队伍裁汰到一百余人。庄士敦开始成为宫廷内务大臣的眼中钉，但是溥仪喜欢他，还加封他为御书房行走、颐和园总管。就这样，庄士敦陪伴溥仪度过了紫禁城最后的黄昏，成为中国历史上最后一位“帝师”。

鸦片战争后，清朝受到了西方的巨大冲击，不得不接受来自西方先进技术和知识，国内一批批的以西学为主的学校如雨后春笋般建立起来。比如京师同文馆就是清朝第一个官办外语学校。与此同时，一批“睁眼看世界”的洋务派极力主张走出去，向西方国家派遣留学生。留学的初衷是为了让更多的人学习西方先进的科技，学成归来用自己的所学挽救国家危机。

1872—1875年清政府陆续向美国派遣了四期共120名幼童，然而他们并没有完成学业就被强制要求回国了。回来的已经不足100人，这之外的有提前辍学的，也有死亡的。回国的这些人并没有辜负初衷，他们分散在各个行业，为这个风雨飘摇的国家做着自己的贡献。他们当中有铁路工程师詹天佑、煤矿矿冶工程师吴仰曾这样的技术型人才，也有民国总理唐绍仪、清末交通总长梁敦彦这样的政治家，还有北洋大学校长蔡绍基、清华大学校长唐国安这样的教育家。

同时，清政府又在沈葆桢、李鸿章的建议下，从福建船政学堂选派留学生到欧洲学习造船和航海技术，前后分三批，共80余人，分赴英、法、德等国。而这些人大多成为清末海军建设中的专门人才，更有甚者成为海军的高级将领，有天津水师学堂总教习严复，左翼总兵、“镇远”管带林泰曾，右翼总兵、“定远”管带刘步蟾，中军左营副将、“济远”管带方伯谦，中军右营副将、“靖远”管带叶祖珪，左翼左营副将、“经远”管带林永升，精练左营游击、“康济”管带萨镇冰等。

早期赴英国留学的中国人当中，最有名的代表要数严复了。严复（1854—1921年），原名宗光，字又陵，后改名复，字几道，汉族，福建侯官县（今闽侯县）人，近代著名的翻译家、教育家、新法家代表人。先后毕业于福建船政学堂和英国格林尼治皇家海军学院，曾担任过京师大学堂译局总办、上海复旦公学校长、安庆高等师范学堂校长、清朝学部名辞馆总编辑。

他在李鸿章创办的北洋水师学堂任教期间，培养了中国近代第一批海军人才，并翻译了《天演论》、创办了《国闻报》，系统地介绍西方民主和科学，宣传维新变法思想，将西方的社会学、政治学、政治经济学、哲学和自然科 学介绍到中国，是清末极具影响的资产阶级启蒙思想家、翻译家和教育家，是中国近代史上向西方国家寻找真理的“先进的中国人”之一。

严复少年时期因为家庭变故，迫于生计，成为福州船政学堂的第一批学员，从此走上了海军之路。严复凭借优异的表现，在毕业后，他走出国门，成为首批海军留学生，来到英国格林尼治皇家海军学院学习航海技术。

正是在皇家海军学院一年多的学习中，严复比其他同学更能抓住机会直接接触英国社会。课余时间，严复还去旁听英国法庭的审判，见到原告与被告同坐一室，有律师替双方辩护，这给了他很大的震动，“归邸数日，若有所失”，严复也开始从制度层面寻求西方富强的奥秘，逐步超越西洋以坚船利炮见长的认识。

当时达尔文的《物种起源》已发表20年，欧美各国正在为进化论学说所震撼，而且英法两国大思想家、大学问家辈出，诸如达尔文、赫胥黎、亚当·斯密、斯宾塞尔、卢梭、孟德斯鸠等人都成了严复的崇拜对象，这也促使他在业余时间兼习了许多哲学、政治、经济、社会等诸学说。

从1896年至1909年，严复翻译了八本哲学和社科类的名著，目的是“致力于译述以警世”，并提出翻译的三原则：信、达、雅，至今仍为翻译界所推崇。

这八本译著如下：

1.《天演论》

Evolution and Ethics（Henry Huxley，1897年）

2.《群己权界说 》

On Liberty（J. Stuart Mill，1899年）

3.《穆勒名学》

System of Logic（J. Stuart Mill，1902年）

4.《群学肄言》

Study of Sociology（H. Spenser，1902年）

5.《原富》

Inquiry into the Nature and the Cause of the Wealth of Nations（Adam Smith，1902年）

6.《法意 》

Spirit of Law（C.D.S Montesquien，1903年）

7.《社会通诠 》

History of Politics（E.Jenks，1903年）

8.《名学浅说》

Logic（W.S Jevons，1908年）

这些西方著作内容涉及哲学、政治、经济、逻辑等多个方面，严复翻译这些作品都是精心选择的，他的译著对于近代中国思想、政治、文化产生了极其深远的影响。尤其是译著《天演论》，把达尔文的进化论观点引进到中国，用“优胜劣汰”“物竞天择”的观点，唤起民族警觉，论证维新变法的重要性，为资产阶级维新变法运动的开展，提供了理论依据。因此，梁启超、蔡元培等人称他为“中国西学第一人”。

民国时期赴英国留学的人物当中，最为人所知的当数徐志摩了。他的《再别康桥》几乎人人都能背上几句。高中的语文课堂上，老师会逐词逐句地分析每一个意象表达，解释它是怎样符合当时现代诗所倡导的“绘画美音乐美建筑美”，然后要求“熟读并背诵全文”：

轻轻的我走了，
正如我轻轻的来；
我轻轻的招手，
作别西天的云彩。

那河畔的金柳，
是夕阳中的新娘；
波光里的艳影，
在我的心头荡漾。

软泥上的青荇，
油油的在水底招摇；
在康河的柔波里，
我甘心做一条水草！
那榆荫下的一潭，
不是清泉，是天上虹；
揉碎在浮藻间，
沉淀着彩虹似的梦。

寻梦？撑一支长篙，
向青草更青处漫溯；
满载一船星辉，
在星辉斑斓里放歌。

但我不能放歌，
悄悄是别离的笙箫；
夏虫也为我沉默，
沉默是今晚的康桥！

悄悄的我走了，
正如我悄悄的来；
我挥一挥衣袖，
不带走一片云彩。

徐志摩，出生在浙江海宁一富商家，原名章垿，字槱森，留学英国时改名志摩。新月派代表诗人，新月诗社成员。徐志摩的父亲十分重视教育且教子有方，为他请来最好的老师，送他去最好的学校。北大预科毕业后，徐志摩前往美国哥伦比亚大学攻读政治学专业。多年后，带着对英国哲学家罗素的崇拜只身来到英国，打算拜其门下。

徐志摩之所以如此向往英国，是被英国大学浓厚的学术氛围所吸引。英国剑桥是“城市中有大学”，与被称作“大学中有城市”的牛津不同，这里虽然充溢着浓厚的学术气息，但依然是一座商业繁华、生活节奏明快和现代化的城市，同时又不失典型的英格兰田园风光。

一首《再别康桥》，让大家对剑桥有了更多的向往。康桥可以说是徐志摩一个重要的人生驿站，也是他人生重大转折点。中国诗人徐志摩在剑桥国王学院当了一年的旁听生后，面对美丽的剑河景色写下的那首著名的诗歌《再别康桥》，竟成了日后无数中国人对剑桥最早的启蒙。

剑河（River Cam，音译“康河”），曲折蜿蜒穿城而过，河上架设着共有20多座设计精巧、造型美观的桥梁，剑桥之名便由此而来。徐志摩《再别康桥》，再别的是哪一座桥呢？剑河上有20多座桥，走过了皇后桥和国王桥、叹息桥，眺望了数学桥和克莱尔桥……寻找徐志摩的“康桥”就成了人们游剑桥的一个项目。甚至还有人拿着徐志摩的诗：穿梭在剑河边寻找意象，“垂着河畔的金柳”“软泥上的青荇”“西天的云彩”……

徐志摩的诗碑2008年被安放在国王学院。这一块白色大理石的诗碑上刻着《再别康桥》里的第一行和最后一行诗：“轻轻的我走了，正如我轻轻的来”，“我挥一挥衣袖，不带走一片云彩”。

剑桥的体验给徐志摩埋下了写诗的种子。正是在剑桥受到浪漫主义诗人济慈和雪莱的影响，他才真正开始写诗。作为把英国浪漫主义文学推向高峰的济慈和雪莱，他们的诗中既有田园牧歌的清丽，也有对政治斗争的审视和批判。徐志摩内心的诗情被英国诗人真切的语句所唤醒。可以说，剑桥的岁月造就了中国新月派的代表诗人。

徐志摩在散文《吸烟与文化》中写道：“我不敢说康桥给了我多少学问或是教会了我什么。我不敢说受了康桥的洗礼，一个人就会变气息，脱凡胎。我敢说的只是——就我个人说，我的眼是康桥教我睁的，我的求知欲是康桥给我拨动的，我的自我的意识是康桥给我胚胎的。”

除了徐志摩，剑桥还有两位华人的石碑：金庸和翁美玲。想必读者朋友们知道，金庸本是中国浙江海宁人，出自当地的名门望族。金庸的母亲徐禄是徐志摩的堂姑妈，金庸称徐志摩为表哥。这段“别人家孩子”的经历被

《再别康桥》诗碑

金庸对联石碑

父母反复提及，于是在金庸的心里也埋下了“去剑桥读书”的种子。

然而世事难料，金庸在上海读大学时，正是内战时期，他连大学毕业证都不曾见到。以至于成名后的金庸，一直渴望能真正地读一次大学。

时光飞逝，2005年初，剑桥大学校长理查德在阅读金庸写的《鹿鼎记》英译本 *The Deer & the Cauldron* 时被深深吸引，了解到他在中国文学的影响力后，正好是名誉文学博士学位推荐委员会主席的她，向剑桥大学教授会推荐提名金庸授予其荣誉文学博士称号。2005年，金庸先生与其他5人一起获得了剑桥大学的荣誉博士称号。但是金庸先生想要真正学习一次，于是通过正规程序颇费周折地申请了剑桥的硕士和博士学位。2007年5月，他获哲学硕士学位，硕士论文题为《初唐皇位继承制度》（*The imperial succession in early Tang China*）；2010年，金庸完成剑桥大学博士论文《唐代盛世继承皇位制度》，获哲学博士学位。

为了肯定金庸先生在文学、文化方面的突出贡献，2012年7月4日，金庸先生的对联石在剑桥大学圣约翰学院落成。石碑上的字迹为金大侠手书。

对联内容如下：

花香书香缱绻学院道
桨声歌声宛转叹息桥
学生金庸书

翁美玲墓碑

演员翁美玲曾经因为出演《射雕英雄传》中的黄蓉一角而红遍大江南北。当年翁美玲之所以能够出演黄蓉，也是金庸的大力举荐。她也曾在剑桥求学，于中央圣马丁学院获得纺织设计专业的学士学位。令人惋惜的是，1985年她为情所困而自杀。后来翁美玲没有被葬在香港，而是远离纷扰，安息在了剑桥的公墓，时至今日仍有许多怀念她的影迷前往凭吊。

第二节　现代中英交往

1949年中华人民共和国成立后，以美国为首的西方国家对新中国采取了敌视封锁的政策，普遍拒绝承认新中国人民政府。而西方第一个与新中国建文的大国是法国，中法两国于1964年1月27日建立大使级外交关系。而第一个承认新中国的西方大国却是英国，因为英国于1950年1月就承认了新中国，后于1954年6月17日与中国建立代办级外交关系，1972年3月13日升格为大使级外交关系，宣布：中国政府和大不列颠及北爱尔兰联合王国政府决定自即日起将本国派驻对方首都的外交代表由代办升格为大使。联合王国政府承认台湾是中华人民共和国的一个省，并决定撤销其在台湾的官方代表机构，承认中华人民共和国政府是中国的唯一合法政府。

作为曾称霸全球的“日不落帝国”，英国是最早打开中国国门的西方国家，第一次鸦片战争开启了中华民族的百年屈辱。正因如此，英国拥有包括香港在内的巨大在华利益，与中国的外交关系是非常重要的。通过渡江战役前的“紫石英号事件”，英国已经明白自己没有实力单独干涉新中国，军事入侵新中国更是不可能的。在这种情况下，英国认为不承认新中国是愚蠢的，只有建立外交关系才可能保护在华利益。

1986年，伊丽莎白二世女王访华，曾引起不小的轰动，留下珍贵的历史镜头。伊丽莎白二世也成为第一位对中国进行国事访问的英国君主。2004年以来，伊丽莎白二世女王的次子安德鲁王子多次访华，他是以英国国际贸易与投资特别代表的身份访问中国。2015年3月1日，英国剑桥公爵、威廉王子开启了访华之旅，是英国王室对中国最高规格的访问活动，被英媒称为“历史性的远东之行”。除了英国王室成员多次开启访华之旅外，中国时任领导人也多次访问英国，与伊丽莎白二世女王亲切会晤，为中英两国友谊写下华美篇章，见证了英国王室与中国的不解情缘。

2019年6月17日，中国国务院副总理胡春华与英国财政大臣菲利普·哈蒙德在伦敦共同主持了第十次中英经济财金对话。双方共庆两国建立代办级外交关系65周年，重申推动构建中英面向21世纪全球全面战略伙伴关系。中英双方高度重视中英关系“黄金时代”，愿加强战略经济合作，促进双边贸易和投资，深化金融合作关系，共同努力实现联合国可持续发展目标，积极推动平等和多元化，构建普惠、繁荣的社会。双方致力于支持多边主义，尊重以联合国为核心的国际法和国际关系基本准则。承诺维护《联合国宪章》、国际法以及联合国三大支柱，即和平与安全、发展和人权。

1986年10月12日，大不列颠及北爱尔兰联合王国女王伊丽莎白二世应邀来华访问。这是历史上英国国家元首对中国进行的第一次国事访问

双方一致认为，中英经济财金对话在过去十年取得巨大成功，惠及两国经济，主要成果包括：英国加入亚投行，在伦敦建立人民币清算行，中国主权债首次在伦敦发行，开通“沪伦通”，英国银行发行熊猫债，双边科技领域合作，包括欣克利角C、电动车和离岸风电项目在内的联合投资绿色未来合作，以及在促进双边贸易与投资方面取得的重要进展。

在欧洲国家中，英国一直是中国游客首选的目的地，根据英国旅游局提供的数据，2019年上半年，赴英中国游客数量和消费额均创历史新高。2019年上半年，中国赴英游客数量为13.9万人次。中国游客在英消费额达2.57亿英镑（1英镑约合1.31美元），同比增长14%。

在教育领域，据英国驻华使馆有效数据，在过去5年，中国赴英留学生以每年9%的速度增长。现在有13.5万中国学生在英国学习，是英国最大的国际学生群体。2020年，一场突如其来的新冠病毒席卷全球，很多行业都受到了沉重的打击。然而在这样的背景下，赴英国留学的中国学生不降反增。

英国大学招生服务中心发布的《2020年英国本科申请数据》显示，截至2020年6月30日，申请英国大学本科的中国学生，比上年同期增长23%，达2.4万人。中国启德教育集团发布的《2020新常态下的留学现状报告》显示，英国已连续第二年超越美国成为中国留学生意向目的地的首选，2020年选择英国的留学生比例持续上升至29.52%。这与英国政府和高校的积极态度不无关系。英国政府日前宣布，自2021年夏天起，作为新“毕业生工作签证举措”的一部分，在英高校获得博士学位的留学生，毕业后在英国居住和工作的时间从原先的两年延长至三年。

另外，部分英国高校直接向留学生提供留学津贴，埃克塞特大学今年向新生发放2000英镑的奖学金，格拉斯哥大学工程学院不仅向新生发放1000英镑，还向返校学生发放700英镑津贴。英国女王大学在英国高校中率先推出针对中国学生的包机服务。包机于2020年9月19日星期六安全抵达贝尔法斯特国际机场，机上搭载了约370名新生和返校生，准时抵达英国以迎接9月21日星期一新学年的开始。在中国政府和中国驻贝尔法斯特总领馆大力支持下，这次直航包机计划得以实现。这也清楚地表明了该大学对中国学生的承诺。大学资助了航班的费用，以让学生们不必支付比正常商业飞行更多的费用。

第三节　海洋文明给我们的启示

一、海洋文明

尽管英国面积仅24.3万平方千米，但是英国人却创造了“日不落帝国”的神话，这不得不说是得益于其特殊的、优越于其他国家的岛国地理环境和海洋资源。在近代化过程中，发达的航运业无疑是英国领先于世界、英国人傲视世界的有利因素。岛国地理环境不仅促进了英国航海事业以及对外扩张的发展，而且还形成了英国人浓厚的岛国意识，造就了自傲而排外的英国国民性格。可以说，英国的岛国地理环境是英国文化形成的基础。

英国是大西洋中的群岛国家，既离开欧洲大陆，又靠近欧洲大陆，由大不列颠岛和爱尔兰岛东北部及附近许多岛屿组成。东濒北海，面对比利时、荷兰等国；西邻爱尔兰，横隔大西洋与美国、加拿大遥遥相对；北过大西洋可达冰岛；南穿多佛尔海峡行33千米就到法国。四面环海的地理位置在不同历史时期对英国的发展产生不同的影响。大不列颠岛各海东西最宽处近500千米，沿岸曲折多变，海岸线总长1.145万千米，有很多深深楔入内陆的海湾与河口。岛上任何地方距离海洋都不超过120千米。英国有充沛的降水而地形又崎岖不平，于是造成了颇为密致而水量丰富的河流网。泰晤士河自西向东流经英格兰东南部平原，最后注入北海，其河水水位稳定，经年不冻，具有很高的航运价值。英国有面对西欧许多大河的出海口，分别流入北海和英吉利海峡，为英国加强与欧洲特别是西欧各国的联系提供渠道。英国是欧盟中能源资源最丰富的国家，北海海底丰富的石油资源，对英国的经济发展极为有利；英国四面环海，还有众多的河流和湖泊，因此盛产鱼类，有丰富的水产资源，是欧洲重要的渔业国之一；全境因受到海洋暖流的影响，终年温和湿润，冬暖夏凉，大部分地区不结冰，利于作物生长和内河航运业发展。

在中世纪及以前，英国的岛国位置使其与大陆隔绝，不利于英国的发展，而地理大发现后，其优越性开始显示出来。岛国的位置和优越的航运条件，是“日不落帝国”形成的有利因素。在世界航海事业不发达、文化中心还在东方的亚洲，而欧洲经济、文化中心还在地中海沿海的时候，大洋限制了英国的发展，它被认为是世界的边缘。

但地理大发现后，欧洲殖民主义者开始到处掠夺殖民地，国际贸易的干线逐渐从地中海转移到大西洋。而英国正处在这条干线上，重要的地理位置促进了它的发展，伦敦很快成为世界的贸易中心，英国迅速发展成为“世界工厂”。

在世界航海事业落后、现代武器出现以前，海洋为英国免受战争威胁提供有利屏障，岛国位置使其本土很少遭到外国军队的袭击；它的边境多为海疆，所以可以集中力量建设海军；海上力量强大起来之后，它又利用靠近大陆的有利位置参与欧洲的政治、经济活动，进而掠夺、控制某些国家，迅速强盛起来。在诺曼征服之前，海是外国入侵英国的通衢大道，不列颠岛先后经历了罗马人、盎格鲁-撒克逊人以及丹麦人的入侵。

但在近代和现代史上，海洋却是英国的一道坚固的防线。只因一海之隔，英国多次免受欧洲大陆战争的灾难。英国的岛国环境和四周的海洋资源为航海技术、海军的发展、海外扩张以及海外贸易的繁荣提供了有利的条件。从1337年开始，断断续续一直到1453年，英法之间进行了历史上所称的“百年战争”。战争的直接原因是英法两个王室之间的血统关系所导致的王位继承之争，但实际上这是一场商业战争，导致战争的更为深层的原因是争夺市场和商业利益。百年战争中英国向大陆扩张的企图最终以失败告终。

1558年，年仅25岁的伊丽莎白一世登上英国王位，英国开始向海洋发展。在对外贸易中，伊丽莎白鼓励海外进出口，不断追求扩大英国呢绒等商品的海外市场。她统治期间，英国政府特别注意大力发展航海业和军需工业，奖励造船，并建设了强大的海军，庞大的舰队和商船队舳舻相继，转运千里。伊丽莎白还鼓励建立各类海外贸易公司，并给这些公司颁发特许状，允许其垄断特定地区的贸易。地理大发现开创了一个新的时代，欧洲各国纷纷发展航海业，期待到世界其他地区进行贸易和掠夺财富。在一个商业化时代，赢得海洋比赢得陆地更为重要，通过海外贸易获利的前景十分广阔。伊丽莎白敏锐地觉察到了这一点，而且认识到英国在这个方面具有别的国家难以企及的优势。因此，她很快成为英国海外贸易的积极支持者和直接筹划者。

16世纪至20世纪初叶，英国殖民主义者对外进行侵略扩张。英国是近代最大的殖民国家，其殖民地曾遍布全球，成为世界头号强国，建立了一个强大帝国，号称“日不落帝国”。英国的殖民扩张对世界近代历史和地理政治的演变均有极大影响。从1815年到19世纪中叶，英国的商船与战舰出现在全球各个角落，他们获取领地、开设口岸、掠夺原料、倾销产品，从好望角到印度洋，再到太平洋，英国建立了一条极为通畅的海外贸易通道。如果说历史上庞大辉煌的罗马帝国也只不过是一个以地中海为中心的区域帝国，那么，英国人建立的“日不落帝国”却是一个真正的世界帝国，英国殖民地遍及全球，其开拓的疆域之大，统治的人口之多，绝非人类历史上任何一个帝国所能比拟。“日不落帝国”的神话，至今还萦绕在英国人的心头。

独特岛国地理位置在漫长的历史进程中为英国的发展带来无限契机和巨大辉煌，使人民对岛国形成了牢固的优越感和依赖感，这种感情让英国人在具有自信、民主和开拓精神的同时，也具有排外等明显特点，从而形成了一种社会文化———岛国情结。这种岛国情结在扩张与殖民中不断成长与成熟，从民族意识变成民族自觉，并延续至今，投射到英国社会的方方面面。

英国人的岛国情结由来已久。1485年，英国建立了封建的都铎王朝。正是在这一阶段，特别是伊丽莎白时代（1558—1603年），英国人对其岛国地位有了准确和客观的认识，“岛国意识”开始形成并最终确立。这也许是英法百年战争的副产品，是上帝赋予英格兰人的礼物。岛国观念在英国人的想象中占有重要的地位。大文豪莎士比亚很早就流露出英国人的岛民心态，如《查理二世》里冈特的老约翰说：“这镶嵌在银灰色大海里的宝石，那大海就像一堵围墙，或是一道沿屋的壕沟。”莎士比亚在言辞之间流露出对自己国度处于大海之中的优越感。

岛国情结让英国人富于想象并善于开拓，对英国文学产生了深远的影响。18世纪丹尼尔·笛福的《鲁滨孙漂流记》就是取材于水手亚历山大·赛尔科克的精彩故事，成为不朽的“海岛题材”小说之一。由于四周都是大海，安全有了保障，英国人很早就获得一种自信。岛国情结深深地印在了英国人的头脑里，让英国人认为自己生活在这样一个岛国无限骄傲，从而对外界表现出排斥与蔑视的民族性格。

二、英国海军简史

英国自16世纪以来先后击败西班牙、荷兰后，逐渐成为世界第一海洋大国，正是依靠强大的海上实力，从而得以占据十分辽阔的殖民地，成为“日不落帝国。”可以说，英国海军为其全球市场保驾护航，而国家又用市场所得发展海军。这种优势，使得英国在保持自身地位的同时，又均衡了欧洲大陆各国。自17世纪始，一直将海洋超级大国的优势维持到第一次世界大战，直至第二次世界大战才衰落，前后长达300年，至今依然是世界主要海洋强国之一。

英国海军的历史上有一位杰出人物——霍雷肖·纳尔逊将军（Horatio Nelson1758—1805年）。伦敦市中心的特拉法加广场中央矗立着这位海军名将的纪念碑和铜像。纳尔逊将军被誉为“英国皇家海军之魂”，最出名的战绩之一就是在1805年，以少胜多率领英国海军在特拉法加击败法国和西班牙的联合舰队，终止拿破仑进军英国的念头。这场胜战也为英国确立了之后百年的海上霸主地位，不幸的是，纳尔逊将军在战争胜利后被流弹击中牺牲。纳尔逊纪念碑正是为了纪念这场意义非凡的战役和纳尔逊将军的杰出贡献而建。

纳尔逊纪念碑由英国建筑师拉伊敦（W. Raiton，约1801—1877年）于1838—1842年间建造。碑高51.6米，下有基座，基座四面均有浮雕，浮雕用缴自法军的大炮浇铸而成，内容分别是纳尔逊与法国海军在1797年的圣文森特海战、1798年的尼罗河海战、1800年的哥本哈根海战和1805年的特拉法加角（在西班牙邻近直布罗陀海峡西部入口处）海战取得胜利的情景，但直到1850年才完全安装完毕。

英国海军名将纳尔逊的纪念碑和铜像

霍雷肖·纳尔逊

地理大发现之后，海权和海洋战略成为近代欧洲国家崛起的关键动因。葡萄牙、西班牙和荷兰抓住机遇，建立起海上霸权，然而这些国家的成功只是昙花一现。英国后来居上，“日不落帝国”兴盛两百多年，深刻形塑了全球政治格局、推进了文明演进，强大的皇家海军在这一过程中居功至伟。罗马不是一天建成的，英国海军发展的历史也源远曲折。

英国海军的历史最早可以追溯到维京人肆虐欧洲时期。870年前后，英国四个盎格鲁-撒克逊王国中的麦西亚、东盎格利亚、诺森布里亚的大部分地区已沦陷，只有韦塞克斯王国仍在全力抵抗维京人。

875年，韦塞克斯的阿尔弗雷德大帝（他是第一个自称为“英格兰国王”的君主）在英国西南部的韦勒姆附近与维京人海战，据称这时他已经拥有一支小型舰队。阿尔弗雷德之所以被后世史学家称为“英国海军之父”，更在于他亲自参与战船的设计。阿尔弗雷德设计的战船至少有60名桨手，长度接近普通维京战船的两倍。

其实英国本身就是一个不折不扣的海洋岛国，在过去的那些年里，从罗马军团到日耳曼人，再到北欧海盗等等，而在这些碰撞与融合中就形成了现在的英吉利民族，因为有过去常常遭到大陆方向侵袭的黑暗历史，因此也让英国的对外政策烙上了深深的“大陆印记”，并为其“跨海洋帝国”的梦想几乎是耗尽了全部的精力和热情。

而直到16世纪初英法百年战争的结束和都铎王朝的建立，英国人才真正地离别大陆，并开始明确地朝着“岛国民族”的方向去发展，正好此时出现了著名的“地理大发现”，这使得欧洲的经贸重心从原来的地中海向“西欧—大西洋”方向转移，而为了应对外敌入侵，英国的统治者们也开始组建和加强一支正规化的海军，并自觉地把视野转向海外。

而这支英国海军正式成立于1546年，并在与海上列强西班牙的财富争夺中获得了发展的催化剂，在1588年，被英国海军海盗式的袭扰所激怒的西班牙，决定出动它那威名赫赫的“无敌舰队”，想要一举踏平英吉利，可谁曾想到，当时以大海盗德雷克、豪金斯为骨干的英国海军不畏强敌，一改传统的接舷战法而采取了远距离炮战，并一举击溃了“无敌舰队”。

这次海战对英国夺取海上霸权起到了关键作用，而此后的英国人更是满怀必胜的信心和对海权的强烈渴望，并走上了殖民扩张的道路，到17世纪的上半叶，以强大海军为后盾的英国不断地扩大其海外贸易的规模，积极向印度和美洲进行渗透，基本确定了其欧洲强国的地位和英帝国的雏形。

随着西班牙的走向没落，英国随之又与荷兰和法国的这两个重要的新兴海洋国家展开了竞争，从1652年起，英国同“海上马车夫”荷兰连续进行了三次大规模的海战，虽然双方互有胜负，可依靠转出口运输贸易谋利的荷兰却首先撑不住了，而在与法国人之间长达百年的曲折争斗中，英国人也同样赢得了最终的胜利，1815年的《维也纳条约》标志着英国在海洋上完全战胜了法国，而在之后的近一个世纪中，英国皇家海军无疑成为世界上最强大的海军。

而依靠着其强大无比的皇家海军，英国建立了一个面积达到3350万平方千米的超级殖民大帝国，英国凭借争得的海上优势为基础，实现了海军，殖民地和海外贸易三大要素的有序循环：强大海军推进和保护了殖民事业和海外贸易；辽阔的殖民地提供了散布全球的海军基地，直接服务于舰队；而巨额利润的海外贸易，则既为海军建设及拓展殖民地提供了充裕的财源，又潜在推动了英国率先进行第一次工业革命，成为19世纪的“世界工厂”。

1815年7月15日，拿破仑登上皇家海军“柏勒洛丰”号，向英国投降。英国开始建立前所未有的海上霸权，并逐渐把自己当成了自由的塑造者和维护者。英国于1807年通过废止奴隶制的法案，结束了自己干了几百年的贩奴生意，转而投身到在全球废止奴隶贸易的行动中，拿着真刀真枪、花着真金白银，做起了“世界警察”。1810年，英国与葡萄牙签署了禁止奴隶贸易的协议，随后又与西班牙、法国、荷兰、瑞典等签订了禁奴条约。1815年后，维护条约、推行禁令的皇家海军禁奴中队成立。

禁奴是繁重、费钱、艰难且危险的任务。禁奴中队必须巡逻3000英里（约4828千米）的海岸线；抓到贩奴者后，中队面临着复杂的法律义务，要将其交到由不列颠法官和贩奴者本国法官组成的法庭上审判，然后才能没收贩奴船；大部分在英国强迫下禁奴的国家三心二意，并不热心执行禁奴承诺；法官可能被收买；皇家海军的指挥官还时刻面临着因引发外交争端或破坏等罪名而被起诉的危险；另外，依据条约，皇家海军只能搜查、拦截搭载奴隶的船舰，而贩奴者为逃避法律制裁，会把奴隶扔到海中以毁灭证据。

皇家海军的禁奴战争漫长、拖沓，且无法取得最后的胜利。当时，每年约有6万人遭绑架，被卖为奴。而禁奴中队只能解救很少的一部分。1829年解救了5350人；1810年至1849年间，皇家海军释放了11.6万名奴隶。而在这一时期，有将近100万人或是死于运输途中，或是在奴役中度过余生。

但是，尽管面临着这些困难，皇家海军并未放弃这项任务。威尔逊称许到，禁奴战争是皇家海军历史上最光辉的篇章之一。正是由于皇家海军的坚持，为一场无法取胜的战斗奋战多年，最终迫使其他国家积极执行禁令。19世纪中叶，国际奴隶贸易的罪魁祸首是巴西。1845年，英国首相皮尔通过法案，允许不列颠战舰拦截、搜查巴西船只，两国形同开战。到1853年，巴西几乎不再有奴隶进口贸易。1862年，美国总统林肯允许皇家海军叫停并搜查美国船舰。哈瓦那的最后一处美洲奴隶市场，也在英国的施压下于1869年关闭。

在20世纪初，德国海军异军突起，而正在失去世界头号强国地位的英国也不甘示弱，决心不惜一切代价来捍卫自己海上霸主的地位，当一战爆发后，英德两国海军便开始了交锋，尽管实力占优，可是在1916年的日德兰大海战还是让英国海军付出了惨重代价，而德国开展的“无限制潜艇战”更是一度让英国无所适从，虽然英国最终还是赢得了一战，却也元气大伤，英国海军也已无法维持其传统的“两强标准”，“日不落帝国”的骄阳开始失去其耀眼的光芒。

当然，那脆弱的和平并未持续多久，便被一场更为残酷的战争打破了，那便是第二次世界大战。虽然英国在二战中凭借着其实力尚存的海军和新兴的空军，并未像诸多欧陆国家那般沦亡于德国纳粹之手，反而成为唯一一个自始至终参战的大国和盟军反攻德国的重要基地，然而，二战依旧是一次英国耗费了举国之力才获得的“惨胜”，战后的英国已无往日的雄风，只能沦落到在美苏两个超级大国之间求生存的地步。

作为世界老牌海军强国，英国海军称雄世界海洋二百多年。虽然二战时英国海军开始衰落，但仍然是世界上最强大的海军力量。在美国没有完成工业革命前，美国海军也远比不上英国海军。英国海军是当时世界上唯一一支全球海军，唯一一个有能力把海军部署到全球各地的国家，就和现在的美国一样。英国在世界各大海域都保持着自己的影响力和军事存在。尽管英国在远东、加勒比海等地的海军力量已经处于劣势，但总体实力和水平仍然位居世界首位。

从舰队规模和实力来讲，英国仍然保持着一定的优势。二战前英国的海军总吨位约为130万吨，仅次于143万吨的美国。不过虽然海军吨位和主力舰数量略少于美国，但英国的辅助舰只和商船数量远超美国。以商船为例，1939年英国商船吨位高达2000万吨，占到了世界商船总吨位的1/3，比美国和日本加起来都多。二战前，英国的反潜、护航、运输、补给、投送等能力稳居世界第一，远不是美国和日本这些海军新秀可以比的。即使在主力舰方面，英国海军整体作战能力也不逊色于美日。1939年英国海军拥有战列舰和战列巡洋舰15艘、航空母舰7艘、轻重巡洋舰64艘、驱逐舰119艘以及大量的护卫舰、潜艇、扫雷舰等辅助舰船。同时，在英国造船厂里还有5艘航母、5艘战列舰、23艘巡洋舰、52艘驱逐舰等大批舰只正在建造中。如果这些舰船全部下水，英国的海军实力可想而知。

皇家海军现有三个现役海军基地，分别为位于英格兰南部的朴次茅斯海军基地（HMNB Portsmouth），苏格兰的法雷恩海军基地（HMNB Clyde）以及位于英格兰西南部的普利茅斯海军基地（HMNB Plymouth）。

朴次茅斯海军基地建于朴次茅斯港的东岸，威特岛以北，皇家海军近60% 的水面舰艇长期停泊于此基地。基地内设有英国海军总指挥部，舰只维修设备以及供乘务员使用的设施如宿舍及医疗，全部均由英国国防部提供。

朴次茅斯海军基地为皇家海军最古老的海军基地，近几个世纪中于大英帝国扩张时期以及保卫英伦三岛上扮演着不可或缺的角色。基地内亦有旅游景如点胜利号以及战士号战舰。2006年，英国国防部表示将重新检讨三个现役海军港的未来发展，以确保能提供皇家海军的需要。估计三个海军港都将会保留，惟亦有可能会缩减每个基地的设备甚至关闭英格兰两个军港中的其中一个。

英国海军名舰胜利号

美国海军史学家、“海权论”的倡导者马汉，在研究了大英帝国的海军征战史之后总结道：“谁控制了海洋，谁就控制了世界。”这是对于英国皇家海军发展史的精辟概括。从英国海军的历史以及人类发展史中我们可以看到，走向海洋是民族振兴、国家富强的必由之路。但与为了殖民掠夺而走向海洋根本不同的是，我国坚定走向海洋，坚持走的是依海富国、以海强国、人海和谐、合作共赢的发展道路。

我国海岸线漫长，管辖海域广袤，海洋资源丰富。我国是海洋大国，但还不是海洋强国。习近平同志指出，海洋事业关系民族生存发展状态，关系国家兴衰安危。作为一个陆海兼备的世界大国，坚定走向海洋、建设海洋强国对于推动我国经济社会持续健康发展，维护国家主权、安全和发展利益，实现全面建成小康社会目标进而实现中华民族伟大复兴具有重大而深远的意义。

后　记

习近平主席指出："不同文明没有优劣之分，只有特色之别。要促进不同文明不同发展模式交流对话，在竞争比较中取长补短，在交流互鉴中共同发展，让文明交流互鉴成为增进各国人民友谊的桥梁、推动人类社会进步的动力、维护世界和平的纽带。"我们编写这套丛书的目的是为中国广大读者朋友了解世界其他国家和地区文明服务，为加深不同文明之间的交流和互鉴服务，为实现中华民族伟大复兴的中国梦、推动构建人类命运共同体服务。

倪培耕同志对丛书写作的总体思路、基本原则和内容构架等提出许多富有创见的新观点，负责撰写各分册的作者开展了高效和富有创造性的辛勤工作，曹启璋同志对本套丛书的出版给予了大力支持，刘雨同志对本套丛书进行了精心设计，在此致以最衷心的感谢。

由于时间、人力、物力及水平等多方面的限制，丛书在编辑的过程中，可能还会存在这样那样的问题，恳请读者朋友们谅解，并提出宝贵意见。

文明因交流而多彩，文明因互鉴而丰富，愿这套丛书对文明交流互鉴有所助益。

再次感谢所有关注、支持、帮助本套丛书出版工作的朋友和同志们！

编　者